湛庐 CHEERS

与最聪明的人共同进化

HERE COMES EVERYBODY

投资中国

王国斌 著

北京联合出版公司
Beijing United Publishing Co.,Ltd.

序 言

看好中国，看好资产管理

岁月匆匆，转眼间我已在中国资本市场经历了近30年。虽然一直坚守在投资一线，但以前并未想过要著书立说。这本书最初发端于东方红资产管理公司（简称东方红资管）成立五周年暨东方红品牌10周年时，我的一个内部讲稿文集《进化，生活在未来》。常有人觉得读后略有启发，向我索要。在朋友的积极劝说下，又遇湛庐张晓卿女士青睐有加，我便做了些谬正，汇编加入了近年的一些新讲稿，终正式出版，以期回应友人们的厚爱。虽恐见笑于大方之家，也算是勇敢呈现，供批评指正。

此书名曰《投资中国》，源于湛庐陈晓晖总裁的建议，他认为我通篇谈的都是与投资中国相关的话题。起初我觉得书名太过宏大，担心书稿难堪大任。但这个题目确实表达了我做投资的初衷——看好中国，因而看好中国的资产管理。一直以来，我始终积极地看待中国发展，坚定地相信中国资本市场的未来。

2016年秋天，我离开了一手打造的东方红资管，与朋友一起联合创办了君和资本，投身于一级市场。几个合伙人大多有着多年企业经营的实践经验，我们以企业家的视角从事投资，着力发掘中国实业的成长机会、助推实体的发展，短短几年，稳扎稳打，也算独树一帜。从东方红资管到君和资本，不同的战线与视角，让我更深刻体会到投资的真谛，一级市场和二级市场投资的很多原则是一致的，也是不必要人为切割的。

本书的内容涵盖了我投资理念的成长历程，以及我追求可复制成功的企业经营感悟。

无论是投资还是经营，都与"护城河"这个概念密不可分。有三种与护城河相关的商业技能：识别他人创建已久的护城河，发现创业公司已经萌芽但尚未展露的护城河，新创一条独立且有生命力的护城河。这三种技能差异很大，能同时拥有它们是极为罕见的。

回头来看，做投资要识别和发现护城河，经营企业要建设品牌、构建属于自己的护城河。但不管哪种技能，要成功必须所思长远。基于长期的考虑，我们才会选择坚持价值主导的道路；基于长期的考虑，我们才会重视持续学习、不断进化；基于长期的考虑，我们才会珍惜羽毛，不为噪声所扰，持续自律。我认为，自律是价值投资和品牌成功最重要的法宝，没有自律就没有价值投资，没有自律也没有品牌。自律是最重要的护城河之一。

序言 看好中国，看好资产管理

我刚参加工作时，正是日本和亚洲"四小龙"崛起的时代。以儒学为背景的学者们深受鼓舞，他们认为儒学是东亚社会成功的重要基础，对现代商业社会也能发挥巨大的作用。也许是缘分，我一毕业进入投资行业开始，就接触到了新儒家学派，特别是杜维明的新儒家思想让我如沐春风。此后，多年投资经验告诉我，管理好自己的心性是投资成功的一半。中国传统文化，内修于心，外化于行，是管理心性的最好工具。我始终认为，基于传统文化，中国人在投资竞争中，有着不为人所知的竞争优势。此书中反复强调的很多理念，依然与我受到的传统思想文化的影响一脉相承。

历经岁月的沉淀，我越来越推崇曾国藩一生遵行的"忠信笃敬"思想。本书出版之际，正值我踏上新征程之时。"山下出泉，……君子以果行育德"，我们将以"忠信"为圭臬，建立一家着眼于长期的资产管理机构。做资产管理是受人之托，守住"忠信"是我们的本分，也是我们的承诺。让客户的长期价值最大化永远是我们服务的宗旨。

巴菲特曾讲过："在过去238年中，有谁是通过押注美国衰落而成功的？"同样，在一次我与美的集团创始人何享健先生会面时，他说过一句话："不是乐观主义者，就不要当企业家。守规矩，向前看，爱中国！"以此与诸位共勉，让我们一起投资中国，相信刷新后的中国，投资豁然开朗。

特别感谢人瑞集团刘艳女士的引荐，感谢湛庐团队辛苦的编辑工作，感谢吴芳兰、周静、杨娜、上海亿衡投资管理有限公司骆媛媛女士等对我多次演讲的支持，感谢陈郁等友人对文字的严格把关，感谢高善文博士、裴晓霖、孔平对我出书的热情帮助，感谢东方证券、东方红资管以及君和资本的同事们对我多年的支持，感谢在我投资道路上给我启迪的各位良师益友，感谢大家为此书付梓的辛苦努力！

谨为序。

目 录

第一部分 "刷新"后的中国，投资豁然开朗

01 中国企业未来的机会 -003

02 "大鹏同风起，扶摇九万里"
——高、宽、深三维看A股市场 -020

03 "刷新"后的中国，投资豁然开朗 -032

04 资本市场进入新常态 -055

05 我理解的资本市场 -076

06 资本市场的壮大需要更多地回到"原点" -086

07 价值投资的制度基础 -093

08 再论价值投资的制度基础 -109

09 希望不是以以泪洗面告终 -119

10 中国投资者有没有未来 -129

11 非常时期话投资 -134

对谈 1　**资本市场转向买方时代** -140

第二部分　互联网改变中国

- 12　看得见的未来 -151
- 13　"花外春来路，芳草不曾遮" -163
- 14　牛市还是熊市应该在意吗 -182
- 15　互联网改变中国 -195
- 16　"互联网+"，提升还是摧毁投资价值 -208
- 17　以史为鉴，投资需珍重 -220
- 18　享受5 000点泡沫时找好退路 -226
- 对谈2　**看好新兴产业** -232

第三部分　拥抱变化，与时俱进

- 19　价值投资的逻辑 -243
- 20　一个投资者给企业家的建议 -254
- 21　时间是投资的朋友还是敌人 -262
- 22　勤奋带来好运，财富源自专注 -271
- 23　怀抱理想，珍惜当前 -278
- 24　拥抱变化，与时俱进 -292
- 25　相信时间的力量 -298
- 对谈3　**投资的全部内容是概率** -303
- 对谈4　**投资幸运且能干的价值企业** -312

第四部分　培养内在品格的力量

- 26　这是非常美好的开始 -329
- 27　培养内在品格的力量 -338
- 28　新常识、新常态、新平衡 -343
- 29　创新思维实现企业飞跃 -354
- 30　放飞想象力 -360
- 对谈5　**机构投资者时代来临** -371
- 对谈6　**打造可复制的投资团队** -377

附录一　高山仰止——奥马哈游感 -391
附录二　我的私人图书馆 -403

第一部分

"刷新"后的中国，投资豁然开朗

01
中国企业未来的机会

> 推动人类社会发展的三个核心驱动力分别是城市化、全球化和科技进步。

请容我先讲个故事。2019年我过完春节回来,很多人问我为什么晒得那么黑。我回答,我去非洲看黑猩猩了,并且受到了很大的启发。五六百万年以前,人类的祖先跟黑猩猩在各自演化的道路上分离了,但是人类在很多方面还保留着更早期与黑猩猩一样的一些特质。观察黑猩猩,我们可以发现早期人类的一些特点。我去非洲观察的这些黑猩猩,是日本的一位女科学家最早发现的,她在非洲的丛林里跟它们培养了20多年的感情,才让它们不再害怕接近人类。因此,人类现在才可以近距离观察它们。

黑猩猩的社会活动跟人类的很多活动非常相似。它们的合作与冲突、联盟与背叛,还有它们之间的友爱与时不时的暴力,在纪录片《王朝》里有充分体现。我们这次是近距离观察黑猩猩。

投资中国

黑猩猩是群体活动的动物。群体里有政治，包括首领与二把手之间的合作，二把手为了有机会成为一把手，对其他黑猩猩的关照和尊重，这些我们都能近距离观察到。

通过观察黑猩猩，我获得的启发是：**推动人类社会发展的三个核心驱动力分别是城市化、全球化和科技进步**（见图1-1）。

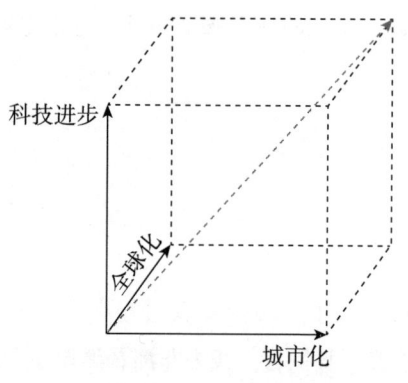

图1-1 推动人类社会发展的三个核心驱动力

人类演变到今天，已经足以证明城市化的胜利。面对面的人类交流、多元化的碰撞，是人类社会进化、进步的引擎。从黑猩猩身上，我们可以想象人类从山地和丛林直立走向非洲大草原的情景。黑猩猩群每天都是流动的、不定居的，我们今天在一个地方看到它们，第二天很可能要花三四个小时才能在另一个地方找到它们。

但人类从丛林走向非洲大草原时，就开始逐步定居了，那时的村庄，也就是当时最大的"城市"。我们的祖先为生存而拼搏出的结果塑造了整个城市。从走出非洲到主宰地球，这是整个人类城市化和全球化的全面跨越，没有人类的城市化和全球化，就没有人类今天的文化进步。

《城市的胜利》一书提到，城市是人类最伟大的发明与最美好的希望。城市让我们变得更加富有、智慧、绿色健康和幸福。城市的功能主要体现在经济学、社会学和政治学三个方面，无论从哪个方面来说，我们的城市都需要不断发展。

- 在经济学意义上，城市更为高效，因为它解决了很多问题，比如成本的问题、效率的问题等。生活在居民人口超过100万的大都会区的美国人，比那些生活在规模较小区域的人的生产效率平均高出50%以上。印度的城市化与繁荣发展之间存在着近乎完美的关系，平均来看，印度的城市人口每增长10%，人均产值就会增长30%。城市人口占多数的国家的人均收入比农村人口占多数的国家的人均收入几乎高出4倍。
- 在社会学意义上，城市更重大的意义是婚姻市场，这个功能是小城镇无法提供的。对年轻人来说，一个城市要提供的最重要的功能是什么？是能够提供谈情说爱的机会。
- 在政治学意义上，城市可以提供更加公平合理的机会。对那些来自偏远农村的人来说，他们之所以来到城市，是因为城市比他们原来待的地方更好。即使住在城市里环境不那么优越的地方，他们的视野、接受的教育、看到的机会也比原来待的地方好得多。

经济学家陆铭教授说:"其实城市越大,不一定越糟。"城市在打击犯罪和战胜疾病方面取得的胜利,为城市成为理想的娱乐和生产场所提供了可能性,并为城市的人口规模创造了充分的条件。人类拥有的最大能力是相互学习,而城市强化了人类的力量。几个世纪以来,创新总是来自集中在街道两侧的人际交流过程中。

对中国来说,城市化远远没有结束。

- 从人口结构的角度来说,世界银行指出,中国再过30年,农村仍将保留2.7亿人,我认为这个数字太大了,低估了中国城市化的速度。美国大约有3亿人,农村人口只有几百万,不到总人口的2%;日本有1亿多人,农村人口有1 000万左右,不到总人口的10%。而中国有14亿人,即便有10%留在农村,也还有1亿多人。我们国家的城市人口还不够多,农村人口还会加速向城市流动。
- 从城市发展角度来说,城市真正的转型、深化、升级才刚刚开始,像上海、北京这样的城市,从某个意义上来说,还不够大。未来,我们会有更多的人口流向一线、二线城市。

中国的城市化,会给企业家带来巨大的机会。同时,发展中国家是未来城市化的主力军,我们看城市化一定要把视野扩展到全世界去。我看到过一个比较乐观的预测,就是在未来20年内,全世界可能有20亿人口要进入城市。非洲国家、东南亚国家和阿拉伯国家将是城市化的主力军，这会是人类有史以来规模最大的一次城市化。

这就意味着这些城市需要更多大型的基础设施建设，意味着人们在基础设施上追加的投资，将超过人类历史上的任何时期。这些投资包括学校、医院、电站、电网、供水、污水处理、公路、铁路、机场等。中国和美国不一样，中国参与发展中国家的城市化过程，也将是中国企业的全球化过程。

世界的城市化推动了整个供应链体系的变化。 城市和基础设施超越了地理分割和国家界限，对应供应链体系的变化也是全球化非常重要的一部分。全球化整体推动了世界的进步，我想分享几个关于全球化的故事。

大家都知道日本和西方最早的接触吗？第一次接触发生在1543年的长崎，葡萄牙人的船舶在长崎登陆。在接下来的300年里，长崎成了日本引进西方技术的门户。19世纪初期，一位日本医生进行了全球第一例患者全身麻醉的外科手术。手术遵循了欧洲的手术程序，医生在给患者做麻醉时结合使用了东方的草药。通过东西融合，日本在医药方面取得了领先的地位，欧洲用了40年的时间才迎头赶上。这就是全球化给社会带来巨大推动作用的一个典型案例。

1853年，美国军舰来到日本的时候，日本恰恰因为拥有许多接受过荷兰人的训练的工程技术人员，才能够迅速赶上新对手,并在接下来的 100 年里领先整个东亚。

中国的故事跟日本不一样,我举两个例子。

- 中国茶树和制茶工艺。《两访中国茶乡》一书描述了 1843 年和 1848 年中国部分地区的人文风情。1842 年《南京条约》签订后,英国人罗伯特·福琼(Robert Fortune)受英国皇家园艺学会派遣,来到中国从事植物采集工作,并将大量的中国植物资源输送到英国。1848 年,他又接受东印度公司派遣,深入中国内陆茶乡,将中国的茶树品种与制茶工艺引入东印度公司开设在喜马拉雅山麓的茶园,结束了中国茶对世界茶叶市场的垄断。这对中国的经济造成了巨大的影响。
- "失蜡法"。《国家宝藏》里提到了用 2 500 年前我们老祖宗发明的"失蜡法"制造的云纹铜禁。据介绍,抗日战争时期,云南巫家坝机场驻扎了一支美国的空军部队,部队里有个机械师。有一天,他在附近的村子里散步,看到村民在庙里用一种非常特殊的方法做了一个钟,这个方法就是"失蜡法",他很受启发。当时美国的发动机不是铸造而是锻造出来的,不结实。回美国以后,他就用"失蜡法"尝试做了发动机的叶片,发现很结实,就在美国申请了专利,所以,现在发动机的涡轮叶片制作方法实际上来自中国 2 500 年前的"失蜡法"。

这些都是全球化对世界经济技术起推动作用的案例。

联合国前秘书长安南说过:"反对全球化就像是反对地心引力。"当今世界,互联网化的全球体系存在着许多类型的流动:资源、货物、资本、技术、人、数据和观念。目前,全球化最重要的节点是城市和港口。现在全球GDP的40%以及全球经济增长的25%,都依赖于商品、服务和资本的跨境流动。而像数据服务这样的知识密集型交易,金额已经达到13万亿美元。标准普尔(以下简称标普)指数公司中40%的收入来自国际市场,目前万得全A指数公司中10%的收入来自海外市场。

在"冷战"时期(1947—1991年)和"冷战"结束之初,"全球安全"被普遍认为是最重要的"公共品",其主要提供者是美国。在那个年代,全球化就是美国化。但21世纪最为重要的公共品是"基础设施",而中国是基础设施的主要贡献者,全球化也不再单纯是美国化。

中国是120多个国家和地区的最大贸易伙伴,而以美国为最大贸易伙伴的国家只有50多个。与美国相比,中国在很多方面是有优势的。新一代的地图是环境科学、政治学、经济学、文化、技术、社会学的集合点,是互联互通的,而不是对立分割的,它完全有别于地理意义上的地图。20世纪的地缘政治学基于英国地理学家哈尔福德·麦金德(Halford Mackinder)的名言:"谁统治了世界的心脏地带,谁就统治了世界。"在21世纪,这句话就应该改为:"**谁统治了供应链,谁就统治了世界。**"

当然,美国仍然是高度发达的超级大国,而且我认为在非常长的时间里，美国都会保持这一地位。空中客车是一家强大的欧洲公司，但据其CEO称，飞机上90%的电子设备均来自美国。微软CEO萨提亚·纳德拉（Satya Nadella）在他的自传《刷新》中提到，从1965年《移民及归化法案》（*Immigration and Naturalization Act*）通过后到该法案实施50周年时，共有5 900万人移民美国，而且其中绝大部分是技术人才。美国现在才3亿多人口，所以，如果美国要重新走上限制移民和贸易的道路，对它自身意味着什么？也许我们过几年就可以知道。

全球人口的40%都在25岁以下，这些"全球化新生代"最认同的价值观就是互联互通和可持续发展。国际化跟全球化完全不一样，国际化程度可能会因为产业和周期产生很大的差别，但全球化却会不断发展，永不止息。

中国积极融入全球化，中国的贸易伙伴合计有164个国家和地区，已经超过美国的161个。[①]我们可以看到，非洲在迅速发展，非洲人的手机持有数量在2016年就已有约10亿了。在全球化的过程中，除了发达国家，我们也要想一想另外的50多亿人群里有多大的需求，这也是中国企业未来巨大的机会。

我们要明白，中国在制造业方面的优势仍然存在。虽然说中国近些年由于产业转移，有人预测将有不少人口失业，但是我认

[①] 数据截至2018年第三季度，根据作者提供的最新资料更新。——编者注

为不必对此过于担心。互联网经济学者薛兆丰教授常引用的一个例子，就是技术进步带来的失业问题。挖掘机的出现，让很多人失业了。但你愿意回到没有挖掘机，只能用铲子挖土的时代吗？我们的产业转移出去那么多，该如何解决失业问题？只能充分发挥想象力。但是我认为，我们国家一定有条件让这些人不会更差，这是我走过很多地方以后得出的结论。

令人担忧的应该是，一座城市没有足够多的企业家。没有企业，没有资源，这个地方必然衰败，全球都是如此。我们可以看看小城镇建设，去看它有没有资源，如果既没有资源也没有企业家，那么这座城市肯定不行。

我看到很多中国企业的海外收入占比在不断提升，比如美的、中国交建、三一重工等。未来 20 年，全世界有 20 亿人口要进入城市，推动城市化进程，千万不要忽略这个情况。

正如图 1-1 所示，推动世界进步的是一个立方体，长是城市化，宽是全球化，高是科技进步。人类的故事往往跟科技进步密切相关：物种的进化，从史前觅食到永久性农业的转化，古希腊、古罗马、中世纪和近代早期文明的兴起和衰亡，过去两个世纪的经济发展，农业机械化，工业贸易化的多样性和自动化，能源消费的巨量增长，新的通信方式和信息网络传播，以及生活质量的大幅提高等，都离不开不断扩大的规模、品种错综复杂的材料使用和科技进步。

人类智慧在科技上的运用第一次把各类材料转化为简单的服装、工具、武器和庇护所，后来又转化为更为复杂精美的住所、宗教和墓葬建筑设施、纯金属产品和合金产品，并在最近的几十年转化为大型工业和交通基础设施、特大城市、合成纤维和合成化合物，并使它们成为构建新的电子世界的基础和助推器。

对于未来20年的科技发展，世界上有很多预测。比如，硅谷著名的天使投资人彼得·蒂尔（Peter Thiel）说："在不久的将来，我们通过无线网络来传输的信息总量就会超过通过有线网络来传输的信息总量。未来，数据会更多地在每个人的智能设备之间传输，不会回到发射塔、交换机或者'云'里面。"

在2019年这个时间点，有人预测，到2020年，超过2/3的信息传送距离不会超过1千米。很多人说，自己不会去跟别人分享医疗数据、财务数据、一些生活隐私情况。但这只是这些人现在的观点，今后他们会去分享这些数据。现在，我们还处于分享时代的早期。无人驾驶汽车今后将变成你的新办公室，你用汽车接收的数据将比你坐在写字楼里接收的数据更多。20年以后最伟大的产品，现在还没有人发明出来。

我们有网络、传感器、机器人、3D打印、基因、合成生物学、虚拟现实、人工智能、5G等无数技术，但是不知道它们的集合结果会怎么样。

科技进步也是全球竞争的，我们要看全球各国之间竞争的情况怎么样。中国的研发支出一直在上升，不断追赶欧美，国家层面或许会对这个领域有更多的鼓励政策。

举例来说，2016年中国出台了很多产业的扶持政策，其中医药创新方面有"下一代"测序技术（Next-generation Sequencing，简称NGS）的肿瘤检测、肿瘤免疫治疗、分子代谢、再生医学、医疗信息技术。3年后，这些科技成果都鲜活地展现在我们面前。但在2016年时，国内很多人还不理解这些东西。

科技进步上很重要的一点，就是看行业的变迁。我们可以看看美国标普500中行业权重的变化。1974年之前，美国的金融行业在标普500中占比是挺低的，自1975年以来占比逐渐上升，超过了20%。信息技术经过2000年科技泡沫以后的几次变迁，近几年占比稳定在20%左右。据统计，2019年3月，信息技术公司的权重已占标普500的20.6%；医疗保健行业的权重也在稳定增加，占比14.8%。截至2019年3月，金融、医疗保健和信息技术三大行业在标普500中合计占比48.6%，几乎占半壁江山。

中国也正在经历同样的变迁。尽管中国金融行业在万得全A指数中的市值占比有所下降，但还是超过了20%，周期行业的市值占比在2008年之后持续下降，信息技术、医疗保健、可选消费市值占比不断上升，这非常完美地体现了城市化进一步深化的过程。比如，拼多多带来的并不是消费降级，而是消费升级，是农村人口与四线、五线城市人口的消费升级。

技术层面我们也在不断进步。在技术进步上，我们一定要相信年轻人，尤其要相信30岁以下的年轻人。2018年，一个从清华大学毕业的26岁的年轻人以3亿美元的价格把自己创办的公司卖给了美国的公司，这是中国第一次把一家高科技企业卖给美国人。在科技领域的创新过程中，中国有越来越多的年轻人涌现。

接下来，分享两个我关心的问题。**第一，我认为中国现在这个时间点企业家受到了极大的尊重。**

《孟子》的开篇就说：

> 孟子见梁惠王。王曰："叟！不远千里而来，亦将有以利吾国乎？"孟子对曰："王！何必曰利？亦有仁义而已矣。王曰：'何以利吾国？'大夫曰：'何以利吾家？'士庶人曰：'何以利吾身？'上下交征利而国危矣。"

儒家思想不讲利，而认为"上下交征利而国危矣"。这种观念、这种思想，到现在还深深存在于各个角落。这些传统观念和市场经济文化在某种意义上有点格格不入，因此很多人不认为市场是组织这个社会最好的方式。

亚当·斯密在《国富论》《道德情操论》里都讲到了道德和私利。在交换的市场中，即便是两个自私的人，也得为了让对方好才能进行交换。"每个人都试图应用他的资本,来使其生产品得到最大的价值。一般来说,他并不企图增进公共福利,也不清楚增进的公共福利有多少,他所追求的仅仅是他个人的安乐、个人的利益,但当他这么做的时候,就会有一双看不见的手引导他去达到另一目标,而这个目标绝不是他所追求的东西。由于追逐个人的利益,他经常促进了社会利益,其效果比他真正想促进社会利益时所得到的效果更大。"

当下的企业家如果去做实业,就会拥有中国有史以来最好的竞争条件,以及减税政策、半导体支持政策、5G发展等一系列产业发展政策、环保政策等。我认为,国家现在已经从各个层面支持实体经济的发展,真正去尊重那些做实业的企业家,还给企业家们提供了一个最好的公共产品——安全稳定。

第二,我认为资本市场再次聆听到了尊重市场、遵循市场意愿的监管声音。所谓"尊重"就是要尊重人性,公开、公平、公正地对待每一个市场主体,尤其是要认识到,贪婪、恐惧、投机、希望都是市场内生的,是资本市场整个系统运行的一部分。

保护投资者,最重要的是保护投资者不上当受骗,保护投资者投机的权利。美国证监会前主席理查德·C.布里登(Richard C. Breeden)曾经说过:"证监会不是全能的,保护投资者免受欺诈和市场操纵的损害是我们的职责,但投资者为了追求利润而遭受损失的权利也是不可剥夺的,同样需要我们的保护。"面对股市的涨跌,不是狂热就是哀怨,抱怨政府和监管,抱怨投资者不理性、不能愿赌服输，都不是真正地遵循市场。

在筹办科创板的时候，要让资本市场热爱风险或者至少能够正确地评估风险，科技创新才能得到资助。经济的发展尽管在长期运行中会有一些波折，但是在一个好的资本市场的助推下，一定会朝着正确的方向前进。

大家这几年一直在讨论 T+0、T+1，以我的经验和实践来说，这些都不是要害，我现在买股票的时候会首先考虑一年两年会不会卖，所以交易规则对我来说都没有意义。但有一点是很有意义的，那就是涨跌停板。

中国要降低股市的杠杆，降低股市的风险，比较简单的办法就是放开涨跌停板限制。我问过很多金融机构，大家认为，假如没有涨跌停板，机构对资本市场的配资、融资就会谨慎很多。好的制度能够让市场正确地评价风险。只要没有过高的杠杆，目前国家所有担忧都会减少，即便股市暴跌也不会造成太大冲击。

谈到科创板，谈到技术，一定要谈到技术和资本市场的两个定律。

- 人们往往高估技术的短期影响，低估技术的长期影响。这个定律我们都慢慢体会到了。
- 技术和资本可以一同躺下睡觉，但绝对睡不了太长时间。技术的变化太快、竞争太激烈，资本态度的变迁也需要非常快速。不过，无论如何都要记住，只有较低的价格才能驱动财富。

对于A股，我先做一个比喻：**一条河干了很长时间，水一点点流进来的时候，最先浮起来的是垃圾。只有水越来越多，小船大船才会慢慢浮起来，最后船往前走，垃圾就没人关注了。**

我估计在中国这个现象很长时间都改变不了，现在看来，中国股市的河流中浮起来的很多是垃圾。我用一个数据来说明中国现在的市场水平。A股证券化率仍处于低位，截至2019年的3月7日，A股证券化率为67.4%，2018年12月是53.1%（见图1-2）。如果加上港股的红筹股和美股中概股，总和达到了85%。但它的分母也在增长，每年都在以6%左右的速度增长。美国股市2017年的证券化率为166%，与它相比，总体来讲当前证券化率并不高，A股的估值仍处于低位。

科创板对A股会有什么影响我还不知道，但很多人担心会让主板下跌。1971年2月，美国纳斯达克指数在正式上市后，两年内对美国其他两大指数都没有影响，所以我们也不用太过担心。

表1-1说明，中国市场上长期持有的力量还是很强劲的。从2005年起，万得全A指数不同持有期限的资产组合表现统计表明，周期越短回报越低，周期越长回报越高，如果能持有10年，亏损概率为0，持有期收益率均值为250%。

投资中国

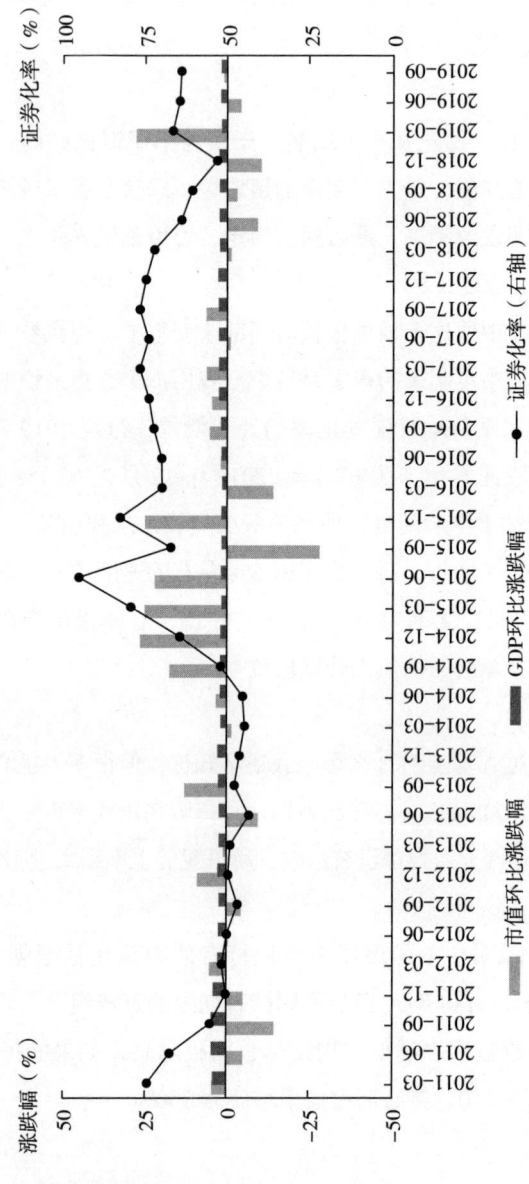

图1-2 2011年3月至2019年9月A股证券化率的变化

资料来源：万得资讯。

表 1-1 2005—2015 年万得全 A 指数不同持有期限的资产组合表现

持有期限	亏损概率（%）	持有期收益率均值（%）
1 星期	44.2	0
1 个月	43.1	1
1 年	39.7	5
3 年	37.7	37
5 年	15.3	66
10 年	0.0	250

资料来源：万得资讯。

> 本文是作者 2019 年 3 月在中泰证券研究所举行的"2019 春季策略会"上分享的内容。

02
"大鹏同风起,扶摇九万里"
——高、宽、深三维看A股市场

> 未来上市公司之间的价值分化会加速实现,卓越公司的市值天花板已经完全打开。我们要去寻找具有愚公移山精神的企业家。

中国资本市场已经有了本质的提升。

- 从高度来说,中央将资本市场定位为"在金融运行中具有牵一发而动全身的作用",具有枢纽地位。
- 从宽度来说,注册制给A股输入更多新鲜血液,使得投资者能够享受企业成长期的回报,上市公司行业结构也发生了变化。
- 从深度来说,市场承受力变得更强,单一公司市值和投资容量的天花板也打开了,绩优股得到了流动性溢价,绩差股的跌幅明显增加。

未来上市公司之间的价值分化会加速实现,分化必将带来淘

02 "大鹏同风起,扶摇九万里"——高、宽、深三维看A股市场

汰和整合,从优秀到卓越的公司将不断涌现。从高度、宽度、深度三个维度看,中国A股市场仍将有结构性大行情。

我的总体看法是,现在的资本市场与过去20多年相比,已经有了本质的提升,市场从根本上发生了改变。

2020年五六月时,有家机构问我,他们有上万亿的投资配置,现在是不是可以赎回。我从几个角度分析了一下,指出未来几年内都不应该做赎回这件事。

那么,为什么我觉得现在的市场发生了质的变化,配置上可以不用降低呢?

高度:中央定位资本市场在金融运行中"牵一发而动全身"

首先,党中央高度定位,认为"资本市场在金融运行中具有牵一发而动全身的作用"。从实践角度来说,我们可以更加清晰地认识到,监管层对资本市场的理解以及处事方式发生了变化。2020年新冠肺炎疫情发生后,针对春节以后A股市场第一天是否如期复盘,当时大部分投资者都希望不要复盘,包括很多专家、机构投资者也在如此呼吁。但最高层根本没有受舆论的任何影响,还是如期复盘了,这个意义非常重大。

- 第一，资本市场除了简单的投资功能以外，还有流动性、风险管理等很多功能，它是一个功能复杂的市场。
- 第二，2019年中国树立了面对国际投资者的公开、公平、透明的市场形象，不能因为疫情就把这个形象破坏。
- 第三，很重要的是，市场即便下跌，也是对未来不确定风险的释放。

所以，从复盘这件事上可以非常清晰地看到整个管理层对市场的专业认识，以及它所具备的高超智慧与技巧。

所以，从高度上来说，跟过去20年相比，高层对资本市场的认识和定位发生了非常大的变化，"十四五"规划又为资本市场的未来发展打开了巨大的空间。

宽度：注册制为A股输入新鲜血液，投资者能享受企业成长期回报

从宽度上来说，根据近30年的投资经验，我认为整个资本市场从注册制开始实施以后，发生了非常大的变化。

- 第一，注册制为A股市场输入更多新鲜血液。2019年7月22日，科创板首批公司正式上市。截至2021年2月2日，A股中在2019年7月22日前上市的股票合计3 621

02 "大鹏同风起,扶摇九万里"——高、宽、深三维看A股市场

只,在那之后上市的股票合计553只。[①]万得资讯显示,目前已做上市辅导备案登记受理的企业超过1700家,未来数年上市企业总数可能会增加到6000家甚至更多。

- 第二,从企业生命周期来说,核准制下能投资的企业大多数是处于成熟期的企业,很少有企业在成熟期以后还能进一步发展。很多企业上市后很快就出现了一些问题,所以二级市场投资者很难享受到企业成长的回报。但是注册制改变了上市的性质,很多企业可以在成长期就让二级市场的投资者参与(见图2-1)。

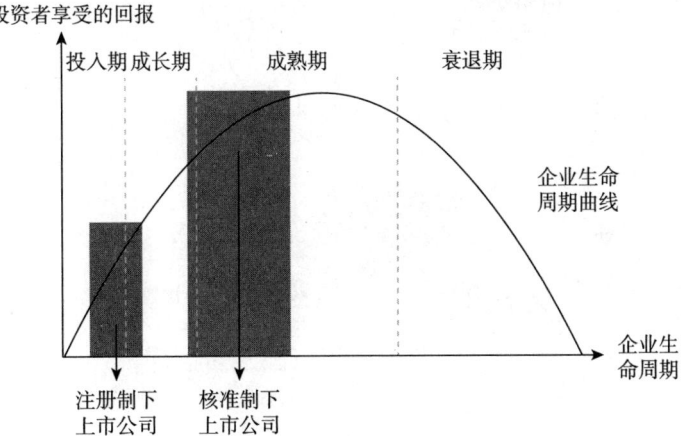

图2-1 上市公司生命周期曲线

[①] 数据根据作者提供的最新资料已更新,本章后文提到的截至2021年2月2日的数据均为更新后的数据。——编者注

- 第三，市场中上市公司的行业结构发生了很大变化，2019年7月22日前可选消费、日常消费占比较高，而现在信息技术、医疗保健等行业在急剧上升，符合时代技术发展潮流的企业的比例在提高（见图2-2，图中数据截至2021年2月2日）。

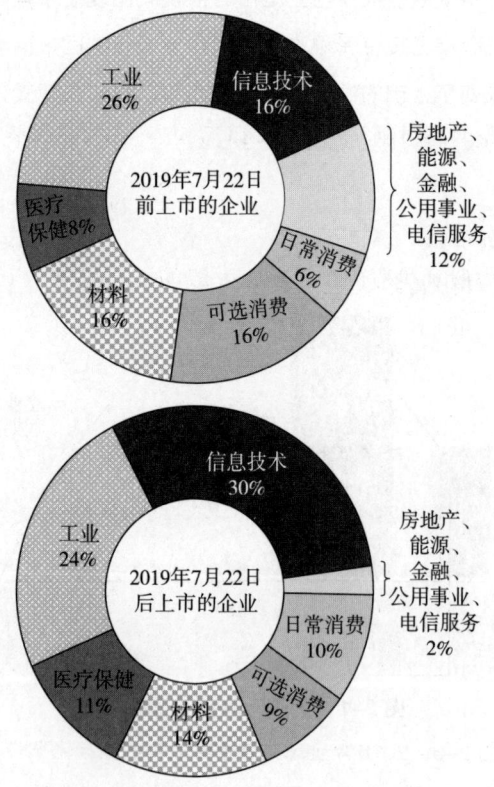

图2-2　各行业在上市企业中的占比情况

资料来源：万得资讯。

02 "大鹏同风起,扶摇九万里"——高、宽、深三维看A股市场

- 第四,沪港通让我们有了更多的选择。目前在沪港通里,内资在港股中的占比越来越高,南向资金持股占内资股流动市值已超过10%,而且有更多在美国上市的中概股企业愿意回到港股、A股上市。

从这些方面来说,我们可以看到整个市场投资的宽度发生了根本性的变化。

中国通过注册制让资本市场的资产证券化率快速发生改变。过去几年,A股的证券化率在发生变化,2018年仅约47.0%,但是截至2021年2月2日,A股证券化率达到了85.4%,加上港股的红筹股和美股的中概股,A股的证券化率是107.9%。在图2-3中,我们可以看到2018年全球主要国家股市证券化率的相关数据。

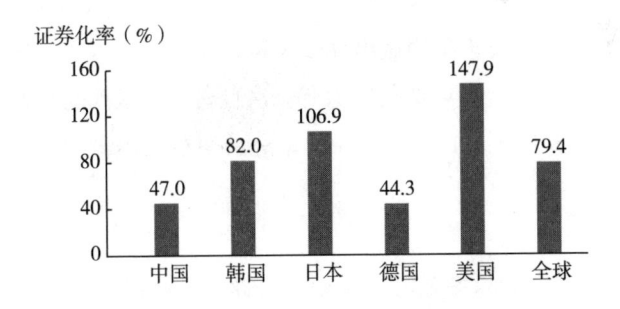

证券化率(%)

中国	韩国	日本	德国	美国	全球
47.0	82.0	106.9	44.3	147.9	79.4

图2-3 2018年全球主要国家股市的证券化率对比

资料来源:万得资讯。

在第一批科创板股票上市以后,科创板的总市值增加速度非

常快，截至 2021 年 2 月 2 日，科创板总市值合计达到 3.70 万亿元，科创 50 指数自 2019 年 12 月上市以来，涨幅达 43.8%。随着科创板的迅速成长，投资者将面对越来越宽的市场选择。

深度：市场承受力更强，绩优股得到流动性溢价

除了高度和宽度，市场深度也发生了很大的变化。什么叫市场深度，我们可以从交易量、市场承受力等几个角度来看。A 股市场现在每天的交易量大到令人吃惊。以往大型公司首次公开募股（以下简称 IPO）让市场压力很大，发行节奏一加快，市场就大跌，现在的 A 股市场却很平稳，我国股票市场的承受力已经可以跟美股市场相媲美。

2019 年，格力集团做出混改决定，将持有的占公司总股本 15% 的格力电器的 9.02 亿股做了一次性转让，最终受让方出资 417 亿元拿下格力 15% 的股份。单一公司投资容量的天花板也就此打开了。

现在像茅台这类公司，买 50 亿元跟买 100 亿元没什么区别，500 亿元规模的基金跟 1 000 亿元规模的基金，如果投在大公司上，在目前的市场中也可以没有区别。市场有了足够的市值和流动性，我不管管理多少钱，都敢投，市场的深度发生了历史上从未有过的变化。

02 "大鹏同风起,扶摇九万里"——高、宽、深三维看A股市场

另外,中国市场也发生了新的变化,以前大市值公司比较容易被折价交易,因为市场深度不够,不给它们流动性溢价,但从2019年开始,绩优股终于得到了流动性溢价。2017年1月至2020年10月,沪深300相对于中证1000累积超额收益率为68.67%,年化累积超额收益率为14.64%(见图2-4)。

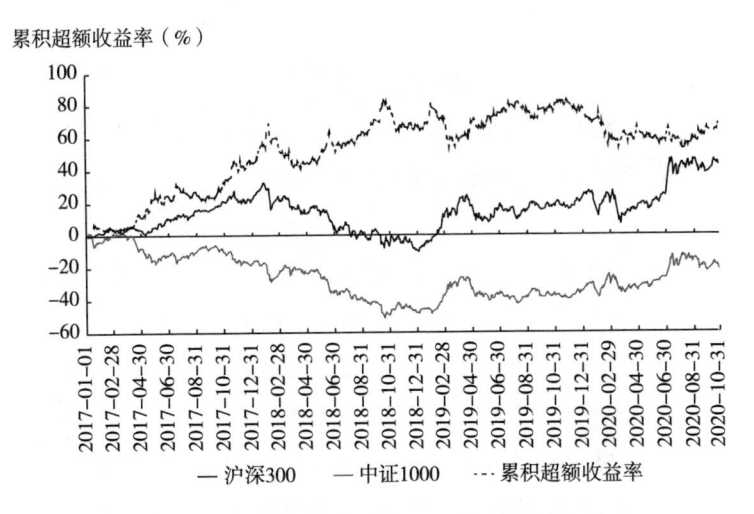

图2-4 2017年1月至2020年10月沪深300相对于中证1000累积超额收益率的表现

资料来源:万得资讯。

2017年以后,中小盘绩差股的跌幅明显增加,出现估值回归的局面,全市场自由流通市值在后50%的公司,流通市值占比从16%下滑为不到9%,交易额占比从35%下滑为16%左右。

卓越公司的市值天花板已经打开，500亿元以上的上市公司数量从2012年1月的66家上升到2021年2月的291家。

总之，从高、宽、深三个方面，我认为中国的资本市场发生了非常大的变化。

从优秀到卓越

下面我想对未来做一个猜想。

- **伴随着上市公司数量的变化，未来上市公司之间的价值分化将加速实现。**大家看到科创板的第一批上市公司限售股基本上开始解禁了，很多公司的变化都将发生在眼前。由于市场足够宽，我们以后的选择越来越多，所以上市公司之间的价值分化一定会加速，A股、港股的分化速度会越来越快，同时分化必将带来淘汰和整合。2000年时美国一度有8 000多家上市公司，现在只有4 000多家。
- **从优秀到卓越的公司会不断涌现。**资本市场深度打开和上市公司的市值空间打开会激励更多人去创业，令很多有雄心壮志的企业家心潮澎湃。我有一个朋友，我在他们公司市值500亿元人民币的时候投资了，现在他的公司市值已经达到2 500亿元，但他说2 500亿元仍然没有成就感，他的成就感就是一定要在几年内把公司发展到5 000亿元市值。

我们可以比较一下，万华化学和贵州茅台都是在2001年上市的，表2-1呈现了这两家公司上市第一天的数据。万华化学发行市盈率是51倍，发行价是11.28元，上市第一天开盘价是28.00元，总市值是33.60亿元。茅台上市的时候发行价是31.39元，上市第一天开盘价是34.51元，总市值是86.28亿元。但现在万华化学的市值是2 500亿元左右，贵州茅台的总市值已经超过了2万亿元。作为投资者，我们过去没敢想过上市公司市值的天花板可以这么高。

表2-1　万华化学和贵州茅台上市第一天的数据

	万华化学	贵州茅台
上市日期	2001-01-05	2001-08-27
发行价（元）	11.28	31.39
发行市盈率（倍）	51.51	23.93
新上市股本（亿股）	1.20	2.50
上市第一天开盘价（元）	28.00	34.51
上市第一天收盘价（元）	31.00	35.55
上市第一天总市值（开盘价）（亿元）	33.60	86.28
上市第一天总市值（收盘价）（亿元）	37.20	88.88

资料来源：万得资讯。

那么，哪些公司能够成为卓越公司？我们可以回到中国的传统文化上，具备传统文化推崇的优良品质的公司都有机会。

战国时期，《列子·汤问》中有一篇寓言小品文《愚公移山》。

文章叙述了愚公不畏艰难,坚持不懈,挖山不止,最终感动天帝而将山挪走的故事。这个故事也表现了中国古代劳动人民的信心和毅力,说明了要克服困难就必须坚持不懈的道理。中国人有愚公移山的精神,企业家更应该有愚公移山的精神,我们投资人则要去寻找具有愚公移山精神的企业家。

2020年,我在和企业家交流时,经常会推荐他们读《三星内幕》。20世纪七八十年代,著名企业家、三星集团会长李健熙完成了很大的跨越,现在三星的产值占韩国GDP的20%。李健熙的父亲李秉喆信奉《论语》,传给儿子的大多是传统的中国精神。首先,他要儿子讲究"智、仁、勇",实践"恭、宽、信、敏、惠",推崇"言必行、行必果"。所有的企业家都要检视思考,尤其是很多做消费品的企业家,要思考自己的企业是否做到了。其次,他要儿子掌握三星的"木鸡哲学",这里的"木鸡"来自《庄子》中呆若木鸡的故事。李秉喆推崇"木鸡哲学",告诫他儿子:一是不要傲慢;二是一定要专心,不受任何外界环境的影响;三是保持平常心。最后,"唯在技术上求生存"是"铁壁禁忌",只有技术才能让三星生存。

华为任正非说:"华为就是一只大乌龟,20多年来,只知爬呀爬,全然没看见路两旁的香花,不被各种所谓的风口所左右,只傻傻地走自己的路。"

此外,还有同仁堂的"炮制虽繁必不敢省人工,品味虽贵必不敢减物力"这样的理念。

02 "大鹏同风起,扶摇九万里"——高、宽、深三维看A股市场

如果中国的企业具备这些精神,就能越来越卓越,我们就不用担心我们的投资了。

"大鹏同风起,扶摇九万里",这两句话来自李白的《上李邕》这首诗,"大鹏一日同风起,扶摇直上九万里"。在目前的环境下,这首诗很应景,国际国内都是。对企业家来说,要有李白年轻时的抱负;对投资者来说,要像李白说的,"宣父犹能畏后生,丈夫未可轻年少"。宣父就是孔子,孔子说:"后生可畏,焉知来者之不如今也?"我们要对未来,对自己,还有我们的下一代有信心。所以,我认为,从高度、宽度、深度三个维度看,中国A股市场仍将有结构性大行情。

> 本文是作者2020年10月在《中国基金报》主办的"2020中国机构投资者峰会"上分享的内容。

03
"刷新"后的中国，投资豁然开朗

> 投资最重要的是投资你懂的、熟悉的领域。最好的保值、增值方式是投回中国，最好的控制风险方式也是投回中国。

社会的焦虑

2019年12月前后那段时间，虽然股市在涨，大家的报告都非常乐观，但实际上，每个人都不可避免地感受到了各种各样的焦虑。这些焦虑来自哪里呢？有些来自经济增速下降的原因，也有些来自其他原因。

举一个简单的例子，2019年12月21日，最高人民法院公布的失信人员数量是570万。我观察过，从10月开始，失信人员每天增加2 000多人。大家想想看，按照杰出企业家曹德旺的说法，中国中产阶层大约4亿人，在城市跟农村之间往返的人大约有 4 亿人，还有 4 亿人待在农村。570 万失信人员应该基本上是中产阶层，这个人数占中产阶层的比例非常高，所以我们很多人周围可能都有失信人员。失信人员会传达出很多不正常的情绪、不正常的信息，所以这个社会的焦虑是很正常的。我知道一家上市公司，曾经允诺称高管要增持股份，结果由于各种原因没有增持，所以这些高管都被判定为失信人员，他们坐飞机、高铁的权利都被限制了。这也说明我们国家在信用体系建设上前进了一大步。

刷新：新战略、新使命、新愿景、新文化

2019 年初，我做了一场以"中国企业未来的机会"为主题的演讲，引用了微软 CEO 纳德拉在自传《刷新》中提到的一个案例，1965 年《移民及归化法案》通过后，到 2015 年，50 年间，有 5 900 万人移民到了美国，而且这些人大都是技术人才及其家属。纳德拉绝对是最伟大的企业家之一，大家有机会可以看看他的自传《刷新》。我看过大量的企业家传记，没有一部可以这样触动我。

《刷新》里有这样一句话："每一个人，每一个组织乃至每一个社会，在到达某一个点时，都应点击刷新——重新注入活力、重新激发生命力、重新组织并重新思考自己存在的意义。"一个人、一家企业是这样的，一个国家也是这样的，应该刷新，让刷新重新启动国家未来。

图3-1是一个"价值"指南针,我们看到一个美好社会的四极由四个方面构成:自由、平等、效率、社群。这四个方面,我们并不是要求让每一个点达到它的极致,而是要达到相互之间的一种平衡。有时候自由和平等有冲突,有时候平等和效率、效率和社群也会有冲突。那么如何平衡好这四极呢?那就要靠一个美好社会最重要的运行机制。

图3-1 "价值"指南针:美好社会的四极

资料来源:The Executive's Compass。

对中国来说,过去几年我们做的很多事情是对前面40年进行了一次刷新,对很多行为方式、人们的价值观都有深远影响。中国的刷新体现在很多方面。比如,基层政治生态发生了很大的变化,由不敢腐到不能腐。社会方面,营商环境在改善,办事不用事事找人。民生领域,农村发生了非常大的变化。脱贫攻坚成效斐然,全国90%的村庄开展了清洁行动,新开工建设的农村生活垃圾处理设施5万多座,生活污水处理设施9万多座。自党的十八大以来，大家如果经常回乡就会发现家乡的变化。很多村庄都有垃圾桶、污水处理设施，这是资本市场很少会关注到的。还有对环保的重视带来环境的改变，企业再也不能一边生产一边污染了。北京、上海空气质量的改善大大超越了人们的期望。你如果有机会去新德里转转，会发现新德里的污染让人无法忍受，超过北京最严重的时候。在经济领域，国家强调市场经济在资源配置中起决定性作用，面对问题时要用市场化、法治化的方式解决。在发展理念上，我们也有了很大的变化，创新、协调、绿色、开放、共享是"十三五"规划明确提出来的。

证券市场也有刷新，我举两个例子。

- 退市常态化，现在越来越多的公司面临退市。截至2019年11月20日，共有73只股票的收盘价格低于2元，6只股票的收盘价格在1元以下。在科创板和创业板改革的环境下，A股呈现港股化的发展趋势越来越明显。
- 国家推动证券集体诉讼制度。2019年11月，在党的十九届四中全会上通过的决定明确提出："强化消费者权益保护，探索建立集体诉讼制度。"这是跟证券市场密切相关的。在11月4日，中国证监会党委传达学习贯彻党的十九届四中全会精神时，强调积极配合推动证券法、刑法修订，推动建立证券集体诉讼制度，显著提升违法违规成本，持续净化市场生态。

我们要高度重视这些刷新对市场的影响。

刷新的过程会面临一些什么问题呢？我仍然举集体诉讼和退市常态化的例子。如果按这种趋势走下去，在3 000多家上市公司中，可能会有很多公司出现问题。上市公司消失的过程会对社会造成震荡和破坏。**一个社会的进步首先源于生产力的进步，生产力进步必然带来创造性破坏**。创造性破坏主要体现在三个方面。

- 当实体资产供过于求时，这些资产会被彻底摧毁，传统的工作岗位不再被需要，这些岗位上的工人会失业。
- 把传统的确定性因素彻底消除，没人知道未来哪些资产能够成为更有效率的资产，哪些资产不具备生产效率，所以注册制的资本市场是应运而生的，而墨守成规、因循守旧的人会不知所措。
- 新技术总是会诱发投机性泡沫，投机者总会去追逐一张张永远刮不开的彩票，但只要是泡沫，就会有破灭的一天，有的泡沫破灭会造成极大的危害。

迎接创造性破坏的，往往是"质疑、憎恨，甚至是义愤的浪潮"。在创造性破坏过程中，遭受损失的人通常能集结成群，而获益的人通常都分布得很零散。创造性破坏带来的收益通常要数十年才能体现出来，但造成的损失往往立即显现。

一个良好的政治环境是能够缓和这些质疑、憎恨和义愤的。一般国家，在现实的诱惑下，很多政治人物会采取一些措施去干扰创造性破坏发挥作用的逻辑过程。从美国几百年的发展进程来看，由于制度制约，它非常有效地遏制了自己的冲动，很好地解决了这个问题。日本、德国这些在第二次世界大战中失败的国家，由于经历过在全球竞争中失败的切肤之痛，所以在面对这种挫折的时候，他们的人民能够忍辱负重。但还有很多国家，往往在问题没有解决好的时候，就陷入了真正的中等收入陷阱[①]。在这个问题上，近几年的刷新，让中国具备了迎接转型、迎接创造性破坏的制度基础。

宏观政策要稳，微观政策要活，社会政策要托底。过去几千年来，就像哈佛大学教授、著名历史学家费正清说的那样："中国的传统不是制造一个更好的捕鼠器，而是从官方取得捕鼠的特权。"企业处于从寻租性努力转向生产性努力的过程中，这是巨大的进步。在这样的刷新过程中，牵涉其中的微观主体一定会遭遇很大的震荡。这种震荡需要一个大环境来稳定。中国现在已经具备了这样的条件。

资本市场的新起点

对投资人来说，最重要的是什么？橡树资本联席董事长及核心创始人霍华德·马克斯（Howard Marks）说过："专业投资人

[①] 指的是发展中国家工业化进程中奉行 GDP 增长方式，经过一段时间的经济高速增长使人均收入达到中等收入水平时，无法实现长期增长，甚至出现停滞或倒退现象。——编者注

的能力不仅体现在年景好的时候能赚钱，在年景不好的时候，也可以控制好风险，赚取收益。所以，为了做到这一点，投资人需要做两件事情，第一件事是周期定位，第二件事是资产配置。"

总体上说，中国处在一个经济从高速增长到增速不断减缓的过程。在这样的过程中，我们可以看见两个明显的特征。

第一，逐步转型对资本市场来说是一个很大的流动性机会。中央强调"房子是用来住的，不是用来炒的"，所以钱不会再大规模进入房地产。再者，国家在去杠杆的过程中会打破刚兑，打破刚兑意味着打破高息揽存，民间借贷利息就不会太高。而且，经济的长期增速下行，让利率大概率在相当长的时间内只降不升。所以，从投资本身的机会角度来说，直接融资领域的流动性会越来越突出，权益类融资的规模也会上升。从周期上来说，资本市场面临着一个相当长期的流动性机会。这个时间周期会相当长，也许5年以上，也许10年以上。

第二，资本市场转型带来了顺周期的一些机会。什么叫顺周期？过去的70年，我们可以总结一下，中国在遇到困难的时候，遇到严重经济挑战的时候，政府的反应从来都是可预测的，没有不可预测的。可预测体现在哪里？第一个是打破垄断，第二个是进一步开放，第三个是鼓励民营企业。经过40多年的改革开放，面对中美关系的风云变幻，面对经济的下行，我们一定要相信中国政府是会更加开放，更加市场化，更加鼓励民营经济发展，也更加鼓励引进外资。同时为了平缓可能对经济造成的波动，国家仍然会加大基础设施建设投入。我曾看到一篇讲苏南、苏北的文章，江苏是中国第二大经济强省，但整个苏北地区到2019年底还没有一条高铁。对这些基础设施的投入就是一个顺周期的机会。

结构性社会变迁也是一个顺周期的机会。现在"95后"已经大学毕业了，最大的"90后"也30岁了。整个社会变迁已经在向年轻一代迁移，中国第一代独生子女已经成长起来了，我们可以推演出很多结构性机会。中国有极大的消费市场及消费升级潜力；多元化和深度的城市化；能够满足最完善供应链的新能源、新材料、新运输；先进制造业在解决一些"钉子"技术问题上不断实现突破；最多的工程师供给。解决巨大的供需矛盾，这指的是我们在一些行业的需求很大，但这些行业在国内供给很少。另外，中国还有人工智能、机器人、云计算、大数据等下一代生产力驱动工具，这些驱动工具对中国的进步有着非比寻常的作用。中国还有一个无与伦比的结构性机会，就是资本市场的生产关系发生了较大的改变，生产关系的改变是会提高生产力的。我们说的国企改革，其实仅仅是生产关系改变里的一小步，民企需要很大的改革。

什么是中国目前具有的优势和投资机会

中国目前具有什么样的优势和投资机会？主要体现以下在6个方面。

- 全世界最多的工程师供给。
- 全世界目前最大的消费市场。
- 最重大的改革开放红利（不仅国企要改革，民营经济、私人企业也需要改革）。
- 超过美日总和的制造业和完善的供应链。
- 进行中的深度城市化和超级城市集群（长三角、粤港澳这样的世界级城市群正在出现）。
- 5G、机器人、人工智能、大数据、云技术等生产力驱动工具，使中国的制造业提升得非常快。

以内容制作为例。有一家公司叫沉浸文化，这是一家没有创意人员的内容公司，全靠大数据。这家公司通过大数据到全球去找大量双胞胎录制视频，还在中国录制退休老奶奶各种各样的旗袍秀和其他秀，在网络上风靡一时。还有天猫"双11"，它通过大数据非常及时地捕捉到了流行信号，发现腾格尔跟花泽香菜有一个模拟的混编视频在 B 站上特别火爆，在年轻人中非常受欢迎。所以，天猫 2019 年的"双 11"晚会就用了花泽香菜演唱的《恋爱循环》作为晚会的第一营销热点。我看到腾格尔实在是唱不好日语，到最后，花泽香菜只能一个人唱。

中国有巨大无比的消费市场。日经中文网报道称："中国顾客买光了澳洲产杏仁，现在不得不采购美国产杏仁。"2019 年 8 月至 10 月，美国杏仁面向中国大陆和中国香港地区的出货量比 2018 年同期多 29%。夏威夷果和腰果也因中国需求增加而价格高涨。这样的市场，消费升级的潜力也非常大。

除了上面这些，我还想强调的是，中国有五千年优秀传统文化，琴棋书画诗酒茶与柴米油盐酱醋茶的历史悠久，它们是美好生活的记忆载体，深厚宽广，市场无限。想想看，销售酱油的海天规模那么大，光卖鸭脖的就有三家上市公司。所以品味加文化的复合生活方式在中国必然复兴、蓬勃发展，在数字时代，形成圈层和社群，可以快速扩张。谁在品质上胜出，谁就可以一往无前。

中国消费的变化总体上体现在两个方面：真正的高端奢侈的消费在下降，但大众化的消费仍在增长。比如美容，有开美容院的朋友说，以前去美容院的高端人士都是预付50万元或100万元，现在消费差不多下降了20%。但与此同时，上市公司里美妆美容公司增速非常快。餐饮也是一样，最高端的消费下降了20%，但客单价在80～100元的大众化消费在迅速增加。

我为了看消费数据，专门把几家家电企业这几年的报表拆分来看，发现升级非常明显。近10年家电各子领域产品均价都在大幅提升（见图3-2），空调的产品结构发生了很大变化（见图3-3），冰箱和洗衣机的产品结构都在改善（见图3-4、图3-5）。格力是国内领跑的空调品牌（见图3-6）。海尔非常特别，它的品牌力是格力、海尔、美的三家里面最强的，所以它最近一两年的增幅是最好的，海尔旗下超高端品牌卡萨帝持续快速增长（见图3-7），显著高于其他品牌。美的提升的空间较大，但是企业要做好品牌其实难度非常大。大家可以在图3-8、图3-9中看到冰箱、洗衣机的价格，从中可以看出哪家公司的品牌更强。

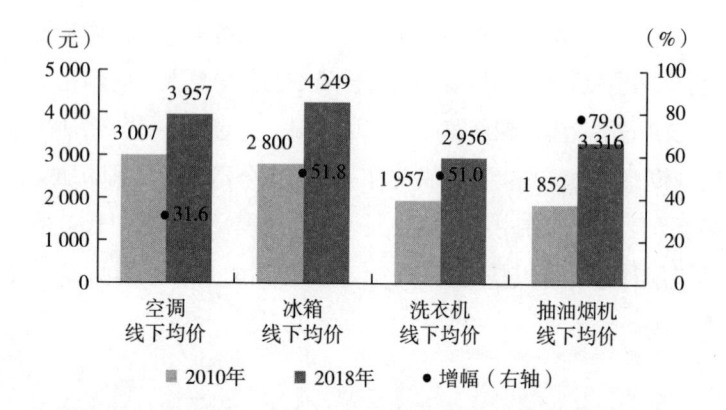

图 3-2　2010 年和 2018 年 4 类家电产品均价和增幅对比

资料来源：中怡康。

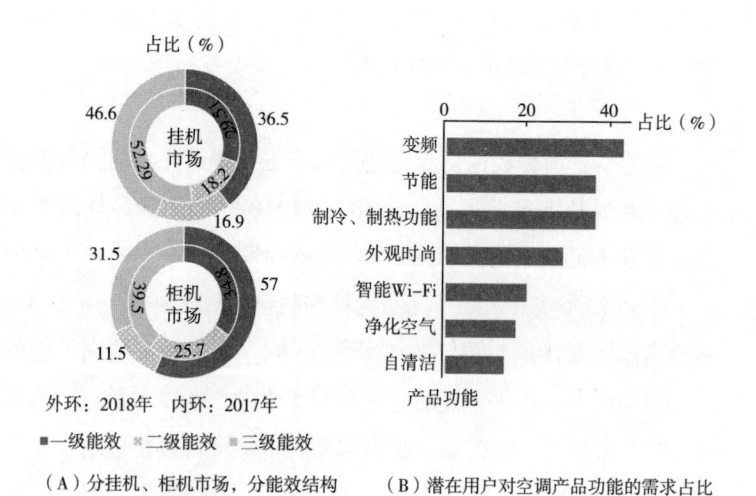

（A）分挂机、柜机市场，分能效结构零售额占比变化

（B）潜在用户对空调产品功能的需求占比

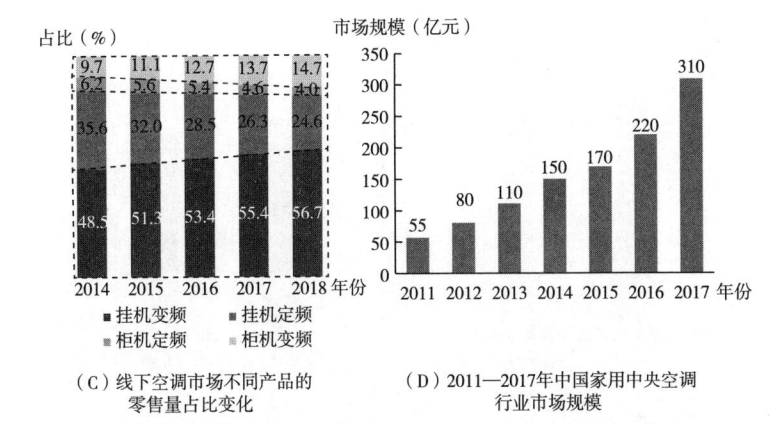

（C）线下空调市场不同产品的零售量占比变化

（D）2011—2017年中国家用中央空调行业市场规模

注：定频机零售量占比减少、挂机占比减少；一级高能效柜机、挂机产品的零售量占比提升，二、三级能效产品零售占比下降；家用中央空调需求爆发式增长。

图3-3 空调市场产品结构改善

资料来源：图（A）、（B）、（C）的来源为中怡康；图（D）的来源为智研咨询整理。

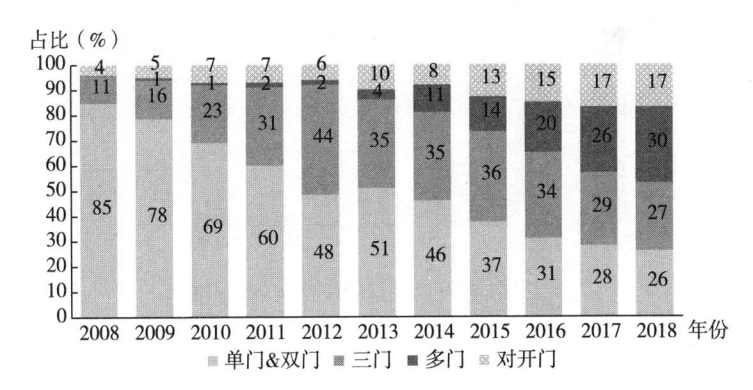

注：细分功能和外观升级趋势明显，多门、对开门零售量占比大幅提升。

图3-4 冰箱市场产品结构改善

资料来源：中怡康。

043

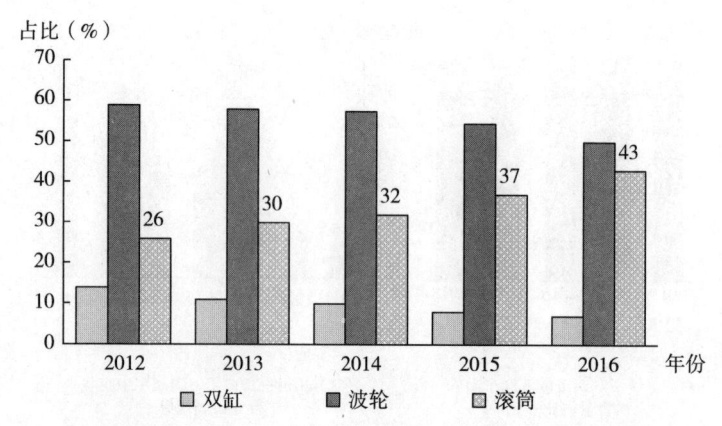

图 3-5 洗衣机市场产品结构改善

注：滚筒洗衣机占比持续提升，传统波轮、双缸洗衣机占比下降。

资料来源：中怡康。

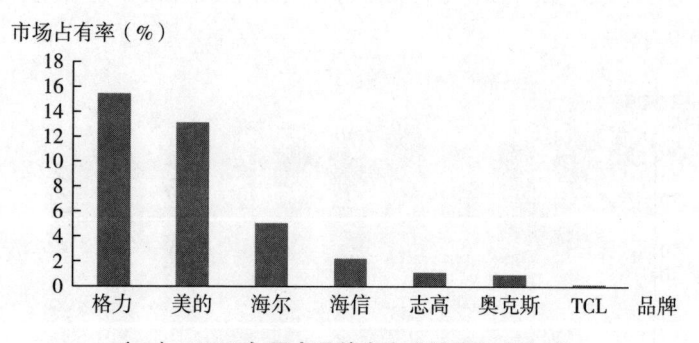

（A）2018 年国内品牌中央空调市场占有率

03 "刷新"后的中国，投资豁然开朗

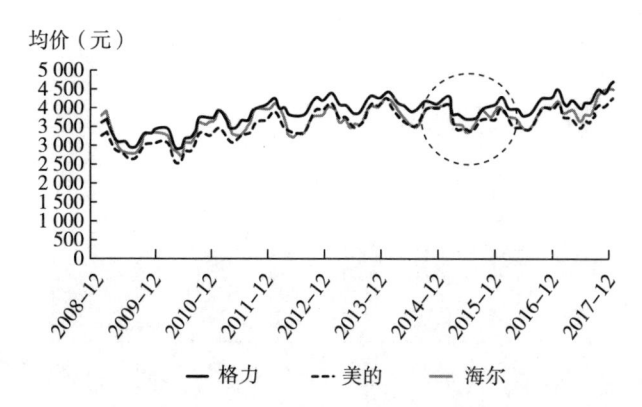

（B） 2008—2017年格力、美的、海尔空调均价变化

注：格力空调以高价产品引领行业，除2014—2015年价格战外，带动行业均价持续提升。

图3-6 空调品牌市场

资料来源：暖通家；中怡康。

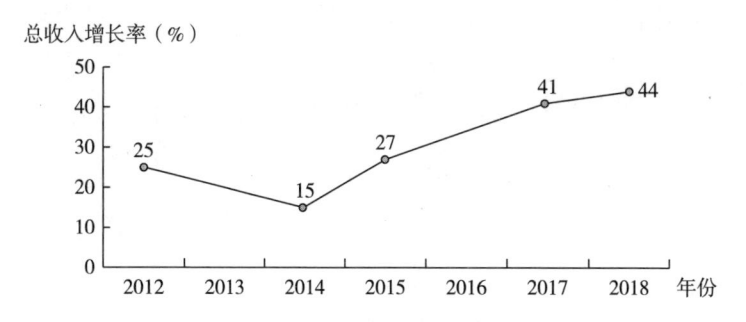

图3-7 2012—2018年卡萨帝品牌总收入增长率

资料来源：万得资讯。

045

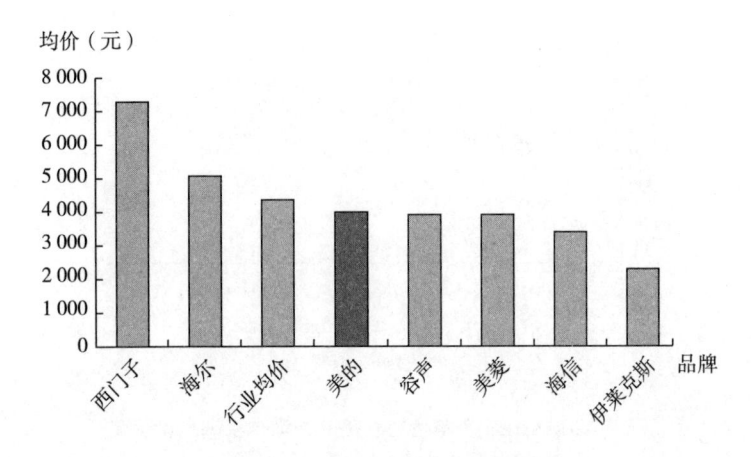

图 3-8　世界主要品牌冰箱均价

资料来源：中怡康。

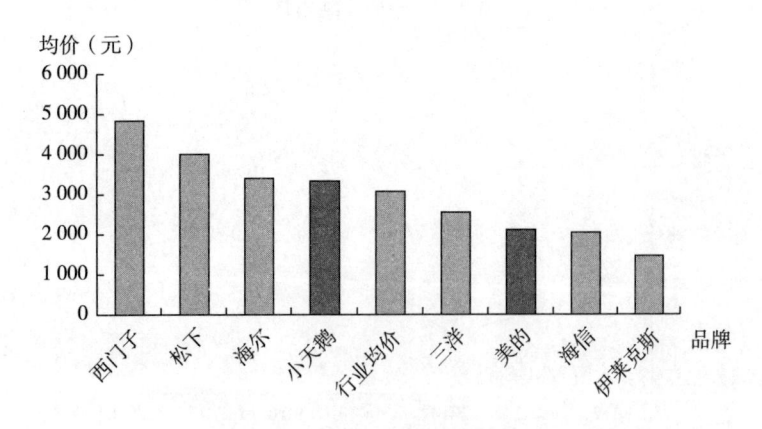

图 3-9　世界主要品牌洗衣机均价

资料来源：中怡康。

海外高端强势品牌在中国也获得了快速增长，不管是酩悦轩尼诗（LVMH）、爱马仕还是雅诗兰黛，这些公司在中国都有两位数以上的增长，我看到数据感到很惊讶（见表3-1）。我们国内的化妆品上市公司，除了上海家化以外，其他增长得都很好（见表3-2）。

表3-1 海外高端强势品牌在中国获得快速增长

品牌	在中国的增长情况
雅诗兰黛	"2018/2019年第四季度：旗下所有品牌在中国所有渠道都有强劲的双位数增长。"——CEO法布里奇奥·弗雷达（Fabrizio Freda）
欧莱雅	2018财年，中国区增长33%，6个品牌过10亿元；除美国外最大市场
资生堂	2019年前9个月，中国区增长18.3%，高端品牌线销售增速超40%
卡地亚	2018/2019财年，卡地亚品牌中国区增长15%
蒂芙尼	2018/2019年前三季度在中国实现双位数收入增长
LVMH	"品牌在中国正经历前所未有的增长"——前CEO迈克尔·博克（Micheal Burke）
爱马仕	2019财年上半年，在中国实现双位数增长

资料来源：根据公开资料整理。

表3-2 国内重点化妆品上市公司估值

证券代码	品牌	股价（元）2019-12-08	总市值（亿元）2019-12-08	净利润（百万元）2019E			增速（%）2019E			市盈率（倍）2019E		
				2019E	2020E	2021E	2019E	2020E	2021E	2019E	2020E	2021E
603605.SH	珀莱雅	90.70	183	374	494	622	30	32	26	49	37	29
603983.SH	丸美股份	64.18	257	536	655	799	29	22	22	48	39	32
600315.SH	上海家化	30.18	203	643	681	779	19	6	14	32	30	26
300792.SZ	壹网壹创	163.74	131	216	326	477	33	51	46	61	40	27
688363.SH	华熙生物	79.60	382	572	805	1 122	35	41	39	67	47	34

注：E代表预期收入。

资料来源：根据公开资料整理。

外资药企在中国业务表现非常强劲,原创药增长非常强(见表3-3)。房地产我不表态,但图3-10很有意思,我有个朋友每天记载二手房的存量,从2018年3月到2019年10月,北京二手房源存量已经是一年半前的近3倍,但到11月开始有所下降。这个数据和房价是有重要关联的。

表3-3 外资药企中国业务表现强势

(A)2019年第二季度十大医院药品供应商(按MAT年度销售额)

排名	公司	MAT同比增长率(%)
1	辉瑞制药	13.6
2	阿斯利康	20.5
3	扬子江药业	17.2
4	恒瑞医药	20.4
5	赛诺菲	12.7
6	罗氏集团	41.1
7	拜耳	20.6
8	正大天晴	13.3
9	复兴药业	4.1
10	齐鲁制药	-6.2

(B)2019年第二季度医院用药十大主要产品(按季度销售额)

排名	产品名称	制造商	MAT同比增长率(%)
1	加罗宁	扬子江药业	17.1
2	立普妥	辉瑞制药	13.3
3	普米克令舒	阿斯利康	15.7
4	舒普深	辉瑞制药	16.2
5	波立维	赛诺菲	4.3
6	恩必普	石药集团恩必普药业	28.5
7	赫赛汀	基因泰克	128.4
8	血栓通注射液	广西梧州制药	1.5
9	力扑素	南京绿叶制药	17.2
10	安维汀	基因泰克	90.5

资料来源:艾昆纬;中信证券研究部。

03 "刷新"后的中国，投资豁然开朗

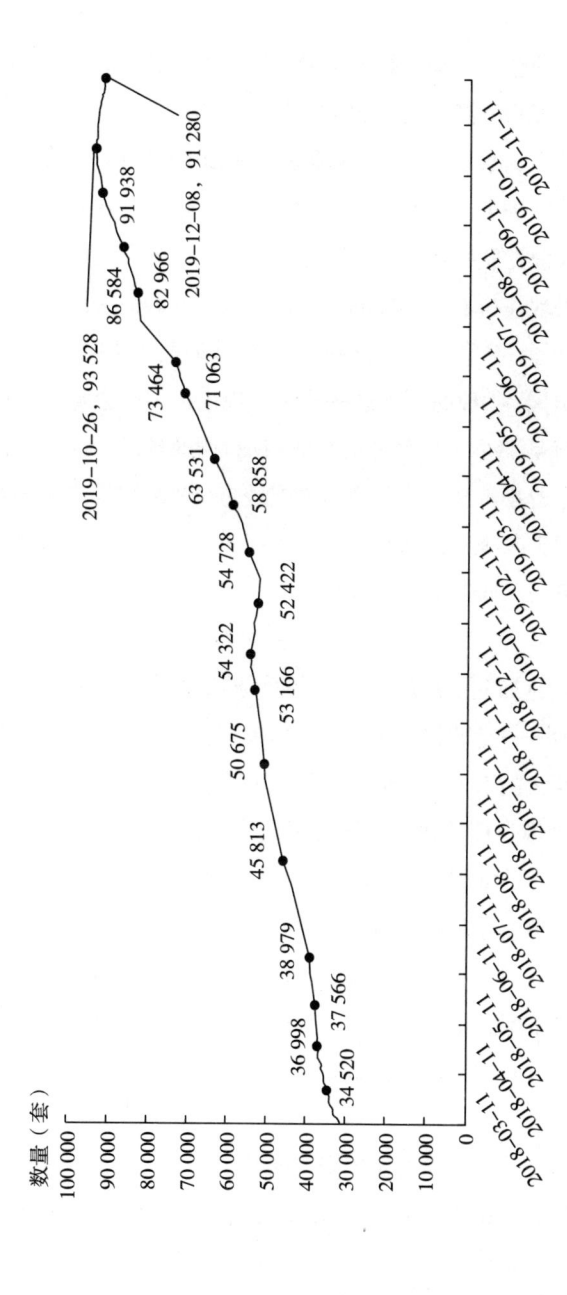

图3-10 2018年3月至2019年11月北京二手房源数量变化

注：北京二手房源存量自2019年10月末开始走低。

不断进步的企业管理，是中国最大的改革红利。潍柴动力的企业文化是"客户满意是我们的宗旨""不争第一就是在混""一天当两天半用"。大家有机会去参观就会知道中国的企业管理发展到了哪一步。海尔在1984年的时候，内部规定不许在车间大小便。十几年前，我曾经去过一家光伏企业，它的车间到处都是鸡在跑。如果现在再看到这样的车间，你就会觉得不可思议，但历史上就是这样。"工作时间不准睡觉""工作时间不准喝酒""工作时间不许串岗"，现在看到这些原始的规定，你也会觉得不可思议，但这就是那个年代常见的企业组织。海尔最早做的广告，是两个小孩穿着小裤衩。这些都是中国最初级的品牌推广。我到江小白的车间去参观，深切感受到，现在中国的企业要"保持天马行空的想象力和脚踏实地的执行力"。

所以我还是回到2019年初时说的，**推动人类社会发展的三个核心驱动力——全球化、城市化、科技进步，中国在这三个方面都有非常巨大的潜力，同时也有强大的执行力。**A股市场的状况现在不用多说，证券化率仍然处于低位（见图1-2），估值也还合理，关键是北向资金继续加大对A股的配置。关于这个配置情况我来解释一下原因。20世纪90年代的时候，我在学校曾经略微研究过一个小问题——资本外逃。1992年的时候，第一波回来的合资企业有很多假外资，我在工作中就经常碰上90年代初逃出去的钱再回来的假外资。

中国在过去这些年来有不少资本转移到外面去，但我相信这些钱一定会回来。也许它们会以其他方式回来，也许海外投资资金里面有大量的钱实际上是中国人自己的钱，这样的钱只会越来越多。我对这点充满信心。

投资最重要的是投资你懂的、熟悉的领域。最好的保值、增值方式是投回中国，最好的控制风险方式也是投回中国。

2019年新成立基金发行份额突破万亿元大关，股票和混合型基金发行份额达到4 336亿元，这只是一个开始。未来10年一定会有足够多的流动性资金往这个资本市场倾斜。这几年总体上来说，是少数股票的牛市、多数股票的熊市（见图3-11），但大家不用担心，即使再多的股票退市，有政府在，也不会造成混乱。

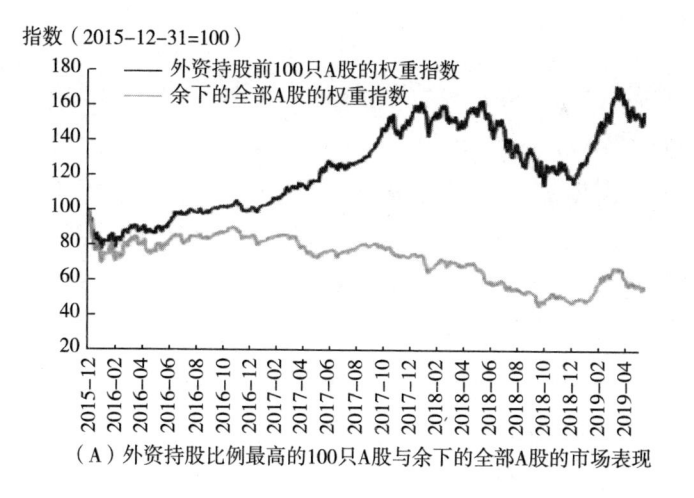

（A）外资持股比例最高的100只A股与余下的全部A股的市场表现

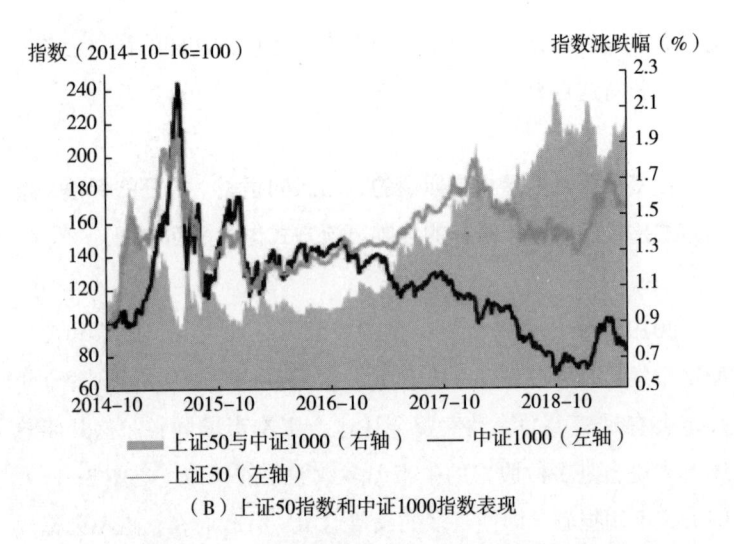

指数（2014-10-16=100）　　　　　　　　　　指数涨跌幅（%）

（B）上证50指数和中证1000指数表现

图3-11　少数股票的牛市，多数股票的熊市

资料来源：万得资讯；中金基金。

我们回到《刷新》。微软第一波股价上升，是从1986年上市到2000年到达高点。史蒂夫·鲍尔默（Steve Ballmer）接班以后，股价长期徘徊在一个箱体内（见图3-12）。纳德拉任CEO以后，2014年2月至2015年9月，微软的股价处于徘徊阶段，但当他把整个公司的价值观刷新了一遍以后，微软的变化非常大。我2019年9月到微软参观，有人告诉我以前微软是末位淘汰制，比较残酷。纳德拉上任以后取消末位淘汰制，个人的考核方式变了，他考核的是："请举例说明，在你的成功过程中，有谁帮了你的忙？在别人的成功过程中，你帮了哪些忙？"通过这一条，整个公司文化就实现了团队化，而不是内部的钩心斗角，所以微软在2015年9月完成刷新以后，它的股价从40美元左右涨到2019年12月的156美元，整整涨了3倍。

03 "刷新"后的中国，投资豁然开朗

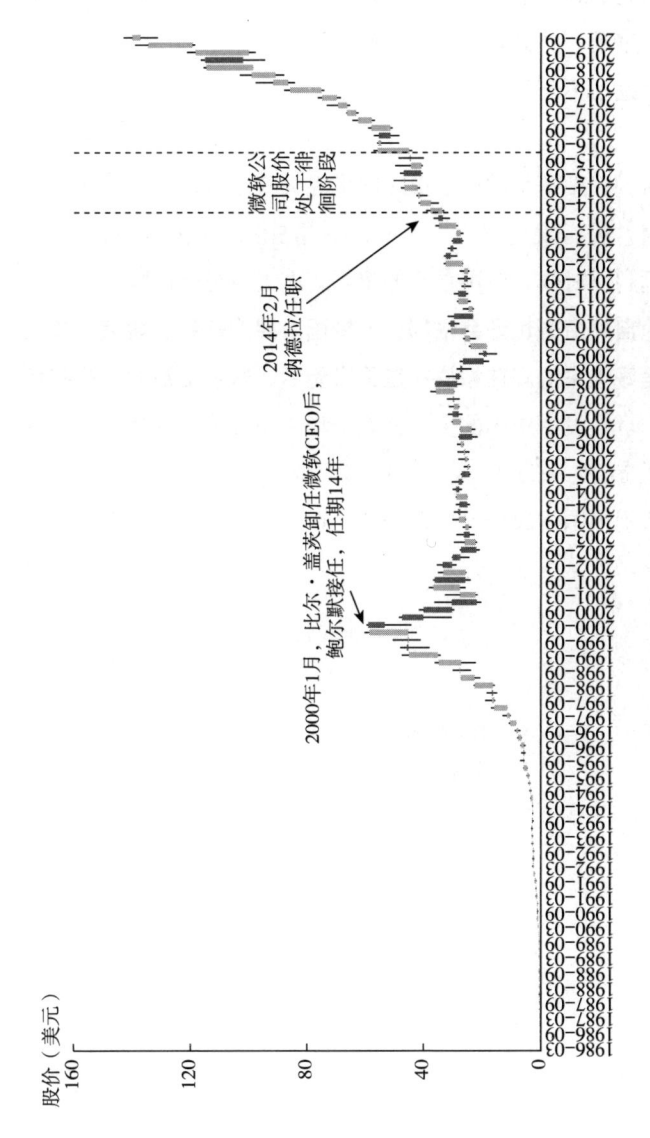

图 3-12 微软公司 1986 年上市至 2019 年 9 月股价变化

资料来源：彭博资讯。

中国的刷新也能够带来这样翻天覆地的变化。这种刷新是中国几千年来第一次刷新。真正开始尊重企业家，第一次真正尊重市场，这是了不起的新起点。

最后，我做一个总结。第二次世界大战之后，西方国家完成工业化时，所有发达国家总人口也不过5亿。中国现在有14亿人口，远超那时候，中国自身的市场就庞大到足以让国家的城市化完成。**自然资源也许会枯竭，但中国人民的勤劳、智慧、勇气以及对美好未来的向往和拼搏是无穷无尽、永不枯竭的**。这些精神力量一旦焕发，中国的企业汲取中华文明五千年的文化，汲取全世界的知识、信息、人才、资本，全神贯注参与到世界竞争中，或者把中国当成全世界来经营，在中国投资的天地必定豁然开朗。

> 本文是作者2019年12月在天风证券"2020年度策略会"上分享的内容。

04
资本市场进入新常态

> 在投资的时候,大家应该对未来感到乐观。我们如果在策略上会犯什么错,那么最可能犯的错误是:拔掉鲜花、浇灌杂草。

中国发展中面临的问题

2017年,全球政治的动荡和美联储的政策摇摆让市场充满了很多的疑虑、困惑,还有很多的恐惧。但我认为,中国资本市场已经进入了新的常态。

我认为中国现在有国运。实际上,中国在发展道路上面临着很多陷阱,而如何避免掉入三个陷阱——修昔底德陷阱、中等收入陷阱、塔西佗陷阱,是中国未来发展过程中面临的三个问题。

第一个,修昔底德陷阱。我去了美国好多次,其中一次在哈佛大学待了一星期,哈佛大学有两位教授就两本书同我们进行了讨论，一本是《中国会引领世界吗？》(Can China Lead？)，另一本是诠释了中国与美国之间能不能逃离修昔底德陷阱的《注定一战》。两位教授比较隐晦，实际上背后的潜台词就是：在可见的将来，中国的 GDP 将超越美国。

我之所以认为中国现在有国运，原因主要体现在全球经济前所未有地表现出良好态势上。在 2017 年这个时间点，美国的经济情况很好，科技的快速进步，美国股市的连续 9 年涨势，都说明美国在日益强大。欧洲经济也发展得很好：德国经济的发展超越过去的 20 年，很多地方的房地产经济收益已经翻了一倍；西班牙即便是内部不太平，经济也依然很好。亚洲各国，如菲律宾、越南、马来西亚、印度等发展都很好。世界仅有寥寥几个国家表现出了萧条景象。所以世界经济的复苏增长给中国的转型发展创造了巨大的条件。

另外，中国提出了全新的政治理念——全球利益共同体。这个政治理念是站在世界的制高点上的，改变了人们对全球共同体的认识。中国经济在全面深入地融入全球经济，是 120 多个国家的主要贸易伙伴，中国经济的增长对世界经济增长的贡献在 30% 左右。所以，一方面，中国的经济对世界经济起到了很大的促进作用；另一方面，世界经济又反过来促进了中国经济的发展。可以确定的是科技在快速进步，世界人口从 2000 年的 60 亿增长到了 2017 年的 76 亿，每年以 1.9% 的速度在增长，全球化下的经济的发展一定会越来越好。因此，中国在全球利益共同体的理念下是能够走出修昔底德陷阱的。

第二个，中等收入陷阱。 2017年国庆前，一个朋友到西南某地支教时给我发了几张照片。我1997年去过那儿，从照片上看，除了多了些编织袋，衣服变得花花绿绿了，当地近20年发展不大，没有什么大变化。美国斯坦福大学教授斯科特·罗斯高（Scott Rozelle）2017年做了一场演讲，指出中国63%的农村孩子一天高中都没有上过，这些孩子将来很难适应这个社会，很可能会因为受教育程度低或是技能不够而就业困难。所以，一方面，中国的GDP在增长；另一方面，中国又有大量的贫困人口，能不能走出中等收入陷阱实际上是最高层和很多领导关心的问题，也有不少著名的经济学家担忧中国已经进入了中等收入陷阱。这里的问题是，中国的创新是否能够让中国企业融入全球竞争，带领中国走出中等收入陷阱。步入中等收入陷阱的国家主要都是因为创新力不够，而创新力不够是由多方因素造成的，制度是最大的障碍之一。

我认为，中国是有条件走出中等收入陷阱的。中国的创新能力远超世界对它的估计。《新华视点》报道，截至2016年底，中国留学回国人员总数达到265.11万。仅2016年就有43.25万名留学人员回国，较2012年增长15.96万人，增幅达58.48%。这些留学生对中国的创新起到了很大的促进作用。麦肯锡的报告也称，中国做得最好的是聚焦于客户和效率驱动的创新。其中，聚焦于客户行业的创新者，受惠于中国庞大的市场规模，因为他们可以实现创新的快速商业化，而且拥有非常愿意配合新想法的试验田。

2017年我去美的、小天鹅考察过。2012年，美的有16万名员工，2017年只需9万名员工，这不是中国制造业的个案，过去若干年中国制造业在智能制造上取得了长足的进步。有一个疑问是，那些离开制造业的人找到新的就业岗位了吗？不管实际情况如何，中国这些年就业并没出现问题，这就说明在中等收入陷阱问题上，还不用过于担心。2017年全球热议的话题是，中国的深港大湾区将有机会成为仅次于硅谷的全球创新中心。我对中国的创新很有信心。

第三个，塔西佗陷阱。何谓塔西佗陷阱？通俗地讲，就是指当政府部门或某一组织失去公信力时，无论是说真话还是假话，做好事还是坏事，都会被认为是说假话、做坏事。我认为2012—2017年这5年和党的十九大是解决了这个问题的。过去几年，生活在北上广深的中产阶层感受到的生活质量改善不太明显，因为他们原本就已经处于很高的生活水平，但其他地区很多人的生活的确在迅速改善。城乡区域差距逐步缩小，居民收入占比上升，发展成果惠及更广大民众；中国农村的劳动收入增速已经连续7年超过城市劳动收入。总之，人们对政府解决问题的能力越来越有信心。

综上所述，中国的经济已经进入一个新的阶段，中国正在走向成为世界GDP排名第一的经济体的征途中，增速虽然放缓，但是经济存量巨大，实际增量仍然非常可观。在这个增量下，很多东西的发展将超越我们的想象。

单是2016年，中国强制淘汰的二手车就有500万辆，以后每年新增100万辆没问题；从房子来看，对于有改善型需求的家庭来说，2000年前的房子基本需要重置。国防、科研、教育、医疗的支出也都将是巨量。所以你在存量大和存量小的时候，比较的角度也将是完全不一样的，各方面的增量带给中国的经济作用是我们无法想象的。而中国的增长动力也将更为多元，它们协同推进新型工业化、信息化、城市化、农业现代化，不断化解各种"成长的烦恼"。经济结构优化升级，从要素驱动、投资驱动转向消费拉动、创新驱动。

因此，我们对中国10年内的经济可以很乐观，从人口基数上就可以看出来，而10年后则需要非常警惕，因为社会会出现人口断崖（见图4-1），对我们国家的冲击会非常大。

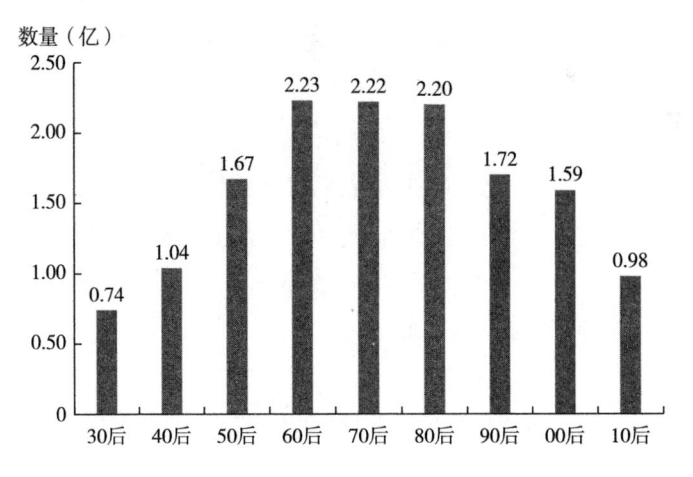

数量（亿）

年龄段	数量（亿）
30后	0.74
40后	1.04
50后	1.67
60后	2.23
70后	2.22
80后	2.20
90后	1.72
00后	1.59
10后	0.98

图4-1 中国各年龄段人口数量（截至2016年12月）

资料来源：根据公开资料整理。

这是一个新的时代

一方面，中国经济已经进入一个新常态。新常态驱使企业家从利用制度的漏洞、致力于寻租行为，转向以市场和消费者需求导向为中心的生产性努力。股票发行速度加快，审批流程减少，一级市场从发行监管的制度套利回归到为创新创业服务。鼓励上市公司分红及全员激励等能够优化企业治理结构的一系列举措，为价值投资创造了制度基础；加强对操纵股价、财务造假、内幕信息、买壳公司炒股等行为的稽查和惩处，减少了市场博傻游戏。国家加大对知识产权的保护，鼓励企业研发投入，培育了企业的长期竞争力；加大环保治理的力度，鼓励企业的社会责任担当；加大对健康安全的保护，加大对劳动者权利的保护，鼓励效率的同时，兼顾公平。在这样的发展趋势下，我们得经常问：中国经济每年在增长的同时，谁是最大的得益者？答案是龙头企业，因为它们最有竞争力。随着中国的经济越来越深入融入世界经济，只有具备竞争力的企业才能越来越好。中国改革开放已经过去了40多年，之所以这么成功，经济之所以这么好，都是因为竞争。有公平竞争机会的时候，有竞争力的企业的日子一定会越来越好，所以在经济新常态下，资本市场进入一个新常态之后，龙头企业也会越来越好。

另一方面，我们要相信中国政府处理问题的能力。中国到现在依然实行的是"有效市场＋有为政府"的非完全自由的市场经济，而任何金融危机发生的前提条件是多米诺骨牌效应。只要多米诺骨牌效应发生不了，就不会出现断崖式的经济危机。世界上绝大部分发达国家没有应对经济危机的手段和连续积累的经验。但是中国政府从1949年到现在，积累了大量处理经济问题的经验，所以中国政府是有能力处理高难度的经济问题的。现在中国在保持经济增长的同时还能清理金融领域存在的问题就是一个证明。桥水基金联席首席投资官鲍勃·普林斯（Bob Prince）称："管理国家是非常复杂的事，中国政府出色地完成了。这是个难度极高的'跳水动作'。"

在这样的宏观背景下，很多因素在未来会发生改变，随着经济稳定发展、技术创新和品牌崛起，相信全球对中国将进行价值重估，降低风险溢价的要求，增加对中国的资本配置。

从行业数据中看变化，从变化中看机会

我们要重点关注一些行业数据。

第一个数据，研发支出。过去几年，中国研发支出在稳步追赶欧美。2008年之后，上市公司研发费用占营业收入的比例稳步提升。不同市值的股票，研发费用占比是不同的（见图4-2）。创业板研发费用占营业收入的比例在2012年之后有所回调，而沪深300和中小板则稳步向上。不同行业研发费用占营业收入比例趋势也不尽相同。电信服务和金融在2009年达到极值之后突然下滑，其余行业稳步向上。其中医疗保健行业

增速最为稳定，而信息技术行业研发费用投入最大。这就是沪深 300 和中小板、创业板一些龙头公司的竞争力逐步增强的一个很大的因素。只有这些公司才有实力在研发上投入，而且未来的投入会越来越多。

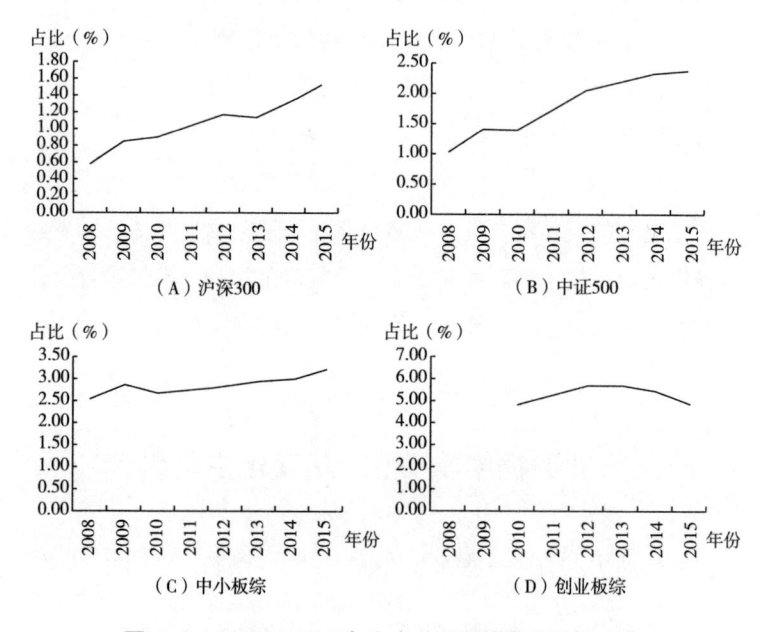

(A) 沪深300

(B) 中证500

(C) 中小板综

(D) 创业板综

图 4-2　2008—2015 年上市公司研发费用占比变化

资料来源：万得资讯。

第二个数据，世界对中国股市的风险溢价变化（见图 4-3）。2004—2017 年世界对中国股市（除互联网外）给出的风险溢价要远远高于亚洲其他区域。

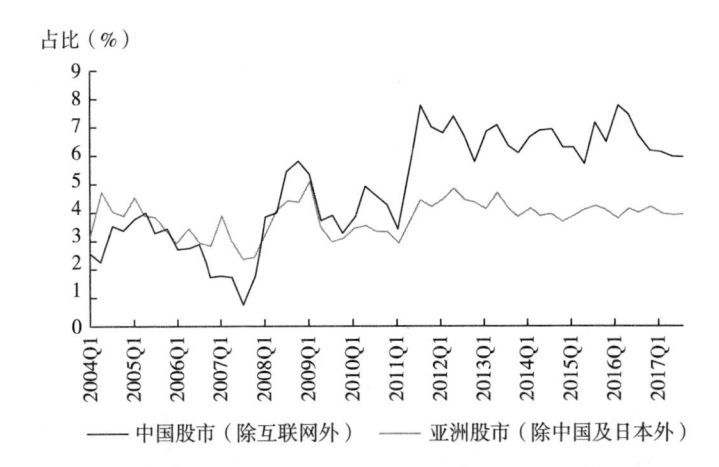

—— 中国股市（除互联网外）　　—— 亚洲股市（除中国及日本外）

图 4-3　2004—2017 年世界对中国股市的风险溢价变化

资料来源：瑞银集团。

第三个数据，A 股证券化率。2017 年 A 股证券化率为 80% 左右，如果考虑海外上市股，证券化率为 103.91%，与 2016 年全球平均水平近乎持平。总体上证券化率不算特别高，A 股的总市值也处于一个合理的水平，如果中国经济还能有 5%～6% 的发展增速，那资本市场未来的空间还是比较大的。

最容易受益的是龙头公司。非龙头公司的情况，我们要看数据。没有数据靠拍脑袋下结论是很糟糕的。投资这个事情不反人性，但它反直觉，对付直觉最好的办法是量化分析，用量化数据来说明。

我引用了天风证券、中泰证券等公司 2016 年的部分统计数据。2016年之前，外延并购对创业板新增利润的贡献度逐年上升，2015年高达80.77%，而到2016年则大幅下降至42.81%（见图4-4）。商誉在创业板公司净资产中的占比提升速度非常快，特别是发生过并购交易的公司，2016年商誉占净资产比例已经逼近25%。

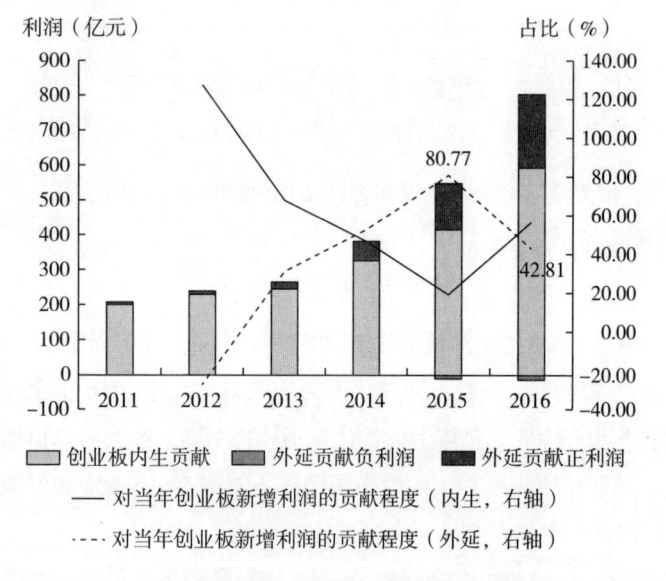

图4-4 2011—2016年外延并购对创业板新增利润的贡献度变化

资料来源：中泰证券研究所；天风证券研究所。

但近年来产生商誉减值损失的创业板公司在大幅增加，2016年有65家公司产生商誉减值损失，金额超过20亿元，大大超过前几年的水平（见图4-5）。

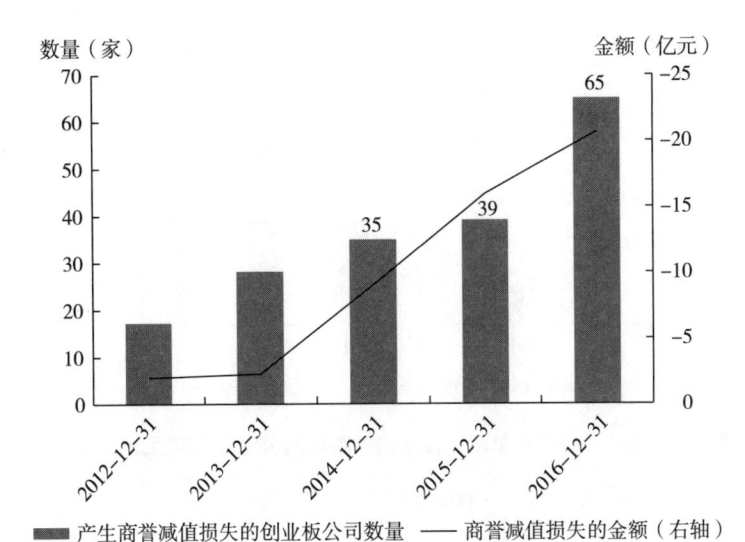

图 4-5　2012—2016 年产生商誉减值损失的
创业板公司数量和损失金额

资料来源：万得资讯；天风证券研究所。

　　创业板的商誉问题正在恶化。创业板外延并购的高峰在 2015 年（见图 4-6），对应三年业绩承诺集中在 2017 年到期，业绩承诺期内被并购标的带来的利润贡献不成问题。2017 年创业板面临外延并购"数量下降"但"质量不错"的情况，整体盈利增速可能小幅回落；而从 2018 年开始，业绩承诺大量到期，被并购标的的利润贡献大概率青黄不接，创业板将面临外延并购"数量、质量双双下降"的情况，整体盈利增速有大幅回落的风险（见图 4-7）。总体统计发现，只要对赌期一到，创业板将面临整体盈利大幅回落的风险。所以公主再怎么亲吻癞蛤蟆，也无法让它成为王子。

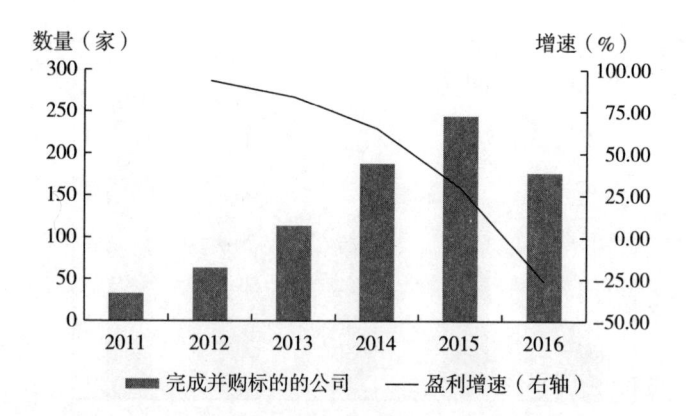

图4-6　2011—2016年创业板完成并购标的公司数量和盈利增速变化

资料来源：万得资讯；天风证券研究所。

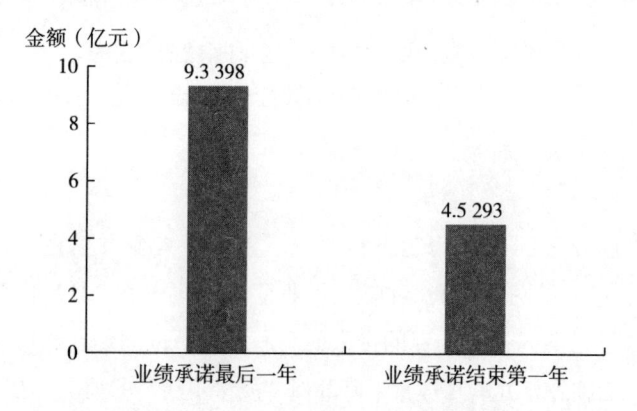

图4-7　创业板16个标的业绩承诺最后一年和业绩承诺结束第一年的整体实现业绩对比

资料来源：万得资讯；天风证券研究所。

第四个数据，新上市公司业绩（见表4-1）。自2014年以来，新股成长性堪忧。截至2017年11月，自2014年以来上市的 921 家公司，保持 2014—2016 年每年都实现 30% 以上扣非净利润增速的公司只有 31 家，占比只有 3.4%。在这 31 家公司中，2017 年上市的公司有 23 家，占比 74%。也就是说，能实现过去 3 年每年 30% 以上增速的上市公司，大部分靠的都是筹备 IPO 阶段的业绩，而上市之后的业绩还未得到验证。在 2017 年之前上市的 8 家公司中，仅有 2 家公司 2017 年三季报业绩还保持了 30% 以上的增速。如果大家再去观察这些公司的市盈率的中位数，会觉得问题仍然很大。

表 4-1　2014 年至 2017 年 11 月，新上市公司业绩情况

证券代码	证券简称	上市日期	扣非净利润增速 (%)			
			2014	2015	2016	2017Q3
600903.SH	贵州燃气	2017-11-07	142	154	30	96
603659.SH	璞泰来	2017-11-03	556	284	156	65
300713.SZ	英可瑞	2017-11-01	118	218	57	2
300715.SZ	凯伦股份	2017-10-26	234	60	56	11
002903.SZ	宇环数控	2017-10-13	31	35	368	31
300706.SZ	阿石创	2017-09-26	135	67	33	35
300702.SZ	天宇股份	2017-09-19	67	67	162	4
603277.SH	银都股份	2017-09-11	41	37	35	-2
603527.SH	众源新材	2017-09-07	122	74	41	8
300693.SZ	盛弘股份	2017-08-22	44	33	43	-16
002891.SZ	中宠股份	2017-08-21	46	202	33	-1
300688.SZ	创业黑马	2017-08-10	322	199	67	9
300687.SZ	赛意信息	2017-08-03	60	74	76	15
603730.SH	岱美股份	2017-07-28	32	43	40	28

续 表

证券代码	证券简称	上市日期	扣非净利润增速 (%)			
			2014	2015	2016	2017Q3
603305.SH	旭升股份	2017-07-10	81	197	109	19
002885.SZ	京泉华	2017-06-27	750	117	33	−3
300658.SZ	延江股份	2017-06-02	110	51	38	−6
603197.SH	保隆科技	2017-05-19	71	89	84	38
603985.SH	恒润股份	2017-05-05	201	62	63	−10
002866.SZ	传艺科技	2017-04-26	69	33	37	−5
300642.SZ	透景生命	2017-04-21	64	78	54	19
002859.SZ	洁美科技	2017-04-07	41	58	64	47
300630.SZ	普利制药	2017-03-28	35	45	34	45
300628.SZ	亿联网络	2017-03-17	57	60	77	63
002851.SZ	麦格米特	2017-03-06	53	115	97	7
002841.SZ	视源股份	2017-01-19	47	53	81	15
300595.SZ	欧普康视	2017-01-17	38	39	31	30
603579.SH	荣泰健康	2017-01-11	260	109	45	14
300577.SZ	开润股份	2016-12-21	100	66	40	44
300568.SZ	星源材质	2016-12-01	40	76	31	−28
002821.SZ	凯莱英	2016-11-18	49	59	64	−14
300450.SZ	先导智能	2015-05-18	74	120	108	75
300443.SZ	金雷风电	2015-04-22	78	53	53	−11
300426.SZ	唐德影视	2015-02-17	40	31	58	26
603600.SH	永艺股份	2015-01-23	32	39	35	17
603306.SH	华懋科技	2014-09-26	32	45	53	3

资料来源：万得资讯。

自 2006 年以来，好公司的占比也非常低。截至 2016 年，可比上市公司扣非净利润增速连续 5 年超过 20% 的，只有样本数的 1.3%；连续 5 年中 4 年增速超过 20%，1 年增速介于 -20% 和 20% 之间的样本占比是 2.57%；连续 5 年中 3 年增速超过 20%，2 年增速超过 -20% 但不足 20% 的占比为 4.52%；时间序列越靠近后面的 5 年，比例越低（见图 4-8），这符合我们整个经济发展 L 型的趋势，也说明国内的好公司并不多。

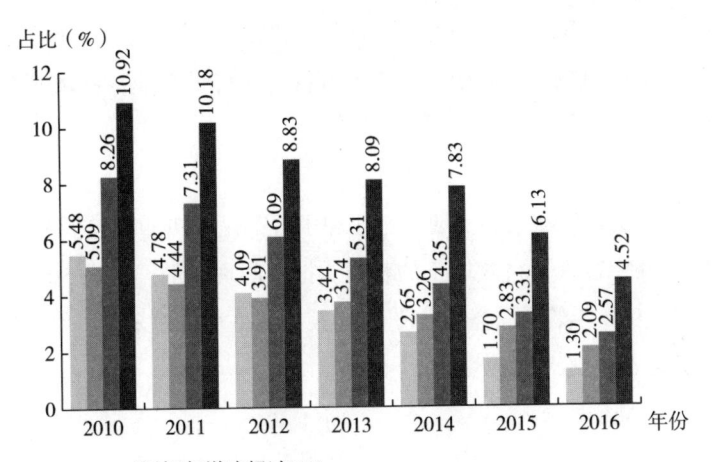

图 4-8　2010—2016 年好公司占比情况

注：横轴上数据为截至该年份 5 年的样本数占比统计。

资料来源：万得资讯。

第五个数据，基本面数据。大中型上市公司净资产收益率（以下简称 ROE）显著反转。2006—2017 年，全市场 ROE 基本保持在 10% 左右，主要提升在于以中证 500 为代表的中小企业，中证 500 的 ROE 取值 9.51%，前值 8.97%。相较于民企，国企整体估值依然偏低。

自 2005 年起，国企总市值占 A 股市值比重持续下降，但是到 2017 年第三季度有企稳回升的趋势。2016 年，我们统计了连续 5 年主营利润大于 2 亿元的企业，剔除房地产企业、银行、非银行金融机构，A 股中共计 321 家符合条件的企业，占 A 股的 9.6% 左右。

其实，现在很多房地产企业和银行都是不错的，包括保险，现在寿险进入了自然增长的状态。把中国现在的"漂亮 50"和美国 1972 年的"漂亮 50"进行比较，从平均估值来看，中国的"漂亮 50"还是可接受的。

第六个数据，机构的话语权在提升。在过去 10 年，公募基金的权益类一共减少了 8 000 亿元，众多小公司的估值还是很高，很重要的原因是中国还有足够多的非理性股民。但到 2017 年，一个巨大的转变是机构的话语权在急速提升。市值越大的公司，持股的机构越多、散户越少；非理性股民越来越多地持有一些不好的公司的股份，这些情况对散户来说，都是比较危险的。

除以上数据，还有一些数据也值得关注。海外投资者在逐步加大对中国的配置。2017年海外的投资者影响了中国A股的定价模式，2017年7月，很多上市公司的股票，中国内地机构基本在清仓，然而沪股通和深股通几乎每天保持净买入。还有一些很有意思的现象，比如华大基因，市值接近1 000亿元，看它的三季报，最大的流通股股东是合格境外机构投资者（QFII）。而且2017年的一个独特的现象是，不同市值公司的涨跌幅完全不同（见表4-2），市值越大的公司的平均涨幅反而越高，100亿元以下市值的公司几乎不涨，50亿元下内市值的公司跌幅最大。当然这是符合逻辑的，市值小的公司，在利润上是低的，在人力资本的投入、渠道的投入、营销的投入、研发的投入上都捉襟见肘。从竞争力的角度来说，如果没有独特的技术，这些小市值公司竞争力弱是正常现象。

表4-2 2017年不同市值公司的股票涨跌幅数据
（截至2017年11月14日）

总市值 （亿元）	股票数 （只）	翻倍股数 （只）	翻倍股概率 （%）	平均涨跌幅 （%）
大于2 000	33	5	15.15	46.74
1 000~2 000	46	4	8.70	33.82
500~1 000	88	12	13.64	38.48
300~500	151	3	1.99	21.27
200~300	211	3	1.42	11.35
100~200	595	13	2.18	2.28
50~100	1 021	5	0.49	-9.65
小于50	874	3	0.34	-25.52

资料来源：根据公开资料整理。

这是一个新的常态

中国的龙头公司将处于一个越来越有利的位置，在整个经济增长中将分得最大的蛋糕，这就是新常态。中国经济转型新阶段，国内行业内部整合，优胜劣汰，龙头胜出，具有核心竞争力的优势公司在当前的经济环境中进入加速成长阶段，着眼全球，依托中国庞大的消费市场和雄厚的制造实力，在全球化后也越来越受益。

自 2010 年以来，整个市场的成交额开始集中于业绩较差的公司，这部分公司市值占整体市场总市值的比例不断上升，资金使用效率越来越低下，出现了劣币驱逐良币的现象，对工匠精神破坏极大，诱导实业弃实入虚。那么经过 2017 年，我们的证券市场还是这样吗？

2017 年交易额越大的公司，平均涨幅越高，真正地给了流动性溢价。从另一个角度来说，市场调整后，交易量还这么大，说明国内还是缺乏真正意义上的长线投资者，大家还在反反复复地杀进杀出。这些现象也将面临变化。

将不同市值公司进行比较，最便宜的仍然是市值大的公司（见表 4-3），从这个估值水平来看，不能说资本市场有太大泡沫。估值过高的公司也不算多，也只是股价跑在了基本面前面一点而已。从投资角度看，如果你现在还持有这类公司的股票，仍然是输时间而不输钱的。

表 4-3 2017 年不同市值公司的分组比较（截至 2017 年 11 月 14 日）

规模分组（亿元）	股票数量（只）	股票占比（%）	涨跌幅（%）	扣非净利润（%）	流动市盈率（倍）	平均市净率（倍）	一致预期PEG
大于 2 000	30	0.99	35.10	15.51	13.83	1.65	1.00
1 000 ~ 2 000	46	1.52	22.88	22.82	22.01	2.36	0.97
500 ~ 1 000	81	2.67	23.44	27.80	25.74	3.07	0.60
300 ~ 500	148	4.88	12.99	32.09	28.46	3.40	0.51
200 ~ 300	193	6.37	5.29	37.27	32.55	3.46	0.50
100 ~ 200	580	19.14	-3.24	37.18	34.27	3.26	0.44
50 ~ 100	969	31.98	-11.59	45.73	41.97	3.37	0.27
小于 50	822	32.44	-23.28	52.54	53.36	4.27	

注：剔除 2017 年新上市股票、剔除 ST。

资料来源：万得资讯。

截至 2017 年 11 月 14 日，在 3 427 家 A 股上市公司中共有 2 239 家市值 100 亿元以下的公司，占上市公司总数的 65.33%，其总市值达到 12.11 万亿元人民币，占 A 股总市值的 19.09%。**就市场上市值比例来说，小公司的市值越来越无足轻重。**

摩根大通董事长兼 CEO 杰米·戴蒙（Jamie Dimon）在 2017 年 11 月 5 日接受《第一财经日报》专访时表达了自己的"中国雄心"："我希望有一天，摩根大通在中国内地能有一栋 7 000 名员工的大楼……摩根大通的确怀揣着'中国雄心'。""经过三四十年的发展，中国已经成功成为现代化经济体。中国未来必将成为一个成功的大型发达国家，这是一个合理的预期。在未来20年时间里，中国的公司可能会在全球3 000强公司中占35%，并在国际舞台上占据应有的地位。"

最后做个总结：在投资的时候，大家应该对未来感到乐观。据说智商越高的人越容易恐惧，我智商不高，做个武断的判断，希望能够超越恐惧，有机会穿越牛熊。

- 过去中国是在发展中解决问题，现在是解决问题为发展。市场低估了中国政府解决问题的能力、中国统一市场和完善工业体系的力量、中国人的学习和创新能力。
- 市场仍然低估了新常态下有结构性竞争优势的公司：市场份额占主导地位，具备专有资产、专有技术和成本优势，品牌强健，遵规守法的公司将有广阔的发展空间。
- 市场高估了弱者增长、劣币变强的概率，大量高估值公司的调整远未到位。
- 有远虑、无近忧，风险溢价会下降，全球对中国的资产配置将不断增加。

我们如果在策略上会犯什么错，那么最可能犯的错误是：拔掉鲜花、浇灌杂草。

2017年，杰出投资家彼得·林奇在一次访谈中回忆说，1989年的一个星期六，沃伦·巴菲特很意外地给他打了一通电话。巴菲特告诉林奇，他喜欢林奇的新书《彼得·林奇的成功投资》。巴菲特说："我想在年报中使用书中的一句话，我认为自己有必要这样做。可以吗？"林奇问："当然可以，是哪句话？"巴菲特想用的这句话就是："抛掉赚钱的好股票，抱着亏钱的差股票，无异于拔掉鲜花、浇灌杂草。"

林奇说，他错误地太早卖出了家得宝和邓肯甜甜圈的股票，因为它们当时都涨了快 50 倍了。在接受《福布斯》杂志的采访时，他说："投资者如果 10 次里能做对 6 次，就很厉害了。关键是，做对时所赚的钱，要超过做错时所亏的钱。所以你必须找到大牛股。"

总之，无论如何都不要同一头猪摔跤，因为这样你会把全身弄脏，而对方却乐此不疲。

本文是作者 2017 年 11 月在《经济观察报》与上海国际信托有限公司联合主办的"2017 观察家金融峰会"上分享的内容。

05
我理解的资本市场

> 随着中国资本市场步入一个更不稳定的世界,组织的灵活性和适应性将会对股东价值起到更大的推动作用。相对灵活的商业环境和跃跃欲试的中国创业者的结合,让我们相信,中国在利用这一范式时将拥有极其有利的战略地位。

2016年前后,中国经济的整个情况,确确实实让所有人都感到比较困惑。这种困惑在于媒体报道比较乐观,每个人实际上却是疑虑重重。

这种疑虑来自中国整个GDP的增速出现的巨大变化。那么,这种变化究竟在哪里?

中国经济:已进入中低速增长的新常态

GDP增长速度跟过去的增速相比变化明显。虽然实际GDP增长率并没有那么高,但是,所有人感受到的名义GDP的增长率跟实际的 GDP 增长率之间的裂口非常大，跟过去几年比相差近 10 个点，而我们对这 10 个点的裂口感受可谓非常深刻。是什么原因造成了裂口如此之大？

我想列一个比较简单的公式。我们听到过许多宏观经济学家讲宏观经济问题，无论怎么讲，都离不开收入。做财务分析，把收入杜邦分析法进行分拆，收入 = 平均工资 × 平均工作时间 × 就业率 × 总人口。当下我们可以看到国家总人口数增速在减缓，GDP、就业率已经难提升，平均工作时间实际上也很难提升。中国人的勤奋程度世界上罕见，国家不可能让我们每天工作十七八个小时，从这个角度来说，如果要实现收入增长，以前是 4 个因素都在往上走，现在来说，4 个因素里面只有一个因素有可能继续提升，那就是平均工资。收入要增长就必须靠平均工资的增长，平均工资的增长意味着劳动生产率的提升，劳动生产率的提升不是一个短时间内就能解决的问题，所以增速的减缓是不以人的意志为转移的。想要增速持续下去，就必须靠劳动生产率的提升。

日本有位作家写了一本书叫《失去的二十年》。如果把"日本"两个字换成"中国"，80%～90% 的内容可以在中国应用。书中所有话题跟中国 2016 年前后讨论的问题并没有什么区别，比如经济陷入长期停滞、出口立国模式的猝死、经济政策的局限、财政政策的缺陷、创新经济增长的战略、创新是什么等，这些问题跟中国当时面临的问题是非常相似的。

中国未来经济放缓的趋势，也许和当年日本衰退的历史相像，如人口红利消退、投资效率下降、全要素生产率难以改善等。尽管中日两国的经济制度和社会制度不同，但在企业管理体制上，两国有类似之处，都强调集体主义、自上而下、忠诚、稳定，但缺乏流动性、灵活性、创新力和效率等。现代企业成功的源泉在于不断创新，缺乏创新力的企业在全球激烈竞争中无法长期立足。中国会不会走上日本曾经的道路，是很多人怀有疑虑的。

我个人认为，每个经济体都有一个长期的潜在经济增速，可能是上升趋势也可能是下降趋势，而短期的实际增速则围绕长期潜在增速波动。

长期潜在增长趋势主要取决于供给端，包括各要素的特征及组合状态，如劳动力（包括数量和素质两方面）、资本投入、全要素生产率等。短期经济增长主要取决于需求端，包括投资、消费、净出口，需求要素的波动决定了短期经济的波动。

当前中国遇到的问题是长期潜在增速放缓的问题，如资本投入的边际生产率在最近几年显著下降；人口红利逐步消失；全要素生产率近几年处在下降趋势当中，未来能否提升存在不确定性。

如果一个经济体处在长期潜在增速下降的周期中，则短期的需求管理无法解决根本问题，过度的逆周期调节需求反而会进一步恶化长期趋势。中国 2008—2012 年的需求管理措施即是如此。

在我看来，目前我们短周期经济仍处于下行趋势中，投资、消费、净出口都处在弱势；政府短期的逆周期措施，如基建投资、宽松货币，只是为了缓解经济长周期下台阶过程中的各种痛苦和临时性的风险，并不会强烈刺激经济复苏。

而长期潜在增速的维持或提高，只有两点可以依靠。

- 革命性的技术创新出现，带动全社会生产效率提升。
- 制度改革，优化劳动力和资本的资源配置效率。

这既需要中国自身的产业升级，以及美国进一步技术升级后留给中国的升级空间，更需要自上而下的更强有力、更彻底的改革，以及一个高度市场化导向的制度体系。

中国创新：为资本市场不断输送新鲜血液

在我看来，解决中国面临的问题需要整个生产效率的提升。那么，效率又该如何提升？我想给大家提供两个资料：一个来自麦肯锡的报告，一个来自《指数型组织》[①]一书。

我们先看第一个资料，麦肯锡的报告。麦肯锡想做一个基本的判断：中国是否仍然是被广泛认可的"创新海绵"，即擅长吸引和改造其他国家的技术，或者说中国自主创新的能力如何。

为此，麦肯锡研究了中国和全球2万家上市公司，这2万家上市公司的生产总值占了全球GDP的30%，其中，中国所有上市公司的生产总值占全球GDP的12%。中国某些特定行业的生产总值占全球GDP的比重如果超过12%，就说明中国仍然具有竞争优势，仍然能够在技术上持续领先。

通过这样的研究，麦肯锡得出结论：中国的创新能力远胜于世界对它的估计，甚至在一些领域，它的创新能力已经达到了引领全球的水平。可以肯定的是，中国正处在从出口带动的快节奏经济增长，向消费带动的稳健经济增长转型的过程中。从2016年起的10年内，这个转变就像"成长的烦恼"。

麦肯锡分析认为，创新可以从四个维度进行分析：第一个维度是聚焦客户，第二个维度是效率创新，第三个维度是工程，第

[①] 一本指数级时代企业行动手册。其作者奇点大学创始执行理事萨利姆·伊斯梅尔归纳了指数型组织的11个强大属性，并提出了建立指数型组织的12个关键步骤。其中文简体字版已由湛庐策划，浙江人民出版社2015年出版。——编者注

四个维度是科学。研究发现,中国做得最好的是聚焦客户和效率创新,在这两个方面,中国有最庞大的市场规模,可以快速商业化。尤其是互联网的出现,让很多领域都可以快速进行新想法的实验,在聚焦客户的行业创新里,比如说像阿里巴巴这样的一些互联网公司,在客户服务上,实际上已经远远走在世界上很多公司前面。

中国在创新方面具备两大关键优势。

中国的第一个关键优势在于作为世界上最大的制造业经济体,有利于持续创新的生态系统似乎超出了预期。这个生态系统包括比日本大4倍多的供应商体系、1.5亿名有经验的工厂工人,以及现代化基础设施。在效率驱动的创新上,中国市场巨大的规模和发展健全的供应链,给中国企业家提供了15%~20%的成本优势。

在基于工程的创新和基于科学的创新方面,中国还需付出很多努力。但如今,中国每年投入2 000亿美元用于研发(仅次于美国),每年新增将近3万名工程和科学博士,申请80万项专利。这些投资为将来可能产生科学突破的长期研究提供了强大基础。

我们再来看第二个资料《指数型组织》。什么是指数型组织?我们过去是销售稀缺的东西,现在恰恰改变了,比如说爱彼迎、优步这样一些公司,技术可以将某种稀缺的东西变得富足。

信息通信、定位系统、传感器、支付系统、算法、声望和社交网络的汇聚将那些非常传统的产业迅速信息化，许多产业比如图书、音像、音乐，从稀缺转变为富足，有时候甚至是过剩，我们把这些挖掘富足性的组织称为指数型组织。

新型指数型组织正在涉足每一个传统行业，成为既得利益者的噩梦。为了在20世纪取得成功而设计的公司注定将在21世纪遭遇失败。发达国家里的大部分公司都将遇到严重的结构性困境，而且这种迹象已经初露端倪。标普500强公司的平均寿命已经从20世纪20年代的67年降到了2015年的12年。

而中国从1978年至今经历了从农业到工业再到知识密集型经济的快速迁移，组织模式并没有形成太顽固的根基。中国的企业家和管理人员也没有太严重的惯性和需要克服的思维习惯。

中国的第二个关键优势在于其规章制度并没有西方国家那么详尽或具体，这一点将促进组织模式的创新。 中国还有一个自给自足的市场，这也让指数型组织能够扩展规模，在无须思考全球化所涉及的各种复杂问题的情况下达到一定的组织规模。

随着中国资本市场步入一个更不稳定的世界，组织的灵活性和适应性将会对股东价值起到更大的推动作用。相对灵活的商业环境和跃跃欲试的中国创业者的结合，让我们相信，中国在利用这一范式时将拥有极其有利的战略地位。

技术创新：在高度发达的资本市场
得到快速体现

中国和《失去的二十年》中讲述的日本有相似之处，也有着巨大差别。

- 当年日本唯一能依靠提升的指数型技术是信息技术，但是其信息技术走错了方向，远远落到了美国后面。
- 当时没有互联网，日本所有企业家不知道自己的困难出在什么地方，之所以所有人都感到极大困惑，实际上是因为每个人、每家企业都不知道如何去寻找突破自己的途径，而中国的企业家因为有了互联网，就更快找到自己的方向。
- 中国比日本有着更庞大的自给自足的工业体系，这样一个工业体系让我们有着更大的创新能力。

所以，我相信，中国有条件从目前的转型过程中走出来，当然，这个走出来，需要一个市场化导向的高度发达的资本市场。

传统的经济学家还有一些历史学家给人类社会发展历程做了一个归类，过去5 000多年，甚至追溯至1万年以前，共有三次技术革命：

- 第一次技术革命为农业革命。有学者认为，农业起源于中东,再传布到全球各地。但尤瓦尔·赫拉利(Yuval Noah Harari)创作的历史类著作《人类简史》认为,农业革命同时发生在中国、中东、中美洲。农业革命使得人类得以定居并创造文明。

- 第二次技术革命是 200 多年前的工业革命。工业革命使得人类可以用机器代替人力,并且实现人均生活水平的持续提高。在工业时代,经济的核心是制造能力的提升。而在制造能力提升的过程中,技术、设备、存货和土地是非常关键的,这些都可以用于借贷过程中的抵押,其商业模式简单清晰,现金流容易预测。从技术特征来看,工业时代的技术与以银行为中介的融资体系相互匹配。

- 第三次技术革命就是我们正在目睹和经历的信息技术革命、基因技术革命。万物互联,从商业层面和技术层面而言,信息时代商业活动最重要的资产是平台、大数据、连接等无形资产,阿里巴巴、腾讯、百度等最重要的资产是平台和数据价值。但企业没法把平台抵押给银行获得贷款,也不太可能把自己手中的大数据抵押给银行获取贷款。高技术、高风险的轻资产是无法提供抵押品给传统银行的。

以银行体系为核心的融资体系与信息时代的核心资产本质上是不兼容的。在全世界来看,所有与信息技术革命相联系的融资活动,都发生在资本市场上。腾讯、阿里巴巴、百度能够发展起来,是因为其背后有强大的资本市场,或是中国内地的资本市场,或是中国香港的金融市场,或是美国的纳斯达克市场。没有强大的资本市场,这些公司是没有可能这么快速发展的。我们迫切需要市场化导向的高度发达的资本市场来让技术创新得到快速的提升和体现。

过去30年，中国要完成工业革命以来200多年西方国家同时完成的两个革命，一个是工业革命，一个是信息技术革命，跨度是非常大的。以银行为中介的融资体系在中国工业化和城市化的过程中发挥了决定性作用。但是，随着中国工业化进入后期，以及信息技术革命在中国迅速展开，银行融资模式同信息技术的不相容性越发显现出来。

目前的中国金融结构与经济结构升级并不匹配。传统的银行主导的金融体系和资本市场主导的金融体系有很多不同的地方。中国能否走出困境，就看国家有没有勇气和智慧创造一个可预期、规则一致的市场化的资本市场。

总之，中国经济发展需要资本市场，中国的经济发展可以为资本市场提供源源不断的企业，中国经济在资本市场的推动下也将越来越有活力！

> 本文是作者2015年12月在清华长三角研究院杭州分院发起的"2015中国（浙江）新三板高峰论坛暨投融资洽谈对接会"上分享的主题演讲内容。

06
资本市场的壮大需要更多地回到"原点"

> 股市,绝对不是非白即黑的生态系统,里面有太多的参与者各自发挥着作用。在这个市场中,需要有人做多,也需要有人做空。市场参与者需要更多样化的生态,但是那些没有接近过'小虫'的人,可能把蜘蛛也当成害虫了。

资本市场最重要的是规则,规则重于一切。像我们打牌,如果一开始定下规则2是最大的,玩家抓完牌拿到几个2会很开心,这时突然变了规则,说3最大,那就傻眼了。资本市场最重要的是规则不能轻易改变。下面我想先从3个故事讲起。

3个真实故事带你走进资本市场

故事一:资本市场最重要的是什么?规则!

我刚来上海的时候,是20多年前,有一次我到高中同学家里玩,在他们家吃饭。我陪他去菜市场买虾,摊主告诉了我们多少钱一两，当我们准备付钱的时候，摊主突然说："这虾是 16 两一斤。""80 后"可能不是特别了解，中国历史上的计量单位是 16 两一斤的，小时候，在我们老家那边，都是按照 16 两一斤计量的，我上大学后，市场上计量单位使用的规则才是 10 两一斤。那次的买菜经历给我留下了比较深的印象——原来规则是别人可以随便定的。

我每次参与股市投资时，都是小心翼翼的，因为规则是别人定的，不是我定的。早年的投资者应该知道，在市场不成熟、规则变化频繁的时期，市场参与者是特别难把握的。资本市场最重要的是什么？规则！规则要公开透明。否则，当你决定买东西时，别人告诉你，他这个是按照 16 两一斤来计量，你就头疼了。

故事二：资本市场需要理论和实践的高度结合

2015 年六七月股市震荡期间，我在米兰世博会路过越南馆和泰国馆时，看到里面有很多水稻。我当时说："这个水稻长得不错。"我朋友 18 岁的孩子很疑惑地问："这是水稻？"我恍然大悟，原来我心目中的一个简单的常识，在他那里却不是，他不知道那是水稻还是小麦。中国馆的元素，也以小麦和水稻为主题。对很多没实际从事过农作的小孩来说，即便在书本上学过很多知识，每天要吃米面，但他仍分不清楚水稻和小麦。

实际上，股市的专业性也是这样。我曾经看过一本比较早的书《散户至上》，作者是美国克林顿时期的证券交易委员会（以下简称证监会）主席阿瑟·莱维特（Arthur Levitt）。他在书中讲，他去当美国证监会主席时，要把原先的债券、股票等全部清空，然后去买共同基金。后来他去看共同基金的条款，发现自己居然看不懂。要知道，他当证监会主席前，已经担任12年美国证券交易所的董事长；在那以前，他从1963年开始做证券经纪人，和合伙人一起创办了一家公司，这家公司后来被花旗公司收购了。他在书中讲了共同基金的七宗罪，比如共同基金的条款太多太复杂。

大家想想看，一个有着20多年证券公司从业经历的人，当他监管市场的时候，突然发现这个市场上有很多事情让人看不懂，很不可思议。他当时就想："我们怎么能苛求那些市场的管理者呢！"其实，每个国家都一样，参与者都需要足够的专业实践。正如《韩非子》中所言，"宰相必起于州郡，猛将必发于卒伍"，资本市场更该是如此。

这个行业需要非常专业的知识，需要理论和实践高度结合。在2015年这个时间点，港股投资很热闹，其实我很害怕看港股上市公司的公告，读起来很费力，因为它的公告跟内地的公告完全不一样。

资本市场真的是一个非常特殊的市场，熟练和专业几乎很难区分，我们跟大户或者散户相比，真要说谁专业，从日常交流中不一定能分辨得出来。这是由三个因素造成的：第一，股票的内在价值是很不确定的；第二，股票是高速流动的，换手频繁；第三，任何一个金融产品，它的法律文本都是非常复杂的。**所以，资本市场是外行冒充内行的肥沃土壤，中国需要更专业的监管者，需要有充分市场经验的人参与到监管制度的制定中。**

故事三：股市，绝对不是非白即黑的生态系统

现在的年轻人中很多人都害怕蜘蛛或蟑螂，看到它们甚至会害怕到尖叫。据说在美国，在让人害怕的前10种动物里，有6种是小虫子，蜘蛛跟蟑螂排前5名；中国有两种，蟑螂和蜘蛛。现代人为什么害怕这些？因为年轻一代远离了自然。我小时候，时常看到燕子在家里飞来飞去，蜘蛛也多得是。我们觉得蜘蛛很好，它在某种意义上是益虫，它们会抓蚊子，我们可以和它很亲近，看到它一点都不害怕。当你没有和它亲近过，离它比较远的时候，你会特别害怕。在美国，治这种小虫的上市公司有4家，中国现在还没有，但估计以后会有，因为许多"90后""00后"一定会害怕这些东西。有些东西，你如果知道它，熟悉它，就不会害怕。联想到我们的股市，我们仍然害怕自己不熟悉的一些东西。

股市，绝对不是非白即黑的生态系统，里面有太多的参与者各自发挥着作用，并不是像在实体经济中，一个东西，两个人成交，两个人都得到了需要的东西。股市并不是这样，买进卖出不代表好坏，不代表各取所需，我们在监管的过程中很难区分孰是孰非。**在这个市场中，需要有人做多，也需要有人做空。市场参与者需要更多样化的生态，但是那些没有接近过"小虫"的人，**

可能把蜘蛛也当成害虫了。

股市是个多元生态系统，因为永远有一半人有不同的意见，卖出的人都觉得比买入的人聪明，买入的人都觉得卖出的人是傻瓜，如果一定要统一所有人的意见，就没有股市了。美国证监会前主席莱维特说："数十年来，美国的监管体系多数情况下是与市场中最不正当的地方做斗争。我们这些在证监会里工作过的人都知道，证监会不是全能的，证监会没有任何责任保证每个投资者获利。保护投资者免受欺诈和市场操纵的损害是我们的职责，但投资者为追求回报可能遭受损失的权利也是不可剥夺的，同样也需要我们的保护。"**我的看法是，证监会主要有两个职责，一个是保护投资者免受欺诈和市场操纵的损害，另一个是保护投资者投机的权利。**

电视剧《人民的名义》里有一句台词："中国的企业家不是在监狱里，就是在走向监狱的路上。"如果事实真是这样，根本无价值投资可言，因为我们不知道哪天会发生"黑天鹅"事件，"皮之不存，毛将焉附"？当然，这是一种极端的说法，但部分企业家的这种状态，我认为是市场失灵的产物。大多数时候，规则是用来保护特定的既得利益者的，会妨碍企业创新和企业进入，阻碍竞争者的出现。缺乏竞争是目前世界各国遇到经济方面问题的主要根源，所以我们要的是：**扶持市场，千万不要去扶持企业。**

如何真正地发展与壮大资本市场

简单来说：资本市场的壮大需要回到"原点"！原点在哪里？这个问题其实非常简单。

董明珠曾经做过一场演讲，可以说把中国过去30年企业发展的本质进行了非常精辟的总结。她说，企业家真正应该关心的是"消费者的需求"，但是大量企业家把消费者的需求作为一个概念，扩大或者欺骗消费者。

大家想想看，我们这个市场，不管是在生活中接触到的所有产品，还是在资本市场上接触到的海量资讯，这些是不是真正以投资者、消费者为中心的？是不是像莱维特所说的"散户至上"？生活中，企业是以消费者的真正需求作为发展的出发点，还是存在着一定程度的欺骗？现在有很多人发表的言论和《散户至上》一书中写的如出一辙。

我在2015年前后接触到一些外国投资者，他们普遍比较悲观。我说："你们不要太悲观，我知道你们的感觉是'现在虽然身处春天，而我的心却在冬天'。为什么不悲观？因为互联网改变了欺骗、引诱消费者那种急功近利的做法。"

为什么美国很少讲互联网思维？有了互联网，资本市场确实和历史上有区别，但大部分美国的企业，大量的竞争迫使它必须考虑消费者的利益。你只要运用了"用户为上"的理念，自然而然，你就会运用所有和互联网有关的思维、工具。中国的互联网让所有企业都原形毕露。你不用互联网思维，你就很难以消费者为中心、以用户为中心。

资本市场也是一样，有了互联网这个工具，我们可以想象，中国新的10年、20年会发生一个巨大的变化，就是企业真正地以用户为中心。如果专注于消费者的诉求，企业发展的空间还很大。要有更多这样回到"原点"的企业，资本市场才能真正壮大。

本文是作者2015年10月在北京大学上海校友会年度元培论坛上分享的主题演讲内容。

07
价值投资的制度基础

> 投资就像是翻石头，翻 100 块石头可能才找到 1 块好石头，翻 200 块石头可能才发现 3 块好石头。我们翻不过来，就用一些量化指标筛选，所以会采用一些能够找出更有竞争力的公司的指标。

在 2017 年的这个时点上，价值投资在中国，不管在媒体上或是日常的交流中都是一个很热门的词，但其实在大家心中，都觉得中国的投资者并不是真正在做价值投资。

我差不多可以算是第一代投资者。1992 年在学校时，我就已经开始价值投资的实践了。我的体会是，中国股市从诞生之初到 2007 年，大多数投资者初衷上还是按基本面来投资、交易的，只不过那时只能基于三表（资产负债表、利润表、现金流量表三大财务报表）来投资，至于这三表到底是真是假，投资者是没有能力来鉴别的。

1998 年，首批公募基金公司成立，2003 年股市爆发了

"五朵金花"行情,公募基金逐步成为价值投资的倡导者和引领者。但在2007年以后,第一代公募基金经理,出于各种因素出走创立私募,加上公募基金在股市的市值占比减少和话语权减弱,没有在公募领域很好地坚持价值投资,再加上市场环境并不是太好,IPO走走停停,监管规则不断改变,监管套利、概念驱动的事件性投机盛行一时,传统意义上的价值投资一度相当式微。

《投资最重要的事》的作者霍华德·马克斯曾经说过,他有一个朋友是飞行员,马克斯曾问这个朋友:"当飞行员是什么感受?"这个朋友说:"我大部分时间都无所事事,偶尔会胆战心惊。"马克斯说:"我做投资的时候也是大部分时间无所事事,偶尔胆战心惊。"

我在中国做投资这么多年,和上面两位的感觉刚好相反,是大多数时间胆战心惊,偶尔无所事事。很多规则动不动就改变,甚至有时还有"半夜鸡叫","黑天鹅"事件频出。最严重的时候是2001年,国家出台了近400个新的规则,差不多每天变一个,这对一个以规则为重的市场来说,意味着每天要发生一些改变。作为二级市场的参与者,太容易感到无所适从了。

国外著名的价值投资者,以同样的方法在A股市场进行投资,也有折戟而归的例子,因为中国的上市公司有很多造假、作假案例。

07 价值投资的制度基础

我亲身经历过琼民源、蓝田股份、东方电子、银广夏等股票投资案，这些案件在中国证券史上都是非常有名的造假案，而且都是以价值投资的名义、以绩优股的名义进行的。琼民源是财务作假。1996年的年报显示，业绩高达每股1.2元。现在还记得琼民源的人不会太多，但我是亲历者。蓝田股份的笑话特别多，还有东方电子、银广夏。我所在的机构能幸运地规避这些股票，靠的是股市的常识。

我举两个简单的例子，来说明我为什么能够最终逃出来。

- 第一个是东方电子。有个业内非常著名的投资者朋友，最终在东方电子上损失惨重。在当年东方电子如日中天的时候，他来找过我，问我怎么看东方电子。我说："你赶紧卖了吧，我不看好它。"因为股市有一个常识，大家都觉得它特别好的时候，应该多一份谨慎。你关心的是有人在买入，我关心的是，既然这么好，为什么还有那么多人在卖出呢！交易量太大了，不适合再持有。所以，我差不多是在交易量最大的时候把东方电子卖掉了。后来，他来找我，说当时没听我劝，结果自己这么专业，居然被骗了。
- 第二个是银广夏。我原先的一个下属当时在杭州给我打电话说："今天发生了怪事，我们一次性从另一个投资者那里买入了2 000万股。"那时还不存在大宗交易，我当时就说："这家公司绝对有问题。"为什么有问题？很简单，这么好的一家公司，为什么随随便便就把2 000万股卖给你了，这样卖肯定有问题。后来，我在海南参加一个会议，大家讨论到银广夏，我随口说"这家公司的业绩估计是作假的"，有个朋友居然为此很长时间不理我。我原来的下属买入以后，银广夏就成了热门股，公司的股价从每股20元一直涨到40元，但我从来未敢火中取栗去参与。

在国外，"欧洲股神"安东尼·波顿（Anthony Bolton）也曾折戟A股。我们做投资的，大部分都看过波顿的书，他的书写得特别好。作为富达公司著名基金经理，波顿在28年的欧洲投资经历中，创下了146倍的增长奇迹，被封为"欧洲股神"。他将自己的投资理念和经验集结成《安东尼·波顿的成功投资》一书。

他特别看好中国，2010年4月开始运作富达中国特殊情况基金，主要投资中国内地和香港或在其他市场上市的内资股。波顿把重点放在中国消费行业，这个决策非常正确，很多消费股股价这些年来涨幅都很大，但波顿青睐私人个体或家族经营的中小规模上市公司，而不是大型国有企业，这与他在英国成功的秘诀一致。但这些成立时间短、治理结构不规范的小公司，使波顿频踩"地雷"。味千（中国）和霸王集团分别遭遇了"骨汤门"和"二噁烷事件"，当年股价分别下跌了34.53%和64.08%；西安宝润被控欺诈，股价跌幅超过90%。再加上波顿使用杠杆操作，放大了损失。

2014年，波顿彻底退出中国市场，离开前，他说："我的错误不在于我的交易策略有误，也不在于这个不成熟的市场，而是我把自己的策略放在了这个不成熟的市场上。"

所以，根据我个人的投资经历，在中国，投资者从一开始是抱着一种价值投资理念，从基本面分析的角度进行投资的。中国的投资者没有一开始就乱投机的，只不过我们这个市场在草创的过程中，存在各种各样的乱象，令投资者无所适从。

我们一直在持续的改善中

大家都说我做价值投资，但我很少讲，原因很简单，我认为价值投资是需要一些基础和前提的。西方国家，比如美国，学者做资本市场的研究，可以从 1802 年一直做数据分析，分析到现在，200 多年的历史，欧洲有战争的冲击所以有中断。日本包括其他国家都没有这么长的时间，而 A 股也就不到 30 年的时间。

我想从两个方面来谈价值投资的基础和前提。

- 一方面，从本质上，价值投资的基础是对财产权利的尊重、对合同的保护以及对市场制度的坚定信念，这三者缺一不可，缺少任何一个环节，价值投资都无从谈起。
- 另一方面，资本市场中价格的变动，还需要"野蛮人"等多样性存在，才有一个和平的纠错机制和价值发现机制。任何一个制度如果没有纠错机制，就是一个坏的制度。中国证券市场还缺乏一些纠错机制，比如，到 2017 年还没有很好的退市制度。

从一开始，各地政府不断扶持本地上市公司，就损害了价值投资的基础。投资者会想，万一政府不扶持了呢？所有事情都是有两面性的。好的制度是扶持市场，而不是扶持企业。

接下来，我简单谈谈价值投资的制度基础。

- 首先，价值投资必须有一个良好稳定的制度环境，因为只有在一个良性、正确、稳定的制度环境下，人们才会从经济、企业角度考虑问题，才会考虑自己遇到的是周期性问题还是结构性问题。
- 其次，一家企业是致力于寻租性努力还是生产性努力，这非常重要。

为什么美国有很多好企业，欧洲和其他国家加起来也没有那么多？美国有一个非常特殊的地方，他们在实现工业化的时候，政府的财政收入占 GDP 的 3%，企业要想获利，只能通过生产性努力。欧洲、日本不是这样，其他国家也不是这样，它们在实现工业化的时候，政府的收入很高，政府的支出也很高。我们如果想要有一个价值投资的良好制度，就必须要为治理改革努力。治理改革是中国保持增长必不可少的一部分，而且我认为它是最重要的部分之一。当然，我们国家一直在持续改善中，投资者不能指望它一蹴而就。

我前面说，我以往做投资大部分时候是胆战心惊，偶尔无所事事，但是从 2016 年开始，我跟任何人交流的时候都会说，现在做投资非常简单，因为现在投资者几乎不需要胆战心惊了，市场有些震荡也不用担心。**很多人担心去杠杆，其实根本不用担心。**你选择企业时只要按基本面严格分析，就根本不需要担心。对投资者来说，在中国做投资进入了比较轻松和愉快的时候。

没有良好的公司治理，何谈价值投资

我想谈一谈公司治理。为什么公司治理对价值投资而言尤其重要？价值投资者购买股票的时候，已经做了调查分析工作，因此，他们期待所投资企业的内在价值能逐渐在市场价格中体现出来。如果企业的管理层阻碍了市场价格对内在价值的体现，就破坏了投资者的动力，所以没有良好的公司治理结构，价值投资也无从谈起。

跟一些外国投资者交流的时候，我经常说，在中国必须具体问题具体分析，每家公司都需要自下而上的分析。中国好公司很多，但是公司治理的问题具有多样性，不能用一个普遍的规则去看待它们。

学术研究也证明，良好的公司治理是有利于价值投资的，在国外，还有以公司治理作为投资策略的基金产品。

我前面提到，现在投资者胆战心惊的次数在逐步减少，为什么呢？因为我国的资本市场建设在持续改善中。自 2016 年以来，证券稽查监管开始大规模展开。不过，证监会对上市公司的欺诈处理，我认为还是不够重，因为无论任何时候，投资者都是弱势群体，即便是操纵市场的人，在上市公司面前也是弱势群体。

从统计学意义上看，现在所有方面都在好转，我持续地统计过二级市场资金的使用情况：在2016年上半年以前，A股市场的资金使用效率是非常低的，大部分资金交易都集中在小股票、差股票上，2010—2016年整个市场的市值增长，都体现在业绩差的公司上，交易也一样。

有一次做统计，我和做数量分析的人说，利润不足2亿元的公司，不要给我看了。在经济增速下降的过程中，没有足够利润的公司是经不起周期波动的，是没有竞争力的。我们在做各种统计时，会把利润很低的公司放在一边。不是说利润低的都不是好公司，而是因为现在上市公司太多了。**投资就像是翻石头，翻100块石头可能才找到1块好石头，翻200块石头可能才发现3块好石头。我们翻不过来，就用一些量化指标筛选，所以会采用一些能够找出更有竞争力的公司的指标。**中国这么大的市场体量，利润还在1 000万元、2 000万元的公司，绝大部分经不起任何市场波动。2017年，连续5年主营利润大于2亿元（剔除房地产、银行、非银行金融机构）的公司，A股中共计370家，占A股的12%左右，这个数量已经不少了。

2016年，情况开始发生了变化。业绩好的公司在A股市场总市值中的占比开始上升，并且，总市值增加最大的是净利润在

10 亿元以上的公司。还有一个统计数据，2010—2016 年整个市场（剔除金融、房地产）的成交额一直集中于业绩较差的公司。不过在 2017 年，这个趋势也发生了明显的变化，净利润较好的公司，特别是净利润超过 10 亿元的公司，成交额开始上升。融资买入也体现了投机资金的流向，2010—2016 年，整个市场融资买入主要集中于业绩较差的公司，但是在 2017 年，这个指标也发生了巨大的变化，白马股受到了资金的追捧。

在 A 股市场，绩优股、大市值公司长期估值都较低。按道理，这些股票应该是溢价交易的，原因有两个。

- A 股市场习惯给予流动性极高溢价，比如 IPO 公司的高估值，以此类推，白马股理应获得更高溢价，因为它的流动性更好。
- 溢价其实是潜在的，我多次说中国人很善于创新，从 0 到 1 可以层出不穷，但因为文化、制度、治理等各种因素，所以从 1 做到 N 比较困难。这些真正的绩优股已经被证明是从 1 做到 N 的企业群体，是比较稀缺的，理应得到溢价。

市场制度环境的持续改善体现在很多方面。首先，国家加快了发行速度，减少了审批流程。Pre-IPO 投资就是一个监管套利，中国大量的钱、私募的钱集中在监管套利上而没有去鼓励创新，没有用在支持一级市场创新上。只有加快发行速度，才能让一级市场更加专注于创新创业。

其次，鼓励上市公司分红，优化了公司治理结构。公司不分红是滑稽的事情，如果不分红，投资股票只能靠博取差价，即便你投资了巴菲特的公司也是一样，只能搏差价。

再次，证监会加强了对操纵股价、财务造假等行为的稽查和惩处。国家对造假行为的处罚还是太轻了，所以现在还有铤而走险的。有的公司利润很好、毛利很高，但应收账款很多，这里是有矛盾的。毛利高就是企业很有竞争力，有竞争力，别人的钱就会给你，应收账款怎么可能很高呢？

可以参照美国的情况。2001年，美国安然公司的财务造假丑闻被曝光，美国证监会立刻介入调查，事实确认以后，安然公司宣告破产，安然公司CEO杰弗里·斯基林（Jeffrey Skilling）被判入狱24年并罚款4 500万美元，安然公司的投资者通过集体诉讼获得了高达71.4亿美元的和解赔偿金。位列世界第一的会计师事务所安达信作为安然公司财务报告的审计者，既没审计出安然虚报利润，也没发现其巨额债务。受此影响，有89年历史的安达信宣告破产，从此全球5大会计师事务所变4大。3大投行遭到重罚，花旗集团、摩根大通、美国银行因涉嫌财务欺诈被判有罪，向安然公司的破产受害者分别支付了20亿美元、22亿美元和6 900万美元的赔偿。如此大力度的处罚，才能大量减少上市公司的造假行为。

最后，我们国家加大了对知识产权等的保护，这一举措对价值投资特别重要。如果不加强对知识产权的保护，不加强对环境污染的治理，不加强对健康安全的重视以及对劳动者权利的维护，就会"黑天鹅"事件频出，对遵守规则的好公司极不公平，价值投资也缺乏基础。中国以往有一些著名品牌的产品是经不起检测的，我买一个消费类股，首先要相信它的产品是安全的，我才敢买，可喜的是，现在国家正在逐步加强监管收紧过程中。

在中国做价值投资的时机越来越成熟，原因在于国家整体环境的改善、法律的不断健全，使得致力于生产性努力的企业家越来越多。企业家已经明白，要经久不衰，成为百年老店只能靠生产性努力。随着致力于生产性努力的企业家越来越多，价值投资的春天真的到来了！

价值投资的春天真的到来了

美国"漂亮 50"

"漂亮 50"是指美国 20 世纪 60 年代后期、70 年代初期被投资者追捧的 50 只估值低廉、盈利稳定增长的优质蓝筹股。其背景是 60 年代大泡沫破灭后，华尔街专业人士立誓要回归明智合理的投资原则。人们如果了解 60 年代美国的投资状况会很有启发，那是一个新股大面积发行、概念性驱动、股市投机风潮盛行的年代，最后跌得一塌糊涂，一地鸡毛。在那样的背景下，华尔街一些机构投资者慢慢地开始追捧低估值、稳定成长、市盈率比较低的一些蓝筹股。

美国"漂亮50"一路上涨，在1972年的时候整体估值达到41倍。当时，《福布斯》杂志对"漂亮50"做了个评价：什么使得"漂亮50"不断上涨？这和很久以前在荷兰发生的促使郁金香价格上涨的原因一样，就是人们的错觉和疯狂。很明显，问题不在于企业，而在于那些机构投资者暂时的疯狂，他们外表看起来非常聪明但事实上尽干傻事，他们很轻易地忘记了这样一个事实：没有任何一家大规模的企业值得支付超过正常盈利近50倍的价格。

问题是，这样的评价准确吗？

《股市长线法宝》一书的作者对"漂亮50"从1972年到21世纪初30多年的表现做了一个总结：统计分析显示，即使在最高估值的时候买入并持有到1996年，收益率为12.5%，与标普500指数同期收益基本持平。同时，我们意外地发现，科技股和少部分市盈率高于50倍的股票，跑输了标普500指数。我看到另一个统计是到2001年的，结论与上述情况一致。

中国"漂亮50"

中国"漂亮50"的整体估值到2017年4月底是29倍，美国"漂亮50"在1972年估值是41倍，相差40%多。所以，大家如果认为中国"漂亮50"是"皇帝的新衣"，我认为为时过早。我不是说这些中国公司的股价也会有40%以上的涨幅，但从公司质地和发展潜力来说，其中有一些公司未来涨幅绝对不止40%。

07　价值投资的制度基础

中国"漂亮 50"的缘起有两个因素。

- 制度上劣币驱逐良币的结束：大量利用违反道德、违反法律的手段，通过降低成本来竞争的企业，基本上会在一个新的时代被彻底淘汰。所以，只有那些重视环保、重视劳动者保护、重视健康安全的企业，才能够生存下来。在这种情况下，收益越大的企业，它的环保等各方面投入就会越大，生存能力就越强。另外一部分企业会因为环保问题和其他法律上的问题，被驱逐出这个市场。
- 博傻的囚徒困境[①]的终结：没有做投资的人或者没有与投资圈密切接触的人，不清楚什么叫博傻的囚徒困境。中国大量的中小企业上市公司，背后都有三五个人或机构抱团取暖，他们的主要目的是收割非理性股民，唯一的对象是另外一群散户。蓝筹公司市值太大，没法抱团取暖。为什么博傻的囚徒困境终结了呢？因为原来上市公司比较少，大家可以抱团取暖，可以维持很高的估值，但随着 IPO 不断放开，上市公司越来越多，人们突然发现，机构之间、几个人之间抱团取暖已经抱不住了，彻底抱不住了，只要有一家公司抱不住，下跌的多米诺骨牌效应就会产生。

---

① 不讲究商业规则和商业道德的竞争，往往使竞争双方变成一种博傻游戏，形成囚徒困境，最后大家都不讲究商业规则，造就双输的局面。——编者注

前面说过，蓝筹公司是没有得到市场充分认识的，主要表现在以下方面。

- 基于流动性的溢价，交易量越大的公司，流动性越好，23倍市盈率的新股一上市，当天就是44%的涨幅，市场给它太高的流动性溢价了，而真正有流动性的蓝筹公司却没有得到溢价。
- 市场应该给从1做到N的公司溢价，而不是给从0到1的那些公司溢价，但中国市场反过来了，二级市场给概念太多溢价，这种扭曲必将得到纠正。

上市公司的所有状况其实都在好转，中小板的基本面也在好转，但是它原先的估值太高了。现在创业板的整体估值是在持续下降中，但是它的基本面实际上是在持续的好转过程中。估值是否调整到位尚无法评论。

总的来说，目前中国正从制度上加大对知识产权的保护，加大环保治理力度，加大对健康安全的保护，加大对劳动者权利的保护。同时，在证券市场上，也在进一步鼓励上市公司分红，优化企业治理结构，加快发行速度。

关于加大环保治理力度，我举一个很简单的例子，河长制。我们一定要高度重视河长制，它会使大量环保不过关的公司关门，使得过去几年致力于环境保护的一些上市公司的市场份额不断上升。这个过程如果结束，那我们中国的"漂亮50"就可能已经到了泡沫点，但是这个过程才刚刚开始。现在很多人还不明白河长制的意义，还不了解河长制到底能给当地带来什么。每一段水流，任何一个地方政府都要负责确保这段河流水质不变，流进这个地方的水是什么样的标准，流出的水也要是什么样的标准。这个难度太大了，公司如果做不到，环保不达标，都得被淘汰。

环保是大家看得见、摸得着的，一点儿含糊都不能有。还有很多看不见、摸不着的领域，我们国家的强监管才刚刚开始。

食品行业也在逐渐改善。三聚氰胺事件之后，乳制品企业总体上来说已经比较好了。有一个很有名的牌子，当时估值较低的时候，我劝一个朋友去投资，他就给这个品牌的产品做了检测，结果发现，产品中的黄曲霉素高得吓人，所以不敢投了。还有某个特别有名的牌子，他也做了检测，发现添加剂过多，我估计企业老板自己都不敢吃。

因此，价值投资环境的改善不仅要靠证监会的监管，还需要整个社会环境、制度环境的改善。健康安全也是一样，在医疗行业，一致性评价可以让中国的医药公司关掉一半，但是如果医药公司关掉一半，人们就没药可吃了，所以监管只会逐步收紧。但这些方面的改善也预示着我们正好可以去做价值投资，因为很多领域都才刚刚开始改善。在这个过程中，市场的马太效应会使很多高品质上市公司的份额急剧上升，最终体现到利润上。所以，我们现在要挣"漂亮50"公司的钱了，挣它们市场份额不断上升的钱。至于谁是"皇帝的新衣"，放眼望去，公司和投资者都有，不胜枚举。可以肯定的是，那些致力于寻租性努力的公司一定是！

> 本文是作者 2017 年 5 月在《中国基金报》主办的"第四届中国机构投资者峰会暨财富管理国际论坛"上分享的内容。

08
再论价值投资的制度基础

> 投资其实就是在拥有矿脉的山中寻找矿物。并不是整座山脉都有矿，我们找矿也不用把整座山都翻一遍，而是先找到矿脉，沿着矿脉深挖、挖尽，不要轻易放弃，才能挖到矿石。投资也是如此，要不断地寻找结构性机会。

我曾到过湖北省大冶市的黄石铜绿山古铜矿遗址，这是一处采矿冶炼的古代矿冶遗址，采冶年代始于商代，经西周、春秋战国延续至汉代，持续时间长达1 000多年。古代工匠为掘取铜矿石，开凿竖井、平巷与盲井等，用木质框架支护，并采用提升、通风、排水等技术，这些在几千年前非常先进。看到这个遗址，我们可以想象古人挖矿的技术、工业组织是什么样的。

这一个遗址博物馆门口种了一种植物，紫色的，很特别。几千年前，古人发现了铜矿与这种植物的关系，它生长在藏有铜矿石的山野里。古人在发现这种植物与矿藏之间的关系后，将这种植物命名为"铜草花"。采矿是技术活，在古代，没有足够科技支撑的时候，人们发现，哪里有铜，哪里就有铜草花，但有铜草花的地方，不一定有铜矿。举这个例子，是想说明我们的研究观察与结论间的逻辑联系充满了主观性。

资本市场的新起点

2019年，许多中小企业陷入困境，截至2019年12月，实际控制人发生变更的企业为数不少，有40多家，如东方园林、美亚柏科、恒邦股份等。有些人看到控制人变更为国有企业，就大喊大叫"国进民退"。我不认为这是国进民退，就像人们看见了铜草花就以为附近有铜矿一样。也许，生长铜草花的土地有一点铜元素，但离有铜矿还差得远呢。

不同层级的地方政府，出于什么样的考虑来帮扶或者收购一家企业，背后的原因很复杂，可能是扶持纾困，也可能出于稳定就业等因素，还可能有一些其他原因。企业家们可以评估一下，这些名单里有几个优质企业，假如卖给你，你要不要？所以我不建议大众跟着喊"国进民退"，选择性断句。

之所以说到铜草花和铜矿的关系，是因为我近些年在做投资的过程中发现，根本就不存在所谓的"国进民退"。很多领域既有"国退民进"，也有"国进民退"。党的十八届三中全会报告明确指出，要处理好政府和市场的关系，使市场在资源配置中起决定性作用。2018年11月1日，民营企业座谈会上重申坚持"两个毫不动摇"和"三个没有变"。我国的基本经济制度将其写入了宪法、党章，这是不会变的。2019年《政府工作报告》也明确提出要进行供给侧改革，更多运用"市场化、法治化"手段。所以，绝不存在计划经济进、市场经济退的现象。

我最早曾在2013年就说过，中国资本市场进入了新常态。这个新常态指的是在从严治党、强力反腐之下的经济生态，是防范化解重大风险、精准脱贫、污染防治等三大攻坚战影响下的经济社会生活的生态。所有这些因素，构成了生活的新常态。在这样的新常态下，经济环境实际上在发生变化，劣币驱逐良币的现象在逐步逆转，营商环境正在改善。党的十九届四中全会定下了新的基调，劣币驱逐良币的时代应该结束了。我2013年提出这个观点，现在，我的看法与当年的观点一脉相承，我甚至更加坚信这个判断。

价值投资的制度基础

"价值投资的制度基础"是我2017年5月在深圳《中国基金报》主办的论坛上的一次发言。那个时候，我对这个基础是不是牢固、是不是已经初步具备持怀疑态度，然后提出了一些建议。

但2019年初，在面对很多有限合伙人的投资策略宣讲时，我说，中国资本市场已经站在一个新的起点上了，原因有三点。

- 中国不存在"国进民退"。
- 中国有一个非常稳定的政治环境,或者说,在相当长的时间内不会有什么政治周期。这是世界上没有的,所以我们可以安心、放心地干自己的事情。
- 中国政府的效率在不断提升。党中央文件第一次把资本市场定位为国家核心竞争力的一部分,认为资本市场"牵一发而动全身",强调其在金融体系中的重要地位。

价值投资的制度基础的三要素,即价值投资的制度基础是对财产权利的尊重、对合同的保护以及对市场制度的坚定信念,这三者缺一不可。之所以如此坚定,因为我发现党的十九届四中全会文件里对此均有清晰表述。

一个社会有没有良好的价值投资基础,要看它是否具备正确的制度环境,最重要的是要看,企业重心是放在寻租性努力还是生产性努力上。过去20多年,中国有大量的企业是通过寻租性努力做大的,但在新常态的当下,任何想继续把重心放在寻租性努力的企业,多多少少是要受到打击的。

我们正走在持续改善的路上,已经在上层建筑层面、法律层面奠定了制度基础。在投资中,我有两点建议。

- 一定要摒弃那些不正确的意识形态。社会很容易对企业家不信任,缺乏理解,但我们作为投资者,应该信奉著名投资家查理·芒格所说的:"警惕严重的意识形态偏见,警惕

08 再论价值投资的制度基础

意识形态造成的思维混乱。由于意识形态只给人灌输一些观念，而不是让人心悦诚服地接受一些道理，所以信奉意识形态是很危险的。巴菲特终身都离意识形态远远的。这极大地提高了他认知的准确性。"作为投资人，千万不要陷入偏见，我们要用全球化的视角审视自身。

● 要寻找致力于生产性努力的企业家。任何一家公司，如果企业家不是致力于生产性努力的，这样的公司我一定会远离。熊彼特论企业家："真正的企业家，应当具备某些与生俱来的领导和奋斗特征，首先，他们应当具有梦想和创立自己王国的意念……其次，他们应当有一种征服的意念……一种全力打拼、证明自己优于他人或全身心争取胜利的冲动……最后，他们会从创造中、完成工作中或者个人所长中得到满足和喜悦。"

我在湖北黄石还顺便去了一趟新兴铸管的子公司。新兴铸管是 1997 年 6 月 6 日上市的，当天我买入了大量股票，我印象很深刻。那时候它差不多 60 多亿元市值，2019 年大概是 160 亿元的市值。自上市以来，该公司再融资 30 多亿元。那么这家公司的市值从 1997 年到现在有多少增长，我们可以算得出来。我得知这家子公司一年的产值也有 50 亿元，是一家不小的公司，厂房的口号是"铸精品、铸品牌、铸福慧，像军队、像家庭、像学校"，非常有文采。我走访过那么多公司，感觉不到它们有技术等方面的投入，也许这就是为什么这种公司的市值没有很大的增长。我想，公司治理对价值投资而言非常重要，没有良好的公司治理，价值投资无从谈起。

113

2013年，可能更早一点，我对A股医药公司有过偏见，因为美国一家公司的研发投入比我们所有上市医药公司市值的总额还多。看表8-1就知道，在2015年那个时间点，中国前10名的上市医药公司的研发投入，还不及美国一家医药公司投入的零头。

但是，要看到我们的进步。比如恒瑞医药等公司，每年的研发投入都在高速增长，这样的公司就是越来越致力于生产性努力。为什么我要讲这张表呢？因为后面我要讲到，为什么海外资金不断地加大对中国资本市场的配置。有各种各样的理由，比如中国的GDP总量排世界第二，全球很多资金不能忽略中国等。但是，我认为一个很重要的原因是，在美国等成熟的市场经济体中，投资模式在不断演变，海外投资者在中国看到了领先一步的机会。

在时空跨度中不断变化的投资模式

1945—1970年，美国的投资模式是"买得高，卖得更高"，股票的供求关系成为影响市场的主要因素。当时的美国投资者始终对经济增长持怀疑态度。由于是第二次世界大战后的恢复期，无论是日本还是欧洲国家，都在维持生存计划，所以投资在整个社会活动里并不重要。

08 再论价值投资的制度基础

表 8-1　2015 年全球上市医药公司研发投入与中国医药公司研发投入对比

(A) 2015 年全球上市医药公司研发投入 Top 10 排名

排名	公司名称	主营收入（亿元）	研发投入（亿元）	研发投入强度（%）
1	阿斯利康	1 654.87	419.79	25.37
2	罗氏集团	3 507.77	698.04	19.90
3	诺华制药	3 458.98	625.45	18.08
4	默沙东	2 764.86	469.28	16.97
5	辉瑞制药	3 419.57	538.30	15.74
6	葛兰素史克	2 559.62	380.87	14.88
7	赛诺菲	2 417.94	355.74	14.71
8	强生	4 905.18	633.22	12.91
9	拜耳	3 598.49	332.57	9.24
10	吉利德	2 284.73	210.98	9.23
合计		30 572.01	4 664.24	平均 15.7

(B) 2015 年中国上市医药公司研发投入 Top 10 排名

排名	公司名称	主营收入（亿元）	研发投入（亿元）	研发投入强度（%）
1	恒瑞医药	93.16	8.92	9.57
2	复星医药	126.09	8.30	6.58
3	海正药业	87.67	8.28	9.44
4	上海医药	105.52	6.18	5.86
5	天士力	132.21	5.03	3.80
6	科伦药业	77.63	4.98	6.42
7	健康元	86.42	4.96	5.74
8	人福医药	100.54	4.04	4.02
9	丽珠集团	66.21	3.75	5.66
10	步长制药	116.60	3.60	3.09
合计		992.05	58.04	平均 6.02

资料来源：根据公开资料整理。

1970—1990年，以巴菲特这样的民间投资英雄的出现为标志，主流投资原则变成了"低买高卖、价值投资"。但有效市场研究在美国渐受重视，这使得以巴菲特这样的民间投资英雄为代表的价值投资和指数化投资方式在美国进行了一场非常充分的论辩，推动了投资理论和实践的不断深化。那个时期的欧洲和亚洲，还有中国台湾地区，则在重复着美国20世纪40年代至70年代的投资模式。

自1990年以来，美国的投资市场上，量化交易越来越多，因为投资方式越来越多样化了。美国几乎所有机构投资者都建立了量化分析研究小组，指数投资渐渐成为主流。

虽然价值投资仍然是"最响亮的名字"，但是逐步转移到了日本和欧洲国家。所以我认为，无论中美之间的风云如何变幻，外国投资者在中国市场一直在买买买，很重要的原因是，他们看到了似曾相识的机会。中国在重复美国等发达经济体投资历史上曾有的一些轨迹，他们期望能领先一步。中国的投资者作为市场的学生，从全球化上讲，必须向外看，去寻找其他市场历史上曾出现的类似的投资模式；向内看，中国经济在重复怎样的历史，这些历史对未来的投资模式会有怎样的借鉴作用。

以中国台湾地区为例，台积电的绝大部分股份都卖给了国际投资者。日本也是这样，我2007年去日本的时候，日本的大公司、好公司，其一半股份的投资者差不多都是外资。这样的进程，我估计在中国大陆也会出现，2019年像美的之类的公司，外资买到了 28% 就限购了，只能卖出不能买入。

2014 年，我在一个主题为"互联网改变了投资管理行业"的论坛上做了一次总结发言。当时，针对互联网经济带来的影响，我发表了两个评论。

第一个评论，互联网时代的 GDP 不能准确反映宏观经济。我们对宏观经济 GDP 的衡量方式是 20 世纪 30 年代发明的，到了今天，免费经济已经充斥各个层面，过去的衡量方式是否依然有效，是不是宏观经济学已经落后于时代了？显然，整体的宏观指标已经不能反映另外一块生机勃勃的经济景象。虽然我一直在说，宏观经济对投资有指导意义，但到了今天，我更愿意强调自下而上。**很多过去所谓的经济周期，很可能已是另一种表现方式，投资上所谓的均值回归将会在一个更高平台的象限上产生，均值回归的力量将有所不同。**

第二个评论，我认为对现在更有意义。过往做投资时，如果胡乱假设，无视周期并推断趋势的话，那一定是灭顶之灾。但现在，我认为指数增长将是另一个可重复的模式，我当时所说的"看得见的未来"指的就是指数增长。因为历史上任何一个时间点，比如美国 19 世纪到 20 世纪 70 年代以前，它的指数增长都在一个领域出现，几乎没有同时在几个领域交替出现过，但是有了互联网、人工智能、大数据以后，指数增长在某个意义上来说，在很多领域会同时出现。**所以我有一个简单的结论，因为摩尔定律的广泛化，指数增长在多点出现，周期和趋势的表现方式**

将有很多变化，会出现叠加效应；趋势在某个点上停顿的时候，实际上会在其他领域再次出现。这是我们现在预测未来时跟过去一味重复周期所不一样的地方。未来5年，我仍然是这么看，我们对周期的很多看法一定要改变。

最后，我再拿我到过的一个矿区来举例，谈谈投资。我曾到过盛宣怀的汉冶萍煤铁厂矿公司的铁矿矿山旧址，那里有一个巨坑，被誉为"亚洲第一深坑"。那个坑很壮观，东西长2 200米，南北宽550米，最大落差444米，坑口面积达108万平方米，坑周围都是山，山上有六七米宽的道路，可以容纳大型运矿车进入。参观完这个矿区以后，我有了很深的启发。**投资其实就是在拥有矿脉的山中寻找矿物**。并不是整座山脉都有矿，我们找矿也不用把整座山都翻一遍，而是先找到矿脉，沿着矿脉深挖、挖尽，不要轻易放弃，才能挖到矿石。投资也是如此，要不断地寻找结构性机会。

> 本文是作者2019年12月在申万宏源"2020年资本市场年会"上分享的内容。

09
希望不是以以泪洗面告终

> 风险就像地下能量一样，聚集到一定程度就会喷发。风险管理就要像人类预防地震一样，如此，我们才能在八级以上地震一样的金融风暴中不伤筋动骨。

"中国目前的外汇储备有1万多亿美元，也就是美国欠了中国这么多钱，这笔钱美国终究是要还的，但历史上这种关系，多以泪水而告终，希望中美之间不是如此。"这是2009年6月8日在宾夕法尼亚大学沃顿商学院与中国证券业协会合办的第五期项目结业仪式上，项目联合主任之一、沃顿商学院金融实体中心联席主席弗兰克林·艾伦（Franklin Allen）教授在最后致辞时，对我们的善意提醒。

很荣幸，2009年3月12日至6月12日，我们到费城参加了"证券业领导力与管理高级研修班"。这样的深入学习，确实让我受益良多。

沃顿商学院给我们设计并安排了能够使我们了解美国金融市场的一系列课程，包括历史、理论、结构、投资与衍生品、公司财务、风险管理、风险资本、人力资源、领导力等，同时也安排了我们到美国金融机构和商务中心参观访问，到教授家中做客等文化交流活动。该项目诸多课程的设置，虽与我们在国内学习过的 EMBA 并无太大的差别，但"纸上得来终觉浅，绝知此事要躬行"，几个月的学习，我切身感悟到了存在于图表、公式以外美国的经济、社会、文化以及美国人民的真实生活。

在美国学习期间，全球金融风暴愈演愈烈。中美之间存在的巨额贸易顺差和中国持有的大量美元储备，使得中美关系愈加成为世界上最重要的双边关系之一。国内很多人、很多舆论为此沾沾自喜，自以为是。但通过在美国的学习以及对美国的社会、经济、文化的切身感受，我更愿意把教授的提醒看作警告。

金融企业的全部内容是管理风险

美国的市场经济经过 200 多年的发展和完善，已经较为成熟。我们学习过程中的大量课程，就是围绕这一经济制度，从本质上深入地分析和解释。这些学科帮助政府和机构有效地进行金融市场的管理运转，为我们提供了将美国资本市场的基本理论与现实实践进行对比的机会，也提供了中美两国证券市场交流和相互理解的机会。

通过学习，我深深感受到，**金融企业的全部内容就是管理人类事务不确定的风险，而不是最终消除风险**。只有那些能够发现、认识金融风险，并能在管理风险方面建立起竞争优势的企业，才能够经受金融风暴的侵袭而屹立不倒。

纵观近几十年的历史，世界唯一的常态就是变化，就是经济发展的不可预见性。一方面，由于人性自身存在的缺陷，人类自己创造出的任何制度和组织必然会有缺陷，这种缺陷是风险的内在滋生源。另一方面，基于不稳定的市场价格，繁荣与萧条的经济循环周期，新技术所带来的机遇和威胁，以及咄咄逼人的市场参与者对利润的冲动，动荡将贯穿金融市场的整个过程。风险就像地下能量一样，聚集到一定程度就会喷发。

沃顿商学院的教授告诉我们，美国的金融市场体系已经破产过几次了。事实上，迄今为止，世界上还没有一个不曾破产过的样板。而每次样板破产后，美国金融体系都能得到重建，最终更健康地前行。巴菲特在他的股东大会上说：

> 美国的历史大概有200年，可能经历了15次金融危机，在19世纪经历了6次衰退，当时称其为衰退，现在我们把它叫作恐慌。虽然衰退和恐慌会不时发生，但这不等于是一个无底洞。每个世纪里都有一些不景气的年头，但是好年份多过坏年份，这个国家就不会停止前进，在中国和美国都是这样的。

危机根源之一在于激励不对称

在现代金融活动中，金融企业是金融市场的核心中介。既然美国已经有了完善的制度基础和实践，为什么2008年还会爆发严重的金融危机？在这方面，学者专家做了很多研究，我们在学习中也与各方人士进行了探讨。

人们不得不问：此次危机又何以累积到如此严重的境地？我们在沃顿商学院的短短三个月，课程内容涉及诸多方面，比如，资本市场的经济学原理、现代金融工具的创新、金融机构的设置和运营、金融法规的制定和实践、西方社会的多年实践经验教训等，这些一一在我们眼前呈现。有一点大家都在避免多谈，那就是美国金融机构中的激励不对称问题。由于规模庞大，金融企业的所有权已经变得较为分散，越来越成为公众公司，没有哪个股东能够真正对公司负责，这就导致股东－代理人问题严重。

在投资银行贝尔斯登陷入偿付危机的时候，时任董事长兼CEO的吉米·凯恩（Jimmy Cayne）却选择在前一个周末去底特律参加一场桥牌联赛。事实上，从房贷的第一个链条开始，就没有人认真负责。

可以说，股东和代理人这一矛盾在经济生活中时隐时现，始终存在。过度的激励机制，鼓励了机构管理层激进经营，为了短期利益拿股东的钱肆意冒险，加上金融机构作为商业中介，提供的服务多是以乐观扩张为基础的融资服务，他们从本质上讲是经济活动中的极端乐观主义者，这最终累积了极度的泡沫而导致市场崩盘。

我们国内的问题出在股东－代理人的另一极端——过度限制，这一极端虽然目前没有造成系统性泡沫，但违规违法行为在市场参与者中也常常出现，其造成的各种损失比起资本泡沫带来的危害有过之而无不及。其真正的原因则是激励不足，干劲不够，创新匮乏。

经济制度所有的活动都建立在一个简单的原则上，就是激励作用。我们无法否认激励的重要性，它是人类本性的一部分。市场自身得以运行就是由于参与者可以在激励改变时改变他们的行为。如果约束和激励机制没有建立好实质性的变动关联，就容易造成道德风险的积累，而过度限制也会使低效、浪费、贪污等不断发生。从这一层面看，还会造成系统性风险的不断累积，最终导致严重经济衰退。

引入竞争，改善激励机制

要最大限度减少不同人性造成的风险，中外历史已经证明，纯粹靠监管是不够的。巴菲特说过，监管是金融系统中非常重要的一部分，但是监管的效率则很难确定，"如果我被任命为一名监管者，配备 100 名最优秀的员工，每天从那些大型企业机构那里得到他们的投资头寸，掌握他们在股票、衍生品或外汇的投资组合，我也无法告诉你，他们到底在干什么"。思考这一问题，我想最重要的是，仍然以促进市场竞争为方向，从各个角度不断引入竞争，改善对企业的治理和激励机制。

著名学者张维迎在《理解和捍卫市场经济》一文中告诉我们，市场经济在人类历史上创造了怎样的奇迹。他解释说：

> 市场经济特征之一：竞争为他人创造价值。什么是市场？市场就是好坏由别人说了算、不由你自己说了算的制度。在市场上，任何人不为别人创造价值，就不可能获得收入。所以你必须努力为他人创造价值。价格提供了一个信号，什么东西有价值，什么东西没有价值，要在市场上考验，要由买的人说了算。没有人愿意付出超出你为他服务的价值的价格。当两家企业竞争，我们说某一家企业更有优势的时候，意味着这家企业能为消费者创造更多的剩余价值，即消费者剩余。企业之间的竞争，是为消费者创造剩余价值的竞争⋯⋯
>
> 市场经济的第二个特征，是陌生人之间的合作，市场经济中，不光有一只"看不见的手"，还有一只"隐形的眼睛"。也就是说，陌生人之间能够合作，是因为有一双隐形的眼睛在监视我们，每个人必须好好表现，对自己的行为负责。过去人们对市场经济的批评，往往是由于人们只知道前一个因素，而没有看到后一个因素的作用，所以，认为市场上一定有欺诈，无商不奸。而

事实上，我们今天看到，市场经济越发达的地方，人们越注重自己的信用。尤其是企业，要在市场上取得成功，必须建立很好的声誉。如果它的声誉不好，没有人信赖它，就会被淘汰。

美国的市场经济因为已经发展了200多年，所以相对比较成熟，即便在金融风暴肆虐的时候，整体经济社会生活也能正常运转。那些金融机构奄奄一息时，应对危机所体现出的专业度，对人性、制度的理性分寸感，以及公司战略，都给人很多启发。我们应该抓紧时机，在竞争中把自己做强做大。

建立好市场机制，鼓励竞争

与美国相比，中国的证券市场起步不久。作为从业人员，我们的责任应该是建立起一个真正有效的资本市场，这一市场要能够确保资本流向能创造财富、提高国家和人民未来收入的建设性项目上。在这个过程中，自身的风险管理是其中最重要的环节之一。"最高级别的谨慎是最好的头脑与最好的心灵结合。"亚当·斯密在《道德情操论》中已经指明了方向。如何未雨绸缪，在提高效率的同时，又把风险降至最低，从现在起将时时考验着管理者的能力和品格。

风险管理就要像人类预防地震一样，要"瞻前顾后"，事前要对房屋的防震能力做好设计，同时建立好地震预报中心，对地震板块进行监控，预报要做到"报忧不报喜"；同时要组织培训防震知识，组织各种防震演习。既有防震应急措施，又有灾后重建办法，如此，我们才能在八级以上地震一样的金融风暴中不伤筋动骨。而政府的责任则是建立好市场机制，鼓励竞争，鼓励我们的机构在竞争中成长。

美国的市场经济和中国的市场经济虽有不同，但两个国家面对的金融危机带来的经济困境是相同的。摩根大通董事长兼CEO杰米·戴蒙在致全体股东的信中说道：

> 尽管人们批评有关对策的时机、方式以及连贯性极为简单，但我们明白，能于困难甚至危急时刻采取果敢行动已经非常不容易。

美国前总统罗斯福在一个世纪之前曾经说过：

> 荣誉并不属于那些提出批评的人，亦不属于那些指出强者是如何被绊倒，或实干家哪些方面还可以做得更好的人。荣誉属于那些参与其中，满面尘土、流着汗水和鲜血的人，属于那些勇敢奋斗、会犯错、屡败屡战的人，因为任何成就都必先经过错误和不足；荣誉属于努力奋斗的人，懂得什么叫热情、奉献的人，献身给崇高事业的人，成功的时候懂得什么叫丰功伟绩、即使失败也败得光采的人。因此，他们永远不应与那些不知道胜利为何物，也未尝失败的冷漠、胆怯之徒相提并论。

09　希望不是以以泪洗面告终

曾国藩100多年前用寥寥数语就道尽了我们国家面临危机时要具备的要素：

> 天下事在局外呐喊议论总是无益，必须躬身入局，挺膺负责，乃有成事之可冀！

我们相信，我们国家能够在困难面前继续保持果敢作风，寻找适当的解决方法。

亚当·斯密曾这样描述那些通过商业和金融活动获取回报的人：

> 他们的动机是美好的、伟大的、高尚的，值得大家为之艰苦奋斗，值得我们为之热切盼望。

在美国，我们仍然可见苹果、伯克希尔－哈撒韦这样的机构和乔布斯、巴菲特这样的个人，但我们很难想象今天可以用这样的词语来描述资本市场中更多的机构和个人。当我们面对越来越开放的国内国际市场，只有把国家的强大建立在历经五千年而不衰的价值、美德和我们的信仰的基础之上，不断强身健体，才能最终避免以泪洗面！

"仓廪实而知礼节，衣食足而知荣辱。"三个月的美国之行，让我感受颇深。虽然我们开玩笑说美国的土地才耕种了200年，而中国的土地已经耕种了五千年，土地肥沃程度大为降低，老天爷待我们不厚，但其实美国的繁荣来自创造力，制度是第一生产力。

127

我们曾聊到，上海浦东机场新航站楼一期刚开通时，厕所建在楼下，拖着大行李的旅客极其不方便，这样的设计让人觉得不可思议。不过，这样的情况美国历史上也曾有过：几十年前，美国黑人还没有选举权，后来，奥巴马成了美国总统；芝加哥五大湖也曾经污染严重，如今碧水拍岸、群鸟飞翔、绿树成荫、景色宜人；黄石公园的狼也曾经被皮毛商赶尽杀绝，后来美国实施了狼回归自然计划，现在公园里狼、熊出没，野牛成群结队，蔚为壮观。

既然已经意识到问题的所在，我们就完全有理由相信，若干年后，我们一定有能力把祖国建成苏轼所描述的美境："耳得之而为声，目遇之而成色。取之无禁，用之不竭，是造物者之无尽藏也，而吾与子之所共适。"

> 本文是作者 2009 年参加由中国证券业协会与美国沃顿商学院联合主办的"证券业领导力与管理高级研修班"时的学习汇报小结。

10
中国投资者有没有未来

> 投资是放弃或牺牲今天的消费来换取未来收益的一种行为。所以，对未来有没有信心是投资的本质要求。希望一个以投资者为中心的市场可以建立起来，中国的投资者理应有一个光明的未来。

我经常思考一个问题，那就是，如果我是一个非职业投资者，比如从我的家人、亲戚、朋友、同学的角度来考虑，一个普通投资者在中国投资有没有未来？

首先要明白的是，金融业的本质是什么？**我认为金融业的本质就是通过某种激励机制，让老百姓分散在各处的钱聚集起来，让分散的个人力量集合起来，完成对个人、组织和国家经济发展都有益的事情。**

资本市场有没有完成这些结合？这是我们要考虑的问题。我们在讨论机构投资者和财富管理者之前，想想看，如果老百姓的投资没有未来的话，"皮之不存，毛将焉附"？我们这些机构投资者的未来在哪里？机构投资者如果不考虑老百姓的利益，仅从短期角度来看，可以靠不同机构之间的博弈来获取收益。但老百姓的养老金、企业年金、养命钱敢放到这个市场里来博弈吗？敢放到这个市场里只靠零和游戏来运作吗？这是我们不可回避的问题。

回到投资者的本质，**投资是放弃或牺牲今天的消费来换取未来收益的一种行为。所以，对未来有没有信心是投资的本质要求，你不能相信未来，就不能进行投资。**那怎样才能进行一种可信赖的投资呢？

传统资产投资无非通过两种方式获利，一种是传统资产本身带来的收益，如利息、分红，还有收益的自然增长。另一种是投资者通过市场低买高卖，通过资本利得获利。前一种方式在方法论上是可重复的、可持续的，后一种方式则是不可持续的、不可重复的。

耶鲁大学教授大卫·史文森（David F. Swensen）在《机构投资的创新之路》中说，在美国，传统资产配置的盈利产生于市场本身，也就是来自资产自身带来的收益，不是来自积极的投资管理，跟你的投资技巧、投资天赋、投资能力没有任何关系。

沃顿商学院教授杰里米·西格尔（Jeremy J. Siegel）在《投资者的未来》一书中告诉我们，1873—2004年这100多年的时间，美国97%的股市收益来自分红及分红再投资，3%的收益来自资本利得。史文森与西格尔的观点是吻合的。

从这一结论上看，中国的市场跟美国尚有一定的差距。关于这个话题，我主要谈三点看法。

- 迷茫的过去，多情反被无情恼。
- 冰冻三尺，剪不断，理还乱。
- 投资者的未来，多歧路，今安在？

中国投资者很无奈，为什么市场总是牛短熊长，股市和经济增长长期背离？最令人痛心的是，统计显示，在2005—2007年的大牛市下，老百姓居然在股市损失惨重。面对未来，我们更是行路难、路难行。

当我们从非常遥远的未来回望历史、回望今天，也许会发现现在很幸运。全体中国人在实现中国梦，五千年以后回望中国，我们可能只记得这件事情。我们也可以想一想，五千年后回望现在，中国的投资者有没有未来？我不希望投资者在历史上的记录是再次面临灾难，如果按现在发展下去，即便上证指数从目前的2 000点涨到4 000点，老百姓仍然难逃亏损的命运，在一个靠博弈获胜的市场，老百姓是没有未来的。

2013年的一个统计显示，所有大的经济体股市，只有中国股市的分红率低于一年期存款利率。无论市盈率有多低，如果一个市场只融资不分红，或者分红率不高，就没有内在价值。所以，要么市场利率下降，提升股市的内在价值，要么股票价格下降，让分红率得以提升。市场价格高的原因，要么是供给不够，要么是利率太高,从这个角度来说,只有放开供给端,市场才能通过调整来提高内在收益。在这个简单意义上,一个有内在价值的市场是可以建设出来的。

美联储公布的数据显示,美国股市的净融资这几年都是负的,分红和股份回购远超融资。美国有很多热门股票的市盈率、数量和涨跌幅度都较高,但并不妨碍整个市场产生内在收益。**一个以投资者为中心的市场是可以建设出来的**,市场自身得以运行,就是由于参与者可以随着激励改变来改变他们的行为,所有的组织活动都建立在通过改变激励机制来改变参与者行为这个简单的原则上。如果约束和激励机制没有建立好实质性的变动关联,各种混乱自然就会产生。

我认为,最重要的是放开市场供给,让资本市场价格发现和引导功能真正发挥作用。

美国市场有 70 多万个选择品种,分成两部分:一部分是产品需求推动的企业,这部分估值不高;另一部分是通过技术创新,由供给创造需求的企业,这部分企业需求有多大根本就是个未知数,估值就很高,也是增长的真正来源。

但现实令人感到遗憾,我们的 IPO 制度把这部分企业全推给国际市场了,墙内开花墙外香。这种看似保护投资者的行为恰恰是对投资者的伤害,保护投资者就是要给投资者足够多的选择!如果当下监管者主要站在"融资者"的角度考虑问题,而没有设身处地站在"投资者"的角度考虑问题，资本市场缺乏"以人为本"的监管理念，规章制度缺乏遵从人性的复杂性的专业逻辑，不能通过有效的激励行为来鼓励所有参与者相互促进，那么在执行过程中就会因为"立法者、监管者、专业人士、普通投资者"等"人"的参与，发生意想不到的变化，事与愿违的事就会层出不穷。比如，市场流动性的来源是由于市场参与者对同一问题看法不同，差异越大，流动性越好，面对这些人性的复杂性，市场监管根本就应该顺应它，而不是去规范它、统一它，定价就是这么个问题。

金融企业的主要功能之一是要替老百姓管理他们抵御通货膨胀（以下简称通胀）的风险，为投资者谋划收益最优的投资组合，一个理性的可信赖的市场应该能够提供这样的选择。中国的投资者有没有未来？我没有结论，我提出来是希望和大家分享，我们每个人都有责任去思考。我不担心机构投资者有没有未来，5年、10年机构投资者中一些人可以通过博弈过得很好。中国人是世界上最伟大的投资者，他们放弃了40%的当前消费用于换取未来的收益，机构投资者是很幸运的。但是老百姓呢，老百姓的养命钱呢？

希望一个以投资者为中心的市场可以建立起来，中国的投资者理应有一个光明的未来。

> 本文是作者2014年6月在深圳《中国基金报》首届"中国机构投资者峰会暨财富管理国际论坛"上分享的内容。

11
非常时期话投资

> 如果各类资产不再是封闭的、割裂的,那么,随着一个资产领域商机的破灭,新的商机必然会在另一个资产领域诞生。

　　北京大学是我的母校,关于资本市场的发展,我当年在学校时感到印象深刻的有两点,一是市场经济,二是竞争,这两点也是我过去20多年始终充满信心的重要因素之一。

- 市场经济。在现在这个时点,大家都觉得市场经济是很自然的事;但是在我们读书时,并不是这样。当时,著名经济学家厉以宁老师有一句话很有意思,这句话一直影响着我的很多判断,他说:"中国之所以与俄罗斯不同,是因为苏联实行社会主义70多年,爷爷奶奶都不知道什么是市场经济,而新中国成立才30多年,市场经济已经是大家的共识。"过去20多年来,资本市场经历种种变化,中间也有曲曲折折,但我只要看到市场还在活跃,就充满了信心。

- 竞争。记得我当年在图书馆看到联邦德国前总理路德维希·艾哈德（Ludwig Wilhelm Erhard）的书《来自竞争的繁荣》，非常激动。第二次世界大战后，他废除了价格管制，让价值规律发挥作用，取得了良好的效果。这本书描述了战后联邦德国由计划统制经济向市场经济转变的整个过程，其中有一个观点就是：只要这个社会有竞争存在，就一定会一天比一天好。

我为什么讲这两点？原因其实很简单，在一个社会组织中，资本逐利是最市场化、最具有竞争性的。它是靠什么来竞争？我们不妨研究下这个问题。当前，很多人觉得经济不好，企业家、商人都觉得赚不到钱了，工人、教师等都觉得工资不涨了。对于这个现象，我要说，大部分人认为企业不赚钱不是好事情，但我认为不是这样，因为一个完全竞争的市场就是意味着企业肯定不能轻松赚钱。

观察资产产品图谱（见图11-1），若按收益率由低到高来排序，可以由国债、储蓄、企业债、股票、实业、私募股权、基金、房地产、艺术品等组成。早几年前，在这张图谱中，无论是楼市、股市，还是私募股权、艺术品，除了低风险、低收益的国债、储蓄等，人们在其他几乎每个资产领域都能赚很多钱；但这些年，我们发现几乎每个领域都没有利润了，于是，大家开始感到迷茫。这背后的主要原因，我认为正是资本真正地发挥了市场功能，竞争和流动性抹平了所有领域的超额利润。

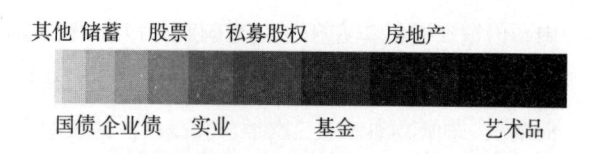

```
其他  储蓄   股票    私募股权      房地产

国债 企业债   实业        基金       艺术品
```

注：颜色由浅到深表示收益率由低到高。

图 11-1 资产产品图谱

在这个时点，从国家角度来说，我们行进到一个转折点，这个转折点其实在证监会前主席郭树清答记者问时也能体现出来。此前不久，有记者问郭树清对"新政"的看法，郭树清自己很谦虚地说，他没有新政。

我觉得不是这样，因为他就任后提出了"多层次资本市场建设"这个概念。多层次资本市场建设的一个重要目的，就是让资本真正地为国民经济服务、为中小企业服务、为创新型企业服务、为投资者服务。新政一年来，大家可能觉得比较悲观，没有赚到钱，看不到希望，原因在哪里？有四个重要原因：第一，我们当初建立资本市场时，是以股票融资为目的的，所有组织建设都是围绕股票融资展开的，当时没有想过资本市场是为投资者服务的，是为那么多储蓄寻找更好的投资机会服务的，自然，它的组织建设，它的理念都是有失偏颇的，整个资产图谱里的各类资产是割裂的、封闭的。

第二，整个资本市场建设过程中人才缺乏。众多复杂的金融改革需要有足够的人才去推动和组织实施。目前，几乎所有参与者，包括我在内，仍然沉浸在以前的思维方式和行为方式中，这需要一个转变的过程。但是，我相信，随着时间的推移，这个过程一定会一步步往前推进，而这个往前走的过程一定会推动整个资本市场向更高层次的阶段发展。

第三，股票市场本身发生了变化。在这个过程中，资产图谱会出现什么样的情况，这是大家最关心的，也是我最想分享的。2011年开始，我一直在说，希望个人投资者、散户赶紧离开股票市场。资本市场开始竞争、开始市场化后，由于资金的逐利性，一定会出现的情形是：哪个领域、哪个行业有超额收益，资金就蜂拥到那个领域、那个行业，而蜂拥而入的结果一定是收益率的下降。

就股票市场而言，2007年是一个峰值，因为2007年以前股市是独立的，是割裂的市场，股票供给非常有限，在供给有限的背景下，个人投资者的行为方式是博弈，简单而言就是：我买了某只股票，如果被套了，只要拿在手里就好了。因为股票供给是有限的，只要市场有需求，一定会把手中股票的价格推起来，不愁没有人给你解套。但是，2007年以后，股市的整个格局发生了变化，股权分置改革完成后，中小板出来了，创业板出来了，市场化的改革方向下，股票供应已经趋于无限，股票不再是稀缺资源。此外，如果股票市场有超额回报，股东们都会减持，这种减持的结果，大家都可以看见。股票市场发生了巨大变化，但投资者的行为方式并没有发生改变，很多老百姓还想着我买了，被套住了就放着，也不会有什么影响。

第四，中国的企业和产业结构发生了变化。2007年前，企业的竞争优势很简单，只要有资金就有竞争优势。当时，整个社会是一个资本稀缺的社会，因此，做企业能够融到钱就等于有了竞争优势，企业就能生存，甚至能过得很好。但是，2007年以后，融资环境发生了很大的变化，企业可以通过多种融资渠道去获得资金，资金不再是制约企业发展的主要因素了。你能看到，任何一家企业，只要有百分之十几的毛利，就有很多人愿意去投资，投资以后就指望它上市，指望着通过二级市场退出。2012年，最典型的例子就是光伏行业，原来在高速发展时期，产品供不应求，企业利润率高，于是很多私募蜂拥而入。的确，中国很难找出一个像太阳能这么高速增长的行业，平均每年保持30%以上的增长。在2012年这个时间点，预计未来太阳能行业的增长可能还在50%以上。但这个行业最后还是没有躲过重大整合，为什么？它的产能过剩了5倍，如果年均50%的增长，多少年才能把产能消化完？股市里有很多这样的企业，由于没有核心技术，它们的竞争力在不断衰退，没有办法保护自己的利润。

从整体上来说，股票市场已经是一个开放性的市场，而且这一过程会不断地推进，什么时候会结束？我曾说，假设市场上有100家上市公司，没有人愿意当它们的大股东，它们的股票总是跌一跌涨一涨，涨一涨还会跌一跌，它们就找不到平衡点。当然，还有另外的平衡点，**如果各类资产不再是封闭的、割裂的，那么，随着一个资产领域商机的破灭，新的商机必然会在另一个资产领域诞生。**

我们要对中国经济充满信心，整个资产图谱打通的过程会不断推进，这其中最重要的参与者就是证券公司、各类金融中介。如果没有金融中介，没有证券公司，那么这张图谱的打通会受到很大限制。未来，随着制度建设的进一步完善，证券公司应对市场变化的能力进一步增强，我提到的资产产品图谱应该成为每一个投资人最关心的一张图谱，各类资产会按照风险收益回报不断地调整。

在这个过程中，我们自然可以得出一个想法和一个结论。一个想法是，希望散户离开这个市场，把资金委托给专业投资者；一个结论是，机构投资者现在才刚刚开始起步。因为，作为个人来说，资产图谱中这么多类资产，很难得到及时、全面的分析；同时，个人还要把资产图谱中这些资产做一个组合，就更不容易了。**关于股票投资，我觉得在这个起点上，我们应该越来越充满信心，关键是要找到有核心竞争力、不会轻易被打垮的行业和公司。**

> 本文是作者 2012 年 11 月在由东方证券和北京大学经济管理学院联合主办的"资本市场发展论坛"上分享的内容。

对谈 1　资本市场转向买方时代

主持人： 回头来看，你经历了券商主导的时代，也经历了基金主导的时代，现在正在经历基金公司、规范化的券商和私募，甚至大股东共同主导的时代，你如何理解当前的资本市场？你碰到过哪些挑战？你们为什么能取得这么好的业绩？

王国斌： 我们都是一群热爱投资的人，我们始终都在探索建立一个拥抱不确定未来的团队。我不在意当期表现有多好，而在意我们能在这个行业待多久。在我们这个领域，如果一个人有耐心在一线做投资10年、20年，甚至更久的时间，那他大概率会成为市场上最有声望的投资家。我们从1998年起就这么想，我们希望能够在这个行业长期做下去。

在资本市场长期投资并生存下来其实是一件非常难的事情。我经常对员工说，我现在感觉这个行业挺好，因为你每天有变化，有期待，你不知道明天会发生什么事。但是这个行业有两个毛病：第一，每天时间过得太快，我们大部分时间在看资料，看完资料就做交易，做完交易一转眼五六个小时就没了，一年一转眼就过去了；第二，真正让你舒心的日子不会太多，因为从投资角度来说，每个成功的投资都会伴随折磨的过程。

> 卖方市场逐步向买方市场转化，这个过程必然导致估值重构的过程。

主持人：中国股市只有 20 年，而别人可能有 200 年的历史。中国正处在一种转轨时期，股市也是从一个高估值到一个市场合理估值的过程，会面临很多的挑战。因为经济周期波动很大，市场本身估值波动也更大。这种情况下，比如一只成长股，之前的市场给它三四十倍市盈率，突然之间变成 15 倍的市盈率或者更低了，那这种情况下你们怎么办呢？在碰到这个挑战的过程中，你是怎样建立、完善并坚持你的价值投资体系的？

王国斌：我觉得中国股市从 2007 年"股改"完成以后，进入了一个分水岭。从 2010 年开始，我经常说整个资本市场已经从卖方时代转向买方时代了。因为"股改"没有完成以前，股票是供不应求的，投资者可以靠博弈取胜，可以有很多荒唐的做法，被套住了也没问题。因为股票供不应求，只要有耐心，总是有人来给你解套。

但从 2007 年开始，股票供给出现了转变，这是资本市场的第一个演变过程。**在某个意义上说，股票已经变成了开放式供**

给，就是卖方市场逐步向买方市场转化。这个过程必然导致估值重构的过程。大部分投资者对此仅仅是一闪念而过，就把它忘了，2011年，投资者的痛苦正是源于此。进入买方时代的时候，股市整体的估值，还是处于一个卖方时代的估值，是供不应求状态的估值。这样的估值必然要重构，这个后知后觉的过程正深刻地影响着现在，并且这个过程还会继续下去。最受伤害的将是散户投资者，他们在后知后觉中会有大面积的价值损毁过程。

主持人：大家都心存侥幸，策略上准备得没那么快。

王国斌：监管机构、交易所、证券公司、上市公司、基金公司、保险公司、社保基金、财经媒体、财经公关、个人投资者等构成了资本市场生态圈。**在这样一个生态链中，二级市场投资者是整个生态链上最脆弱的一环，如果一只证券的生命周期像一根火柴，那么IPO是火柴刚刚点燃，后面是不断在传递的，二级市场的投资者接到的是已经快要烧到头的那一段，很可能就会烧到手。**

主持人：烧到的是手，接过来的是灰烬。

王国斌：所以投资者要清楚地认识到自己在资本市场生态圈中处于一个什么样的位置，要知道在如此危险的境地中应怎样保护自己。

从2007年开始的第二个演变过程也很可怕。以前中国企业的竞争中有一个要素，企业只要有钱，生存就没问题。由于获得资本并不容易，资金就成为你的竞争优势之一，是你的壁垒。但2007年出现了一个巨大的变化，就是中小板和创业板上市。巨大的财富效应，加上改革开放积累的社会财富，使得风投大规模出现，只要一个经营模式有30%以上的毛利，7%～8%的净利，就一定有私募或者风投来投资。如果没有核心竞争力，企业非常容易出现产能供过于求。所以，2007年以后，很多中小板企业的生命周期非常短，收入在增长，但毛利不断下降，最后"大非"[1]只有出逃一条路。我曾经开玩笑说，如有100家上市公司没人愿意当大股东时，资本市场的估值重构将会告一段落。

所以，在这些因素作用下，整个资本市场转入一个买方时代，很多企业有可能就一蹶不振了，加上证监会对重组的良好规范，我们整个股市可能要真正回到一个价值投资的时代，内地股市会"香港化"，有很多股票会变成仙股[2]。

在卖方时代，上市公司在与投资者博弈时，上市公司的地位压过投资者，但是当这个市场变为一个买方市场时，所有的上市公司确实需要去正视投资者。我觉得这是整个资本市场一个巨大的变化。

---

[1] 较大数量的限售股票。——编者注
[2] 仙股之说，最初源于香港的股市，特指市值跌至1元以下的股票。——编者注

这个过程会进行得很缓慢，但这个趋势一定是不变的。资本市场交易的是金融产品，其内在价值的不确定性、复杂金融产品越来越多、金融资产的高速换手，这三个问题促使金融领域成为外行冒充内行、欺诈盛行的肥沃土壤。如今，在互联网的强大作用力下，博客、在线网站、个人大户、交易经纪人、媒体帮助这个行业高速成长，但同时也造就了轻率的、充斥着不实信息的投资文化。我们正在高速进入"去专业化"的时代。这一现象，使得看到资本市场买方时代到来的人并不少，但真正拥抱变化和实施转变的人却不多。

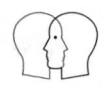

> 价值投资者渐入佳境，对有准备的人来说是很好的机会。

主持人：尤其是2010、2011年两年，绝大多数人都看到或感觉到了买方时代的到来，但最后都越陷越深，整个基金行业也损失惨重。

王国斌：大众太过热衷于短期的操作，70年前凯恩斯在他的《就业、利息和货币通论》中就已经极富洞察力和预见性地做出了精辟的分析。他说：

> 首先，在今天，根据真正的长期预期进行投资已经很难，那些企图这样做的人，肯定要比那些试图以超过群众的精确程度来猜测群众行为的人，花费更多的精

力，还会冒更大的风险。在智力相同的情况下，前者可能要犯较多的灾难性的错误。

其次，生命的期间是不够长的，人类的本性需要快速的成果；人类在快速赚钱方面，有着特殊的热情。所以，不去预测一项投资的长期收益，而仅仅对几个月后社会成规中决定股票的基础加以预测——这种机智上的斗争（凯恩斯称之为"选美"或"叫停游戏"），并不一定意味着拿大众的鱼肉去填充专业经营者的肠胃，斗争可以在专业经营者之间进行。专业的投资者就不得不努力在新闻和社会气氛中预测即将来临的某些因素的改变，因为人类已有经验证明这些因素最能影响市场的群众心理。在一个以所谓的流动性为目标进行组织的投资市场中，这是一个不可避免的结果。在传统的理财守则中，肯定没有比流动性崇拜更加不利于社会的条目了。

这正是当下众多投资者的生动写照。我年轻时曾开玩笑说："做什么都怕人多，就是炒股不怕人多，人越多越有利于机构。"

华尔街有句谚语："在盲人的国度里，有一只眼睛的就是国王。"巴菲特也认为，要深刻理解个人和机构投机者的行为，因为他们的行为无意中为价值投资者创造了机会。因此，**买方时代的到来，会让价值投资者渐入佳境，但是这个过程伴随着极为痛苦的回归的过程**。当然，在可以做多元化选择的今天，对有准备的人也许是很好的机会。

主持人： 就是说价值投资者终于熬到这一天，整个游戏规则开始向有利于他的方向转了；但与此同时，这段时期估值体系又会因为买方时代的到来，发生整体下移或重塑的变化。价值投资者在这轮后知后觉的过程中也很难幸免于难。

王国斌： 谁也不能幸免于难，没有谁能幸免于难，但价值投资者会恢复得很快。而且，随着整个社会资本回报的平均化，股市从风险收益角度将越来越有吸引力，价值投资者将迎来真正的春天。

主持人： 这个时候怎么活下来呢？怎么让自己能活到解放那一天呢？

王国斌： "规则决定竞争"。不同的市场阶段，会有不同的游戏规则，需要有不同的策略与之相匹配。比如，在股票供不应求时，博弈是能够赚钱的，那么可以跟很多人去博弈，然而过了这个阶段后，博弈的成分就需降低，光靠博弈是不够的。可惜的是，愿意去分析和接受市场变化元素的人却很少。

所以，在投资上你一定要想办法保护自己，最好的方式就是一定要寻找有护城河的企业。我们公司去年整体投资表现是不错的，我们一直在强调怎么去寻找护城河等要素，一直培养，或者说一直强调这种素质。

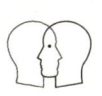

> 在投资行动之前,投资者先用模型对整个市场进行一次全面的检查和扫描,然后根据结果做出投资决策。

主持人: 未来中国资本市场的道路一定是一个逐步转轨的过程,会有一类选手做得特别好,比如价值型选手可能就有优势,或者是常胜将军?

王国斌: 投资上很难说有常胜将军,也有很多不同的风格能够实现短期的成功投资。尤其在中国,因为整体上来说,中国市场的约束条件很不一般,很不一样。

举一个最简单的例子:公司治理。在成熟的资本市场里,公司治理基本上可以用一种常规化的方式看待。而中国没有哪两家公司的治理可以用完全相同的方式分析,一定要具体问题具体分析,这是我们的工作量要比别人大得多的原因。就算是性质一模一样的两家公司,在某个点上一闪念的想法不一样,公司治理就是不一样的。

所以,我们还在发展量化投资。统计学和计量经济学可以带来一些非常好的投资思想。如果你不能战胜它,就加入它。相对于定性投资,定量投资的最大特点就是利用数学模型对任何投资思想定量化。模型对于定量投资的辅助作用就像CT机等精密的医疗仪器对于医生的作用。在投资行动之前,投资者先用模型对整个市场进行一次全面的检查和扫描,然后根据结果做出投资决策。

> 本文摘自作者 2012 年 1 月接受资深投资人理森的采访的实录。

第二部分

互联网改变中国

12
看得见的未来

> 假如你想在月球上居住，若已经具备某些条件，你要思考它是否还违反了物理学原理。如果没有违反，那就一定能实现，只不过是时间问题。以前也许需要1 000年，但现在不需要那么久了。

对我们来说，投资管理中最重要的一件事是什么呢？我想最重要的工作之一是预测未来。而未来能不能被预测？做了10年、20年投资的人会发现，未来确实很难被预测，因为你不知道哪些工具可以用来预测未来。过去，我们预测未来只能玩拼图游戏，或者是盲人摸象，但今天来看，我认为未来已经大概率地可以看得见了。

为什么这么说呢？我认为催生未来的很多因素都已经泛滥了。经济学博士肖风在其《投资革命》一书的最后引用美国科幻小说家威廉·吉布森（William Ford Gibson）的话，"未来早已到来，只是还未普及"，说的正是这个意思。过去，我们预测未来为什么没有更好的办法呢？实际上，这与我们自身视角的局限有关。

小说《三体》里提到了"射手假说"和"农场主假说"。"射手假说"讲了一个故事，有一名神枪手，他在一个靶子上每隔10厘米打一个洞，他打了很多枪之后，设想这个靶子的平面上生活着一种二维的智能生物，它们中的科学家通过对自己的宇宙观察后发现一个伟大的定律："宇宙每隔10厘米必然会有一个洞。"它们把三维空间中这个神枪手的一个偶然行为，看成了自己宇宙中的一个定律。"农场主假说"听起来有点毛骨悚然。它讲的是，一个农场里有一群火鸡，农场主每天中午11点给火鸡喂食。火鸡中的一名科学家观察这个现象，一直观察了近一年都没有例外，于是它也发现了自己的宇宙中的伟大定律："每天中午11点就有食物降临，我们很幸福。"它在感恩节那天早晨向火鸡公布了这个定律，但这天中午11点，它们在等着食物降临时，农场主进来把所有的火鸡都捉出去杀了。过去，我们对未来的推测可能也是这么进行的。

然而今天，当我们从月球上、从太空中，回望我们生活的地球时，当我们回望5万年以来的人类进化史，或者缩短点再向前看5 000年的历史时，实际上我们可以总结出很多东西，也许它们能帮助我们预测或看清未来。

还是从故事开始吧。不知大家是否看过科普经典名著《从一到无穷大》，书中一开始讲了一个"大数"的故事。国际象棋的发明者、古印度的宰相西萨·班·达依尔把国际象棋献给了国王，这个国王酷爱博弈，非常喜欢这个发明，打算重赏宰相。这位聪明的宰相看起来并不贪心，跪在国王面前说："陛下，请在这张棋盘的第一个小格内赏给我 1 粒麦子；在第二个小格内放 2 粒，第三格放 4 粒，照这样下去，每一格都比前一格加一倍。陛下啊，把这样摆满棋盘上所有 64 格的麦子都赏给您的仆人吧！"国王觉得宰相所求不多，心里为自己对这样一件奇妙的发明所许下的慷慨赏诺不致破费太多而暗喜。他就令人开始放麦粒，结果很快就能看出，即便拿出全印度的麦子，也兑现不了诺言。要知道，放到第 32 格的时候，一共要放 40 亿粒麦子，当进入象棋后半盘的时候，所有数据已经脱离人类常识了。当放到第 64 格的时候，所有麦子加起来超过 1 880 亿亿粒，这个数字比人类 2 000 年来所生产的所有小麦总和还多。这是一个很惊人的数字。这个国王该怎么办呢？要么欠债，要么把宰相杀了。如果宰相是个从事投资的人，如果他不能看见未来，不能预测到未来将出现的结果，那他要么被别人杀掉，要么就自杀。

研究发现，拉长整个历史来看，我们可以越来越清晰地看到指数增长的规律，这个规律是当发展进入棋盘下半盘时，发展将超越我们的常识。著名杂志《连线》的创始主编凯文·凯利（Kevin Kelly）在《技术元素》一书中提到："技术元素的巨大力量并非来自其规模，而是来自其自我增强的天性。"《技术的本质》[①]对此做了更多的论证。现在我们看到的很多经济现象都与这点有关，换句话说，我们现在遇到的很多困惑，我认为都跟我

---

① 经济学家布莱恩·阿瑟（Brian Arthur）作品，技术理论体系的先河之作，打开"技术黑箱"的钥匙。其中文简体字版已由湛庐策划，浙江人民出版社 2018 年出版。——编者注

们对技术自我增强的天性没有足够的认识有关。比如美国经济和中国经济，一个发展得热火朝天，进入另一个发展阶段；一个则处于转型期，努力避免陷入中等收入陷阱。很大的原因是中国整个社会从2006年开始进入另外一个加速发展的时期。

在此之前，甚至2 000年以前整个历史，200年资本主义发展的历史，技术进步带来的摩尔定律效应只在单点出现。当技术达到一定高峰的时候，发展拐点就会开始出现，经济进而陷入周期循环中。2006年以后，有了前面30多年的技术积累，很多领域已经呈现指数增长的累积效应。伴随着计算能力的提升，大量东西已经被数据化，创新成本越来越低，包括众筹在内，很多技术和组织进化都开始帮助社会和工业进入一个指数增长的轨道。指数增长最可怕的地方是超越我们的常识，它前面所有的增长都非常缓慢且平稳，开始时我们容易忽略它的影响，但是往后面发展的时候，过了某个临界点，增长线忽然之间就竖起来了。肖风在书中还提到了威廉·吉布森的一句话："我不必描述未来。对大多数人而言，现在同未来一样惊悚。"说实话，我处在一种惊恐的状态已经很长时间了，我们这些企业管理者、投资者，走到哪里都能听到别人在说要颠覆你。**大家要清楚，这个时代颠覆的是企业家，颠覆的是过去成功的一些方式，包括商业模式、管理方式和组织方式，企业家正在经受前所未有的挑战。**

如果我们不能假设未来是对过去某些模式的重复，那么预测未来就是在掷骰子。我们首先要假设未来的很多模式是对过去的重复，然后再去研究哪些模式是可重复的，这样，未来在大概率上是可以被看见的。未来与重复过去、周期与趋势、信号与噪声，这些预测未来的模式，在过去一直在重复，多数事物都是周期性的，这是投资时思考问题、预测未来非常重要的框架。过去做投资时，如果你胡乱假设，在无视周期的情况下推断趋势，那一定会造成灭顶之灾。但现在，我认为指数增长将是另一个可重复的模式，因此关于未来，我有一个很简单的结论，因为摩尔定律的广泛化，在单点出现，周期和趋势的表现方式将出现很多变化，也会出现叠加效应；在某个点上停顿的时候，实际上会在其他领域再出现。这是我们现在预测未来时，要注意跟过去一味重复周期所不一样的地方。

关于互联网，2014年舆论说得最多的是互联网思维。我前不久在一个微信群里看到一段很有意思的话，有一个论坛，请了五代企业家发言，分别是"00后""90后""80后""70后""60后""50后"，谈论各自的创业观、创新观。"00后"说，未来世界是开源的，也是我的。我，可以推动世界！"90后"说，什么是互联网思维，我不知道，我们就生活在互联网世界中。"80后"说，移动互联网世界的机会很多，很多痛点需要解决，满足小痛点，成就大未来。"70后"说，未来是人工智能和机器人的时代，抓住机会，适应社会。"60后"说，世界上有很多低成本的钱，会率先进入具有盈利模式的企业中，未来中国有全球最大规模的中产阶层，把好的盈利模式和低成本的钱引进来的机会会有很多。"50后"说，我给你们当顾问。从上面的发言来看，实际上，如果我们现在还要再去讨论互联网思维，就已经落伍了。我们已经不需要讨论互联网思维了，因为"00后"和"90

后"已经生活在互联网世界中，我们应该考虑的是互联网是怎么重塑这个世界的。

我们要预测未来，要看趋势。我多次说，"互联网不是未来趋势了，你不互联网化，必然会死，这才是未来趋势"。巴菲特所推崇的傻瓜都能经营的公司现在已经很难再找到。产品的生命周期在迅速缩短。李嘉诚投资的公司里，有两家公司的产品是颠覆性的。一个是用植物蛋白生产的鸡蛋，其不含胆固醇，目前已经投产且在香港销售了。未来随着这种鸡蛋的成本下降，销量一定会上去。另一个就是人工生产的鸡肉，也是用植物蛋白做的，据说请专业的厨师来品尝都分不出真假。曾经我觉得某些产品的生命周期可以很长，但现在我会突然觉得某些产品的生命周期可能需要重估，因为你不知道哪里会杀出一些革新者。

对"80后""90后"的年轻人来说，不存在互联网思维，因为互联网对他们来说很普遍，就像我们每时每刻都在用的电。拉长100年的历史来比较，互联网和当年电力的普及及影响差别不大。电刚发明出来的时候，大家都是自建电厂，美国当时有5万多座发电厂。当时怎么用电也是一门很深的学问。从投资的角度看，这样的项目或产品不仅投入大，而且发展缓慢、艰难，后来，出现了公共电网，电的使用才普及。2006年以前我们对互联网的理解和应用，与早期电力的普及和应用多么相似呀！到今天，我想问问银行、基金公司和证券公司的朋友，大家每年在信息技术方面的投资是多少？另外，信息技术和互联网一样吗？我认为它们之间没有关系，我并不认为大量购买机器、设备就是互联网。真正的互联网公用网络已经出现在大家面前了，腾讯、阿里等提供了巨大的公用网络。我们想用互联网很简单，就像插上电一样！谁不费力地把电给接上了？举个例子，山东蓝翔挖掘机学校没有花什么钱做宣传，知名度就这么提高了，插上的就是互联网的这个"电网"。现在无数的年轻人和他们的公司都没有自己置办"电厂"，因为他们已经不需要建那些基础设施。反过来讲，现在还没有用上"电"的企业，我觉得投资者完全可以做空，因为它们"毫无悬念"会灭亡。

我认为互联网时代有这样几点逻辑需要大家重视。

- 我想引用梭罗在其著作《瓦尔登湖》中的话，这是100多年前他对我们所处这个时代的精神最好的预言，"智慧不是知识，不是经验，不是思辨，而是超越以自我为中心的态度"。"知道自己知道什么，也知道自己不知道什么，这才是真正的知识"。(《论语》："知之为知之，不知为不知，是知也。") 我认为这是互联网思维的核心逻辑，前者告诉我们要以用户为中心，后者要求我们分享和合作。
- 建立互联网思维，你不仅要有超越以自我为中心的态度，还要能知道自己知道什么，以及自己不知道什么。你超越了以自我为中心才会去想以用户为中心。你去看互联网行业所有的企业，一定是坚持以用户为中心、坚持人性导向，不以用户为中心肯定不行。互联网是很"奇怪的"，可以让人性发挥得淋漓尽致——免费、高品质的需求是人性很重要的部分。自由、免费、高品质就是自由经济制度下人的天性。

- 人工智能和机器人时代,人类唯一的稀缺资源是时间,谁占用别人的时间多,谁就有价值。互联网时代,你投入的是时间和感情,输出的是使用频次和感情。任何和互联网有关的平台,看你"进去"之后的感情和"出来"之后的感情有没有变化,就知道有没有价值。你的感情变化越大,互联网的价值就一定越大。
- 知道自己知道什么,你就得分享;知道自己不知道什么,你就得协作。托克维尔曾说:"在民主国家,关于如何联合协作的知识,是一切知识之母。其他所有的进步都有赖于这一点的进步。"我们的社会越来越依赖于"如何协作",协作创新现在已经成为一项基本的技能。我觉得众筹的伟大之处就是人类在协作创新上做了一个很有益的探索。

所以,对我们来讲,现在要去判断或者预测未来的时候,上面这些知识就成了非常重要的参照。在此,我也谈谈我对数字货币公司的了解。实际上,电子货币,以比特币为例,如果不认真读弗里德里希·冯·哈耶克(Friedrich von Hayek)的《货币的非国家化》,在理论上你可能还很难理解。我就碰到过一个不到20岁的后辈研究比特币,他对《货币的非国家化》一书的内容烂熟于胸。货币领域引入竞争机制,这背后有很多的理论基础。我相信数字货币按照这种方式走下去,一定会出现更好的技术,届时所有的支付方式一定会发生改变。因为那时的体系,不仅能规避汇率风险,还能提高支付效率。这些展望无论是基于理论探讨还是今天的实践,都是可以通过分析看得见的。

回到预测未来思考框架中的周期和趋势。人们发现摩尔定律广泛地出现在很多领域，经济发展中的周期和趋势出现的方式也转变为叠加。2014年，美国经济遭遇大幅度的回落，而苹果公司、Illumina公司、iShares纳斯达克生物技术ETF（IBB）等股票好像都创了新高。这就涉及另一个问题，对宏观经济的研究和把握。我们对GDP的衡量方式是20世纪30年代发明的，而今天免费经济已经充斥于各个层面，那么，过去的衡量方式是否依然有效，会不会出问题，是不是宏观经济学落后于时代了？举个例子，我在演讲，某个美女坐在台下，我对她示好，她也回应了我，这个互动产生的价值是可以忽略的，但是现在几亿人间的互动都是通过发微信，这种价值在宏观经济里该如何衡量呢？如果这种价值只占整个GDP比重的5%～10%，可以忽略不计，问题是这个比重万一已经到了30%～40%，还能忽略不计吗？这也许就能够解释，虽然美国始终还没完全从2008年金融风暴中走出来，但股市却一直在创新高。

整体的宏观指标已经不能反映某些领域生机勃勃的经济景象。虽然我们一直在说宏观经济对投资有指导意义，但现在我更愿意强调自下而上。很多现象的经济周期，很可能已是另一种表现方式，投资上所谓的均值回归将会在一个更高平台的象限上产生，均值回归的力量将有所不同。

我们在投资企业时还应该注意的是，未来企业的竞争优势将更多地来源于无形资产。大家有机会可以去读一读《聚联网》这本书，书上说到很多企业将不需要任何资产。所以我们再去理解很多企业的护城河时，确实要改变很多观念。

有家做线上服装的公司叫蘑菇街，它的创始人陈琪在介绍公司业务时公布了一些数据，我在想，说不定这些信息可以推演到其他行业。我来分享几个简单的数据，蘑菇街的单件服装成交价基本在300元以下，顾客在这家公司的网站上购买一套服装所花费的时间差不多是两个小时，人均点击频次是3 000次。也就是说，单件价格在300元以下的实体服装店以后基本上无法大量存在，因为实体店永远提供不了线上店铺这样的体验。陈琪说，单件300～1 000元的服装店在线上和线下都不好做，单件1 000元以上的服装店在线上更难做，未来服装将更加个性化，品牌小众化。

不仅是服装，很多价格低的品牌要在线下做好的难度都将加大，同时加工企业的大规模生产方式也要改变，整个供应链也将面临改变。那些经营单件价格在200～300元商品的实体店，它们生存方式中的哪些改变意味着机会呢？总之，企业竞争优势的来源将完全发生改变，那么我们分析企业的时候自然也要换个角度了。不过，无论是管理还是分析投资企业，长期来说，自由现金流肯定是企业的万有引力定律。

回到我们投资管理行业，我们都知道要管理风险，投资的主要风险有两类，一类是亏损风险，还有一类是错失机会的风险。过去，即便是资深的专业人士，也很难把两类风险同时大幅度地减小或消除。但未来在大数据的帮助下，我认为有不少人能大幅度地同时消除这两种风险。随着掌握这样资源的人越来越多，我们的竞争对手会比过去强大得多得多。对我们来说，一方面，我们需要提高减少亏损的技术，另一方面，需要寻找更多的工具来帮助我们挖掘机会。关于大数据，爱因斯坦说过："Not everything that counts can be counted, and not everything that can be counted counts。"他的这4个count的语义都不一样，我们是不是可以理解为不是所有重要的东西都可以被统计，也不是所有能够用数据说话的东西都有意义？爱因斯坦把这句话挂在了他在普林斯顿大学办公室的墙上。

总之，对于未来，我最大的感受是，它是看得见的，同时一定要经常相信所谓的不可能。我最近经常说我小时候特别讨厌的一句话：不怕做不到，只怕想不到。在那个特殊时期，我们连饭都吃不饱了，还天天喊这个口号。但最近，我对这句话真是深有体会。**假如你想在月球上居住，若已经具备某些条件，那接下来你就要思考它是否还违反了物理学原理。如果没有违反那就一定能实现，只不过是时间问题。以前也许需要1 000年才能实现，但现在不需要那么久了。**全国各地总有一批又一批的年轻人在咖啡馆里谈论怎么开发新的商业模式来颠覆旧东西。作为企业家，现在这个时点绝对寝食难安。作为投资人，不警惕肯定也不行。所以我们千万不要在什么事情出现的时候就轻易地说"不可能"，你首先要想它有没有违反物理学原理、化学原理。我曾问过国内某位院士，量子计算机大概什么时候能够出现，他说现在还看不到。但一旦出现，如果用我们国内现在计算速度最快的计算机来计算的一个东西，在同样的结果下，用量子计算机来计算，0.1

毫秒就可以完成了。这简直无法想象。当计算速度可以达到那个程度的时候，奇点都可以让人们看得见了。

《人民日报》曾有一篇文章，写得很好，文章是这样说的："刚刚走上社会的年轻人常常自嘲是'屌丝'，抱怨在这个'二代'横行的世界里，别人有的是背景，而我有的只是背影。其实你的背景很硬。因为你的背景是这个时代。这不是一个嫌贫爱富的时代，规则正在取代关系。这是一个普通人的黄金时代。"就像凯文·凯利说的："你也许完全没有意识到，今日的前沿边界有多么开阔平坦。未来20年最伟大的发明，现在还没有出现，也许和现在还没有任何关联。我们正处于人类历史上开拓进取最好的时代，你没有迟到。"我觉得大家都没有迟到。

> 本文是作者2014年11月在"互联网如何改变投资管理行业"论坛上分享的内容。

13
"花外春来路，芳草不曾遮"

> 坦然地接受一年四季的更替，面对周期，不要用情感，而要用理智来判断。我们每天都处于变化的过程中，我们每日每月都会遇到从来没遇到过的事情。

在2016年这个时间点，我想先谈谈市场情绪。这一两年来，对人们影响最大的是舆论。我刚参加工作的时候，领导有句话："日子难过年年过，一年还比一年好过。"这两年，我不知道大家的日子是不是特别不好过，反正经济学家说日子是越来越不好过了。

但是从微观层面上，我只看到出门的人越来越多，比起几年前，现在出门选择坐飞机，买机票并不容易，高铁也是常常满员；你如果出去旅游，不管是国内还是国外，都是人满为患。未来，所谓的"黑天鹅"事件应该也会有很多很多。若从稍微长一点的视角来看，未来如果有什么巨大风险的话，我认为那都是"头条风险"（Headline Risk）。我们看看近来某些媒体的头条标题"2017年的悲观因素",这是比较温和的,只是说悲观因素,还有"从金融周期看,调整尚未开始",我不知道作者是从哪个角度得出来的结论。我看了一下标题,基本上就不会读下去了。有天晚上,我看到一个更"可怕"的标题——"今夜加息,全球冲击波来临"。我2016年亲身经历了两件事:脱欧公投时我在伦敦,美国大选那天我在北卡罗来纳州,并没有感受到多么剧烈的冲击。曾经,当世界发生某些大事的时候,我躺在床上,会觉得世界末日到了。然而,我起床出去上班,看到路上行人匆匆,各自赶路,我就想,世界还是这个样子。股市开盘后,我就从跌停板买到涨停板。**人们往往高估事件当下的反应,低估它的长期的影响。**

现在大家心理上不太能正视事件的长期影响,很有可能是因为"第五纵队理论家"越来越多。什么叫"第五纵队理论家"呢?回溯原点,比如十几年前国企改革那一次的理论讨论,就是某些所谓的外来理论家发起的,结果拖延了国企改革。现在我们可以看到越来越多的反市场、反竞争、反开放的论述,各种各样的论调比较多。但这些都是噪声。我认为未来5～10年仍然会有很多噪声。

情绪也是有周期属性的

长期经济增长是由多个因素带来的。5～10年内增长的一个很大的因素是科技创新,10～20年内是制度变革,30年左右是社会变迁。我们这个时点实际上是科技创新、制度变革、社会变迁三个因素结合在一起的。而且从我的观点来说，目前在中国，科技创新、制度变革、社会变迁三者都在一个正的方向汇集。之所以这两年大家情绪不好，很简单的一个原因就是大家不接受经济周期理论。《共同基金常识》[①]一书的开篇引用了一个故事。园丁对总统说："在花园里，草木生长顺应季节，有春夏，也有秋冬，然后又是春夏，只要草木的根基未受损伤，它们将顺利生长。"总统感慨道："这是很长时间以来，我听过最令人振奋和乐观的看法。我们中的很多人忘记了自然界与人类社会的相通之处。正如自然界一样，从长期看，我们的经济体系保持着稳定和理性，这就是我们不必害怕自然规律的原因……我们坦然接受不可避免的季节更替，却为经济的周期变动而烦恼。"**面对周期，我们不要用情感，而要用理智来判断。**

我们做投资的时候，有些东西是能预测的，有些东西是不能预测的。比如，我们所处的气候可以预测，但每天都是多少摄氏度没法准确预测。所以我去海南的时候，一般会带一件外套；如果是夏天去，我带西装肯定是脑子犯毛病了。所以在这个过程中，我们要判断当下的气候条件如何。不要因为处于冬天就情绪不好，而应该坦然地去接受春夏秋冬。

---

① 这本书介绍了作者约翰·博格（John Berger）一生的投资精华，用大量翔实的数据和事实诠释了简单和常识必然会胜过代价高昂且复杂的投资方法。该书中文简体字版已由湛庐策划，北京联合出版公司2017年出版。——编者注

此外，因效率和公平引起的情绪也有周期属性。效率和公平的周期大概是30年左右，经济发展过程中，效率和公平有时候是矛盾的，这个矛盾到一定的时候，一定会爆发。30年前，美国的金融业利润占整个工商业总利润的1/8左右，现在差不多占到1/3甚至2/5，金融业的发展促进了整个社会的进步，促进了整个社会效率的提升，但也加剧了两极分化。特朗普的很多竞选口号和当年里根的竞选口号其实没有太大的差别。里根当年竞选的口号就是，政府是最大问题所在，他上台后是要推翻现有政府政策的。30年前，不管是哪个国家的改革，本质都一样，都有可能导致很多效率方面的问题。一旦效率低下，人们的生活出现了问题，国家就要进行一些促进效率的改革。这是一个30年周期。

还有一类案例也可以解释我们当前的情绪。IBM创始人托马斯·沃森（Thomas J. Watson）在第二次世界大战的时候，接受任命去调查那些遇难的高级将领为什么发生飞机事故。结果他的调查牵扯到一个级别很高的将领，将领和驾驶员出发飞行时，哼起小调并唱起了歌，处于一种放松、愉快的状态。驾驶员一听他哼小调、打拍子，在没有达到足够的助跑距离时，就拉动起飞操纵杆，结果飞机就失事了。调查者问他："你那么专业，为什么明明知道飞机不能起飞却起飞了？"他说，他以为将军命令他要起飞了。为什么要说这个故事呢？在这种垂直的指挥体系里，因揣摩上级意图而造成的这种案例比比皆是。企业中如此，社会中也是如此。在一个垂直的社会里，揣摩上级意图会让所有专业人士失去判断力，甚至不说专业的话了。我们投资人，或者经济

13 "花外春来路，芳草不曾遮"

工作者，其实是有基本的商业常识的。但是社会却出现了很多违反商业常识的事，你会觉得很沮丧、很悲观。所以我们在往前走的过程中，"花外春来路，芳草不曾遮"，这些都是"荒草"，但实际上没有挡住我们前往"春天"的路。

讲到市场情绪与投资的关联，我想讲两个很重要的因素。

- 对同一个标的或不同标的来说，不同性格的人看法是不一样的。对做权益投资的人来说，要相信人类明天会比今天更好，时间是朋友。对做对冲基金的人来说，你可以不在乎明天比今天好，不好也可以，明天好当然更好，你可以不做任何预测。所以乐观的人和悲观的人对经济周期的反应是完全不同的。这是我后面要讲的假设前提之一。我们处于一个转型期，乐观的人看到的是转型期带来的巨大机会，悲观的人看到的是转型期带来的巨大冲击。

- 一般而言，我们每天都处于变化的过程中，每日每月都会遇到从来没遇到过的事情。结构性失衡的状态从来都存在。所以我们看问题时，很多因素是交织在一起的。我经常说，投资时考虑问题，你要把四个维度放在一起：信号还是噪声？趋势还是周期？同样一件事情，比如美国加息，有的人会把它看成信号，有的人会把它看成噪声；有的人可以把它看成趋势，有的人只是看到一个周期。在这两个维度下，你再去考虑社会是处于恐慌还是贪婪状态，而最后一个维度是价值和价格。

对长线投资来说,"不改变"是投资的朋友。巴菲特说:"我希望把所有不可预测的事情留给别人,而不是留给自己。"长线投资者希望周围的事物是不改变的,希望他吃的口香糖在5年以后还是这个味道;希望他喝的可口可乐在10年以后还是这个口味,不改变。

"改变"则是社会的朋友。改变可以带来很多商业的变化、产品的变化,但这种变化对企业的影响是负面的,对社会的影响是正面的。比如互联网,互联网的改变对社会的影响是非常积极的,但对于大部分企业来说,是会降低企业利润的。所以在股市里,我们需要有投机力量,没有投机就没有改变。如果一个市场整天要求你做价值投资,不让你做投机的话,那么,社会就不会有创新,社会是不会有改变的。

经济转型的冲击因素

经济转型对中国的冲击其实是挺大的,但这是必然的。关于冲击因素,我想从两个方面来讲。

- 我认为某些领域或某些行业的萧条是对过去繁荣的惩罚。根据《材料简史及材料未来》一书,2011—2013年3年间,中国使用水泥的总量超过美国整个20世纪使用的量。2011—2013年,我国水泥的使用总量是66亿吨,美国在过去1901—2000年的100年中,使用的水泥共计才45

亿吨。我们从这个数据就可以清楚地了解，中国过去那样的发展一定是不可持续的。

- 中国过去很多的政策，都是用来解决燃眉之急的。在企业经营方面，很多企业家都是短期化、功利性、投机性思维，习惯了短缺经济下的经营。董明珠说："中国的企业家缺乏真正以客户为中心的理念，将消费者需求作为概念，放大来欺骗消费者。"这讲的是以前的中国企业家。这样的企业如果可持续，天理难容。所以经济转型对这些企业的冲击是必然的。很多企业明知正在生产的产品存在缺陷，甚至有社会危害，也会推向市场。这种发展方式怎么可能可持续呢？经济转型怎么可能不冲击到它们呢？

我在2013年的一次内部讲话中就提到，中国正在开始结束劣币驱逐良币的时代。那些存在高污染、高能耗等问题的企业，受到冲击是必然的。所以我们要重新认识整个世界经济的版图、重新认识整个中国经济的版图。从那个时点开始，绿色、低能耗、高技术的企业其实从2013年、2014年开始就逐步地走向坦途。所以中国的转型，对那些企业的冲击都是应该冲击的地方。

我近来曾和一个朋友交流，他说他所在的城市关掉了几千家企业，但不包括他的企业，所以他的日子非常好过，利润不断上升。我说，被关掉的那几千家企业会对这个社会有什么影响吗？他说对社会没有太大影响，理由是，那几千家企业可能让很多人失业，但是整个社会的利润提高了很多，税收增加了很多。国家用这些增加的税收去解决那些失业的问题也是可行的。真正不得志的是那些无良的企业主，因为他们公司的发展受到了影响。这就是我们看到的整个社会在这个冲击的过程中的现象。这就是为什么我们说飞机、火车、出门旅行仍然是一个不断增长的趋势。这个社会在重整。

我对中国未来 5～10 年是很乐观的。原因很简单，我们"60 后"大约有 2.2 亿人，"70 后"大约有 2.2 亿人，"80 后"也大约有 2.2 亿人，"90 后"大约有 1.7 亿人，"00 后"大约有 1.6 亿人[①]，人口基数是我感到乐观的基础。我们整个社会已经或者即将进入"70 后""80 后"走向主战场的经济。不管是作为创业者、劳动者，还是作为消费者，不管是经济实力还是知识结构，这样一个群体的素质都是中国历史上前所未有的。我跟高善文博士讨论过，我说，我刚进北大校园的时候，每个月担心的是到月末粮票不够用，怕吃不饱。而且，我们小时候并没有好好接受教育的条件，"60 后"就是这样一代人。但"70 后""80 后"不是这样的，无论是经济基础、学识、素质，还是社会提供的具备优越条件的舞台，都是前所未有的。

至于 20 年以后，我们可以做预测，到那时，中国的经济增长情况可能会相当悲观。我们可以预见一下，到"00 后""10 后"走向社会主战场的时候，他们四五亿人要养多少 65 岁以上的人？宏观经济增长到那一天会停止，除非机器人、人工智能可能做出改变，因为那个时候一个机器人取代 30 个甚至 50 个劳

---

① 数据截至 2016 年 12 月。人口结构图可参见本书图 4-1。——编者注

13 "花外春来路，芳草不曾遮"

动力都有可能。但是从人均的角度来说，到那个时间点，经济增长的压力非常大，这是宏观层面。微观层面没问题，微观层面就是指"00后"这个年龄段还有大约1.5亿人。

这样一个庞大的人口体量，我们从微观上去分析，还是有很多积极变化的。小康梦仍是这个社会最大的动力。我们可以看见，世界上只有中国人到处在开会，中国到处有论坛、读书会。虽然其他国家也有，但没有中国这么多。中国有足够的人群去追求有品质的生活，消费升级动力非常强劲。

我们有两个发动机，一个是消费拉动，一个是技术革命。这两个发动机足以把中国从一个传统经济推进到一个新的经济中。从总体的结构上来说，很多人刚刚结束温饱状态，仍然对更美好的生活有较多需求。消费升级仍然是中国经济增长最大的推动力。从经济增长潜力上来说，作为"60后"，我现在打交道的"60后"的企业家比例急速下降，我已经看到越来越多"70后""80后"的企业家，新一代已经快速成长起来。还有中国人口目前的年龄结构、受教育程度，决定了中国的产业将是多样化、多场景、多系统的。技术使用最重要的不是技术本身，而是要有好的应用场景。这是很多技术能在中国迅速推广的原因。我在2016年去剑桥待过几天，一个非常强烈的感受，英国的基础研究是非常先进的，我们现在看到的很多技术方面的突破，最初均来自英国。但是英国那些技术的应用场景不够，到最后不是卖给美国，就是卖给其他国家。这样的案例非常多。但是中国不一样，中国有非常多的应用场景。有了这些应用场景，技术就可以迅速得到推广。

我们可以做一个假设，即便中国未来的经济增长速度下降到3%～4%，仍是全球第二大经济体，仍将能产生大量的经济需求。在2016年这个时间点，我们可以确信，未来5～10年中国仍是世界第二大经济体，中国这个第二大经济体，一定比当年第二大经济体的日本要大得多，我们对此可以非常乐观。

关于汇率问题，我想说，汇率一定是个问题。我们知道二级市场不能让某种预期形成，一旦让某种预期形成，价值就会暂时失去意义。所以在二级市场里面，预期是最可怕的东西，预期的力量比价值本身的力量大。但是大家回过头去看，我们的汇率从8.28一直上升到6左右的时候，中国的出口增长了多少。汇率上升了近50%，中国的出口增长从占世界的3%，一直到14%。所以，虽然汇率是很大的问题，但是我不认为最终会影响中国第二大经济体的位置。这样庞大的一个经济体，企业家大有可为。

另外，我国的工业门类非常齐全，产业链非常完整，这样的一个市场，让中国人的韧性、弹性非常强。这就是这几年中国经济在转型的过程中始终能保持6%～7%增速的重要因素。而且，我非常认可全面建成小康、全面深化改革、全面依法治国、全面从严治党。这对所有真正的企业家来说，都是巨大的创造性机会。新的消费品、新的生产方式、新的运输方式、新的市场原料、新的组织方式在未来5～10年一定会层出不穷。绿色、低能耗、可持续企业高速发展的空间非常大。

13 "花外春来路，芳草不曾遮"

我经常说的一句话就是，"屋内老人垂垂老矣，屋外孩子呱呱落地"，你的未来如何取决于你怎么看待它。中国和美国之间出现了很特殊的关系，我的看法是，中国强大的国防需求，其实对技术的提升、产业竞争的提升会起到意想不到的作用。美国所有的技术进步来源之一就是国防研究。我第一次去美国还是在 2000 年之前，当时我就感受到了这点。我们对中国创新要有信心。我在 2016 年去谷歌时，一个同学邀请我一起去听讲座。只要是上班时间，谷歌每天都有一两个讲座，请的主讲人都是全球各个领域著名的专家，所有员工可以随便去听。那天谷歌请的是研究中国创新的著名教授，他讲了中国创新，他说，中国创新是被其他国家低估的，这就是他的结论，也是谷歌邀请他去讲的原因。

麦肯锡的报告，其实非常清晰地告诉了我们，中国在聚焦客户和效率创新方面，是有极大优势的。中国的生态系统，包括比日本大 4 倍的供应商体系、1.5 亿具有经验的工厂工人和现代化基础设施，在效率驱动创新上，中国巨大的市场规模和发展健全的供应链，给中国企业家提供了 15%～20% 的成本优势。但中国还需要在基础工程和基础科学的创新方面付出很多努力。比如医药研究，其实它一定是基于基础研究推动的，没有基础研究，就没有医药方面的进步。医药进步与基础研究一定不是相关关系，而是因果关系。

在这方面，我们的创新实际上也在很多方面迎头赶上。我有很多亲身经历，我在北大的很多同学于 2009 年或 2010 年回国创业，现在他们的企业状况非常好。从2009年做到现在，他们的研究水平非常好。我曾开玩笑说过，这一代中有不少独生子女家庭，这种家庭结构对企业的发展是有消极影响的。因为企业家往往需要传承人，但如果他只有一个孩子，而孩子不想接班他的事业，那传承就难以继续。然而换一个角度来看，独生子女家庭现象对创新创业来说又是有好处的。不少工薪家庭愿意倾力送子女出国读书、做研究。这些孩子中的大多数往往会选择回到祖国，留在国外的概率是很小的。他们回来后，利用所学去做基础研究、做科研，这对国内下一步的技术发展会起到很大的作用。

还有一个创新就是，中国的组织模式并没有形成顽固的根基，国内企业家也没有严重的惯性和需要克服的思维习惯，在组织上企业家是能够做出很多创新的，这就是中国能够产生那么多互联网企业组织的原因。

我们中国人很容易受一些书的影响，《从0到1》这本书对中国企业界的影响很大，但是我这么多年得出的结论是，我觉得在中国可能是要反过来看问题，尤其对于我们做权益投资的。从0到1在中国其实并不难，但由于政治、历史、文化、制度、社会心理等各种各样的因素，所以从1做到N比较困难。那样的企业家是要有组织能力、分享精神等很多要素的。所以你可以看到很多人在中国做天使投资时，失败率是比较高的。如果讲供给侧改革，最大的供给侧改革应该是创造供给企业家的环境。任何一个社会，不管是提供就业、税收，还是解决社会问题，真正做事的人是企业家。所以从这个意义上来说，我们要珍惜那些已经成功的企业。在某个意义上，这也是过去这些年二级市场容易被高估的原因之一。

所以很多时候，我们不要仅以感情来判断，更要用理智。我们要通过洞察那些创造性破坏和驱动力来看待整个社会和经济的增长。

1931年人们挤在伦敦街头看电视的场景，我自己也有相似的经历。20世纪70年代，我们的镇上、街上就是这样的场景，我们在学校里看女排夺冠时，都是在高处摆一个电视，下面再摆一排一排的凳子，凳子上再站上人。

微软于1994年用33万张纸告诉世界，一张光盘的容量比这33万张纸的容量都多。而我们现在连光盘都不用了。所以大家可以想象，"改变"是有利于社会进步的，但是"改变"不是投资的朋友。

另外，连接全世界也是中国企业巨大的机会。如果大家有机会，可以去统计一下过去20年日本涨得最好的公司。日本的经济在过去20年中是衰退的，但有很多公司的股票涨得非常好，其中有一类就是业务实现了国际化的公司。互联网为中国企业家提供了连接全世界的机会。**企业家要去想想，如何满足世界60亿人群的消费，可以围绕这些消费去创造发明。**

最后一部分，我分享一下2016年一些权益市场的统计数据，不一定对，但数据都做了，因为我有自己的一些判断，并且突然发现这些数据和我的判断吻合，又强化了我的一些观点。2010—2016年，中国整个市场总市值的分布越来越倾向于业绩差的公司，总市值在扣非净利润2亿元以下的公司的占比越来越大，融资买入额也体现投资资金的流向，整个市场剔除金融、房地产企业的融资买入额后，大幅集中在业绩较差的公司。即使看相对排名，也可以看出业绩前2%的公司的融资买入额越来越低，中国整个资本市场的资金使用效率非常低。从经济演变的角度来说，确实是有各种各样的周期，大家可以去看看美国标普500中行业权重变化，在能源泡沫、互联网泡沫，还有金融危机时相关行业的占比情况。2003年至今，中国金融行业在万得全A指数中的市值占比已经有所下降，但是仍然还超过20%。周期性行业的占比在2008年之后持续下降，而信息技术、医疗保健、可选消费行业的市值占比则在不断上升。股市上总体来说，我们的资金使用效率其实并不高。这里就预示着另外一些机会的开端。

总体上，一方面，我认为做空力量已经变得比较迟钝。比较迟钝的原因是"头条风险""标题风险"很多。资金供给整个非流通股的解禁压力没有原来那么大，流通市值占比稳定在70%左右，趋于稳健的下降通道中。

另一方面，资金供需上，解禁压力在2016年和2017年是比较能够持平的。而2016年产业资本的减持力度在减弱，这里我们要做归因分析。资金供需情况可以看募集额，如果大家不去看再融资的话，新股发行的吸金情况对市场的影响不超过市场1

13 "花外春来路，芳草不曾遮"

天的交易量，2017年若700家全部上市发行，我估计也不超过1天的交易量。中小企业基本面在持续改善。中小企业净利润同比四个季度之后首次转正，其中中证500指数成分股的贡献是最大的。再一个，全市场中小企业的ROE均显著反转，据2016年第一季度的报告，全市场企业的ROE基本上保持在10%左右，连中小企业的ROE、中证500指数成分股的ROE，也都明显回升了。全市场企业的有息负债率基本保持在45%左右，中小企业的有息负债率连续四个季度在下降。

从微观层面上看，我的体会非常多，现在的企业，以及很多居民确实是很有钱的。很多一级市场的估值一点都不比二级市场便宜。如果严格按市场的选股标准来选股权投资项目的话，我在2016年拜访了相当多的这种企业，却很难碰到合适的。很多人说一级市场比二级市场便宜很多，是因为仅仅拿中小板七八十倍甚至100多倍的市盈率来比较，没有拿整个市场的市盈率来比较。很多估值标的，业务比它们还好的企业，估值比它们还低。这就是保险资金大规模进入二级市场的原因。

中小企业的现金流状况也在持续改善，整个市场的现金流相比净利润基本保持在2倍左右，中小企业的现金流状况是不错的。全市场的估值稳定在21倍左右，另外我统计的时候剔除了金融股和ST股。创业板的估值持续下降，很多持续盈利的公司，大家一定要高度重视它们的整体转型，淘汰那些低环保的企业，这样的结果是，对自己要求严格的企业一定会造成垄断。所以第一，市场一定要有竞争；第二，竞争的结果一定是寡头垄断。假如二级市场里出现越来越多的寡头垄断型企业，这些企业的边际收益会越来越高。所以从现在开始，一定要认真关心持续盈利的公司。

国企上市公司现在的整体估值并不高，在 15 倍左右，民企上市公司整体估值高达 46 倍。国企上市公司的 ROE 与民企上市公司的 ROE 水平基本保持一致。如果国企上市公司能在未来略微有改革的话，改善之后的业绩增速可能会上升。以前大家热衷于炒中小板、小股票，原因是整体结构性失衡始终存在，我们一定要利用好结构性失衡的机会。从 2006 年开始，国企上市公司的市值占总市值的比重持续下降，如果维持现在这个状态，2017 年几百家新公司上市以后，基本可以判断，民企上市公司在市场上的比重要超过国企上市公司。

截至 2016 年 12 月，A 股的证券化率在 79% 左右，如果包括港股、新三板，以及我们在海外上市的股票，那么证券化率在 100% 左右，高于全球平均水平，但与美国和英国相比还是较低的。所以如果假设未来，中国每年还能保持 6% 的经济增长速度，按中国 2015 年 GDP 是 68.89 万亿元来计算，整个市场总体的市值应该还有很大的上升空间。

下面，我想谈谈资本市场中一些确定性因素。**做权益投资是很有意思的，没有东西是确定的，但是当你扣扳机的时候，一定要寻找确定性的东西。这是一对"矛盾"。**你如果没有确定性判断，不管你认为是均值回归还是大概率事件，只有你当时脑子里产生了一种确定性的想法后才能扣扳机。所以真正的决策是在不确定性中去寻找确定性的东西。

哪些东西是确定性的？

- "不改变"容易预测，"改变"则不容易预测。未来 5 年有很多不改变的因素，因为我们的经济还要增长，而且方向很明确，就是绿色、低能耗、可持续。
- 未来的技术细节很难预测，但是未来的技术趋势是可以预测的，可以看到一些非常清晰的技术趋势。只是未来几年内，应该还没有革命性变化的技术。所以现在很多企业会处于一个相对的稳定期。
- 市场热点的切换时机不可预测，但是热钱的宣泄是可以预测的，热钱只在几个地方涌现，很明确，而且大家也可以看见，它的宣泄是必然的。

所以总体上来说，我的结论是：无近虑，有远忧。什么叫有远忧？10 年以后，第一，从人口结构上看中国有远忧。第二，一个国家经济的成功发展不是必然的，也不是理所当然的，它的成功发展一定是走对了哪条路。如果某条路走错了，它会从繁华堕落到衰败不堪。我在 2016 年时走访了很多国家、很多地方，看到了很多昔日非常繁华、发达的地区，现在破败不堪。过去 100 多年间就有很多例子，比如古巴、伊朗、缅甸、底特律、曼彻斯特、里昂。《万历十五年》一书的英文原版书名"1587, A Year of No Significance"翻译过来是"1587，无关紧要的一年"，所谓无关紧要的一年，其实酝酿着中国在 1587 年之后的几百年整体的衰败。为什么会衰败？一是技术因素，二是它走错了发展道路。所有的国家都在探索往哪个方向走，这就是远忧，但是我们做投资不需要担心。

为什么无近虑？可从两个角度去考虑，第一，中国会不会发生金融风暴？近些年所有人都担心中国会发生金融风暴；第二，如果中国发生了金融风暴，经济会不会被摧毁？我的结论是，**中国不会发生金融风暴，即便发生金融风暴，中国的经济体在不久的时间内也能迅速恢复。**

我再详细阐述一点，要发生金融风暴，有非常重要的两点值得思考。第一，它一定会发生多米诺骨牌效应。在美国或者其他国家，发生金融风暴时是发生了多米诺骨牌效应的。但是这个多米诺骨牌效应，在政府伸出那只手的时候，在政府有能力时是可以拦住的。至少在我们看来，中国政府的手一定有能力，在未来 5～10 年中能够拦住。这是不用怀疑的。这是我的第一个结论。发生金融风暴一定有很多要素，这些要素某些方面在我国目前还没有具备，所以不可能。

第二，即便发生金融风暴，又怎么样呢？美国每 10 年有一次金融危机，每 30 年有一次巨大的金融危机，经济体 30 年是一个周期，危机是一定会有的。社会变迁也是以 30 年为一个单位的。英国每 10 年、20 年也会发生一次金融风暴，欧洲许多国家也是这样。近处，日本、韩国都发生过非常严重的由金融泡沫造成的崩溃，当年整个东京可以买下整个美国，但后来东京的房地产从高点到2016年跌了70%多。即便这样，日本也并没有被打垮，经济还恢复得很好，从那以后，日元还一直在升值呢。韩国也恢复得很好。

哪些国家在发生金融风暴以后不容易恢复？是俄罗斯、土耳其、巴基斯坦、南非、墨西哥、巴西。大家再去做一下归因分析，不容易恢复的这些国家最大的问题是，它们没有强有力的制造业、没有完整的工业体系，都是仅靠资源或者没有资源、没有禀赋优势的经济体。金融危机一旦来临就非常糟糕。比如巴基斯坦，它的工业体系中，出口主要是纺织业，只要油价一上涨，问题就出来了：农产品、化肥、农药都是来自石油产品。灌溉用的、耕种用的能源也是石油，油价的上涨直接导致农产品价格的上涨。然后，它的通胀水平就极速上升，所以很容易出现巨大的波动。中国有完整的工业体系，有这么强大的制造业，是能够抵抗金融风暴冲击的。所以在上述这两个因素下，我们没有近虑。而且每一次"黑天鹅"事件的爆发反倒都是机会。在竞争对手因为恐惧、因为不确定退出的时候，那就是价值投资者的最佳时刻。

> 本文是作者2016年12月在安信证券投资策略会上分享的内容。

14
牛市还是熊市应该在意吗

> 事情重不重要和你能不能做到是两回事。在投资实践上，你要做的是你能做的事，而不是你认为重要却没能力去做的事。

投资者往往都比较关心当前是牛市还是熊市，因为宏观经济在投资中非常重要。重要在哪里？每位投资者都生活在对未来进行估计的世界中，在投资上，未来是唯一重要的。如果投资者能正确地预测经济中的重要转折点，那么无论是自上而下还是自下而上，收益都特别大。如果能够买到最低点，卖到最高点，那更是投资者梦寐以求的。

宏观经济为什么重要

股利贴现模型（DDM）中有三个重要的因素：企业盈利、市场利率以及风险偏好。这三点的未来变化，都要从微观的角度扩展到宏观的角度来考察，所以我们的常识是，宏观经济非常重要。问题是，有人可以准确地预测未来的宏观经济吗？有谁旗帜鲜明地告诉你他预测到的不确定性吗？更重要的是，预测者本身理性客观吗？

大家如果有机会，可以了解一下宏观经济学的发展史，它的起因是跟战争密切相关的。整个宏观经济的发展是从19世纪50年代开始，当时美国有了一些宏观经济统计数据的记录，到20世纪30年代逐步形成了体系，到现在不到200年。在这200年的时间里，虽然我们可以获得的数据越来越多，但我们对经济周期预测的准确性并没有很大的提高。具备提前做出准确预测这种本事的经济学家没有几个。有那么多人在费尽心机地进行经济预测，并不是因为预测得很成功，恰恰相反，是因为人们预测得都不成功。**所以我在投资上，信奉一个原则，不过度考虑宏观问题。**我一开始学习投资是通过阅读彼得·林奇的书籍，他有一句话影响了我，他说，他每年只考虑宏观经济5分钟。我在2016年说过，宏观上无近虑、有远忧。对未来几年，不需要有太多的担心，但要对更远的未来有深深的忧虑。

经济预测为什么这么难

当然也有经济学家对宏观经济的预测非常准确。杰里米·西格尔在其著作《股市长线法宝》一书中讲过一个故事，1987年夏天，一位备受尊崇的经济学家曾经向众多投资者、分析师、经纪人做了一次演讲，以解答他们所面临的共同问题。比如，目前的牛市是否合理，经济是否健康，股价能持续创新高吗？这位经济学家极其乐观。他预言，在1987年之后的一年中，美国的实际GDP将增长4%，3年内不会出现经济衰退，作为驱动股价上涨因素之一的公司利润将在未来至少3年内以两位数的增长率上升。这位经济学家在做完这场演讲后不久，美国爆发了一场史上最为惨烈股市的下跌，其中包括1987年10月19日创下的单日跌幅23%的历史纪录。在短短的几个星期里，大多数股票的价格都跌到了他演讲时价格的一半以下。但最具讽刺意味的是，这位经济学家乐观的预测都是正确的。这是一个悖论。确实有少数经济学家可以经常预测到未来的经济情况，问题是有太多的经济学家预测不准，即便预测准确，发生的概率也不高，所以人们对预测准确的经济学家也是不太信任的。

预测未来的经济为什么这么难，经济学家为什么没有预测到2008年的经济危机？最主要的几个原因有下面几条。

- 经济数据中充满噪声。数据的可靠性有多大，人们是最清楚的。
- 经济变化莫测。
- 相关的两个经济变量未必是互为因果的。某些数据涉及的不是10个、20个经济变量，而是成千上万的经济变量，要区分这些经济变量是相关关系还是因果关系是非常难的。
- 经济是一个动态系统，不是一个简单的方程式。

- 经济预测中不可避免地存在偏见。这是最主要的原因。所以预测是很难的。

1966年，美国著名经济学家保罗·萨缪尔森说过："近几十年来发生了5次经济衰退，而股票市场信号却表明经济衰退发生了9次。"他的名言至今仍然是正确的。1994年，巴菲特说过："就算美联储主席格林斯潘趴在我耳边告诉我未来两年美国准备采取的货币政策，我也丝毫不会改变我的决策。"彼得·林奇也说过："我非常希望自己能正确预测市场和经济衰退，然而这是不可能的，所以只要投资像巴菲特所说的高回报公司就可以了。"

股市与宏观经济

我的观点是，宏观经济状况与股市相关性并不高。我们做了一个统计，GDP增速与股市表现的相关性不大，只有45%，可解释度较弱。股市真的是经济的晴雨表吗？1945—2012年，美国道琼斯指数有13次跌幅超过10%，但后续经济都没有发生衰退，所以股市也不一定是经济的晴雨表。即便股市和宏观经济的相关性很强，其对投资的指导意义也不是特别大。

那么，货币政策和股市有没有什么关系？有没有指导意义？我们做过一个统计，1992年之后，在美国市场，股市与货币政策之间的关系开始变得不太可靠。其间，出现多次美联储收紧货币政策（比如加息）而标普500持续攀升的情况。1994—2012年，美联储在首次放松银根时买入股票、首次紧缩银根时卖出股票时，大盘在此期间的累积收益率为55%，而那些实施买入持有策略的投资者实现的收益率为212%，几乎是前者的4倍。股票市场和货币政策在美国不存在一一对应的关系，同样，在中国，A股市值与银行存款准备金利率也不存在一一对应的关系（见图14-1）。

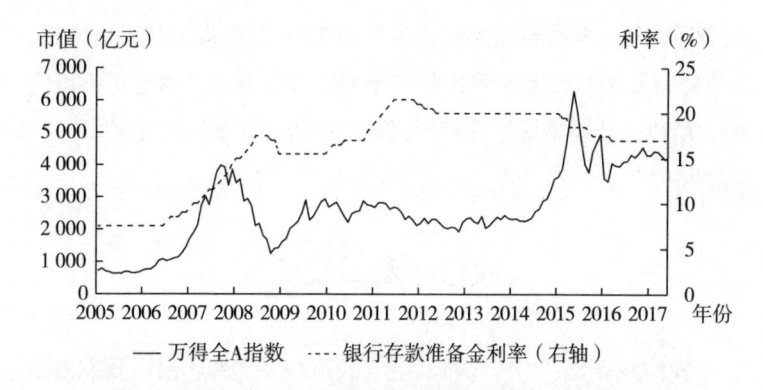

图14-1 2005—2017年A股市值与银行存款准备金利率的变化

资料来源：万得资讯。

投资者只有在牛市能赚钱，而在熊市赚不到钱吗？这个结论不对，表14-1列举的所有基金都战胜了市场。当然不管是牛市还是熊市，总有基金能大幅地战胜市场。我的经验是，我喜欢熊市和平衡市，既能获取收益，又能战胜市场。

我们做了统计，2005至2017年6月，从股票型基金（剔除指数基金、指数增强基金）和偏股型混合型基金的表现来看，基金在牛市中很难获得超额收益,在熊市和震荡市中反而比较容易获得超额收益,有较高的战胜市场的概率。

表 14-1 股票型基金和偏股型混合型基金的分年表现
(2005 年至 2017 年 6 月)

年份	均值(%)	中位数(%)	市场收益率(%)	战胜市场表现比例(%)
2005	2.98	2.96	−11.52	100.00
2006	122.54	121.70	111.90	68.42
2007	124.54	123.76	166.21	6.30
2008	−50.22	−50.93	−62.92	98.86
2009	68.78	70.40	105.47	2.38
2010	3.84	3.57	−6.88	88.76
2011	−24.53	−24.15	−22.42	36.16
2012	5.29	4.66	4.68	49.86
2013	16.50	14.46	5.44	79.95
2014	24.59	23.24	52.44	5.90
2015	46.95	46.03	38.50	60.09
2016	−14.13	−14.06	−12.91	44.44
2017	2.68	2.46	−1.27	67.12

资料来源:万得资讯。

股票是长期投资的最佳品种

图 14-2 显示,如果长期持有,股票是年化复合收益率最高的投资品种。

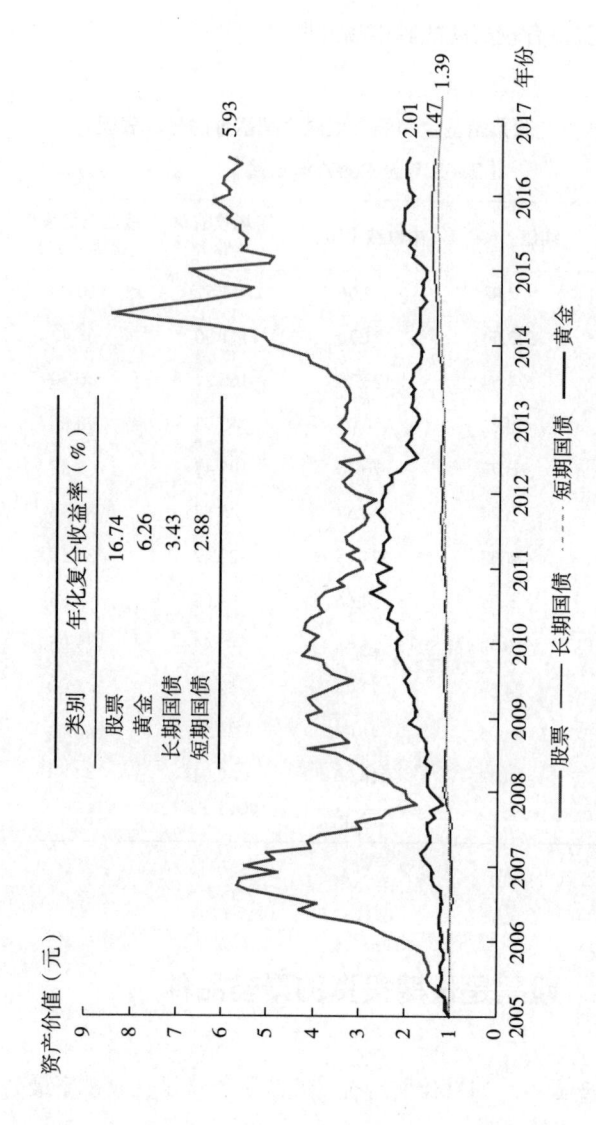

图 14-2 2005年1月至2017年6月不同资产的年化复合收益率

类别	年化复合收益率（%）
股票	16.74
黄金	6.26
长期国债	3.43
短期国债	2.88

资料来源：万得资讯。

14 牛市还是熊市应该在意吗

而且,耐心与坚持是投资最好的朋友,不管是价值股、绩优股,还是小盘股,任何一个投资策略 2005 年至 2017 年 6 月的年化复合收益率都在 15% 附近,不分上下(见表 14-2)。

表 14-2　2005 年至 2017 年 6 月不同类型股票的年化复合收益率

年份	万得全 A 指数(%)	绩优股(%)	小盘股(%)	价值股(%)
2005	-10.10	0.25	-5.45	2.07
2006	111.90	110.72	66.04	128.26
2007	166.20	182.81	146.84	192.29
2008	-62.90	-68.03	-52.68	-68.12
2009	105.50	125.14	129.56	116.43
2010	-6.90	-15.59	29.05	-19.58
2011	-22.40	-24.05	-32.13	-21.66
2012	4.70	15.87	0.27	9.62
2013	5.40	-6.50	21.74	-9.56
2014	52.40	37.17	37.07	61.07
2015	38.50	25.05	60.63	15.83
2016	-12.90	-8.60	-20.80	-6.22
2017	-1.60	13.82	-11.00	10.30
年化复合收益率	14.70	14.32	16.83	14.88

资料来源:万得资讯。

牛市和熊市对长期投资者来说并不重要,2005 年至 2017 年 6 月,如果始终选择低估值、成长稳定类股票,年化复合收益率为 18.20%,年化超额收益率为 3.46%(见表 14-3)。

表 14-3 低估值、成长稳定类股票的年化复合收益率

年份	万得全 A 指数(%)	绩优股(%)	年化超额收益率(%)
2005	−10.10	4.71	14.81
2006	111.90	99.20	−12.70
2007	166.20	166.53	0.32
2008	−62.90	−58.37	4.55
2009	105.50	110.47	5.01
2010	−6.90	5.53	12.40
2011	−22.40	−22.32	0.10
2012	4.70	7.47	2.79
2013	5.40	9.64	4.20
2014	52.40	40.89	−11.55
2015	38.50	37.14	−1.36
2016	−12.90	−10.50	2.41
2017	−1.60	−0.66	0.91
年化复合收益率	14.70	18.20	3.46

资料来源：万得资讯。

即使在 2008 年的最高点买入，持有至今仍然会获得 40% 的收益。我不知道这个统计数据是不是噪声，但是这跟我 20 多年的投资经验是吻合的。

对长期投资者而言牛熊并不重要

并非所有投资策略都需要在意是牛市还是熊市。对于投资者

来说，应该考虑的首要问题就是投资策略。从投资策略图谱（见图14-3）上看，有基于相信市场有效还是市场无效的策略，也有长期的和短期的策略。**在最无效的市场中，大家可以做价值投资，在最有效的市场中，只能做指数投资。如果你选择了基于价值投资的长期策略，以及基于市场有效的指数化策略，是没有必要在意牛市还是熊市的。**短期策略分两类，第一类是根据趋势，根据价格的数量模式技术分析进行投资，这类也不需要考虑是牛市还是熊市；第二类短期策略需要考虑短期的变化，即基于基本面加预期的变化。唯一需要在意是牛市还是熊市的就是短期策略中的第二类。我始终假设自己没这个能力，这样我的投资策略就能建立在自己没有能力准确预测的基础上。

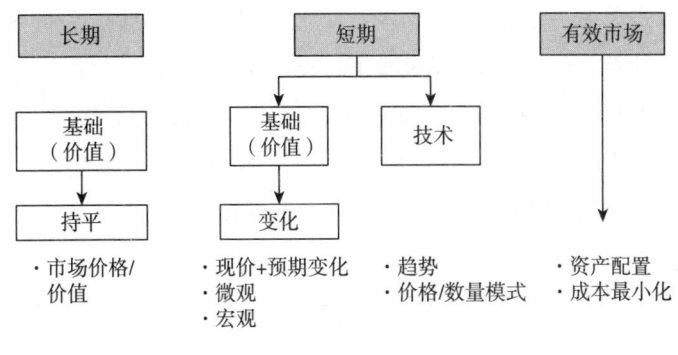

```
长期                短期              有效市场
 │                ┌──┴──┐              │
 ▼                ▼     ▼              │
基础            基础    技术            │
（价值）       （价值）                 │
 │                │                    │
 ▼                ▼                    ▼
持平             变化
·市场价格/      ·现价+预期变化  ·趋势        ·资产配置
 价值           ·微观          ·价格/数量模式 ·成本最小化
                ·宏观
```

图14-3 投资策略图谱

说到短期，我说点跟前面不一样的观点。我拜访了大量公司，市场中新龙头公司的成长性要大大超过所谓的新兴公司的成长性，现在市值在300亿～500亿元或超过500亿元的很多公司市盈率相对盈利增长比率（以下简称PEG）不到1，而那些小公司的PEG甚至大于2或3，所以，现在龙头公司的成长性绝对超过市值50亿元以下的公司的成长性。而且，收购重组也只有龙头公司的份儿，没有中小公司的份儿。

总结起来，部分短期变化的策略是需要在意是牛市还是熊市的，但更多的投资策略可以不需要关心是牛市还是熊市。

尊重市场，相信未来

为什么有很多人坚持时机选择的投资策略？原因是什么？既是投资者贪图快速获利的企图在起作用，也是现在的市场格局造成的结果。在相对排名的制度下，投资者更关心相对的表现，一个星期、一个月的相对表现。所以在这里，时机选择就成为一个非常重要的因素。证券行业有一个经营上的秘密，那就是该行业特别喜欢行业排名，为什么？由于我们没有能力预测经济，无法左右我们面对的经济环境，也无法规划经营成果，唯有希望通过比别人做得更好，用更靠前的排名来获得市场青睐。这种策略是不对的，原因是其出发点不是靠做的事情更正确来吸引客户，而是靠比别人相对排名更靠前。

我当年负责投资研究的时候，曾经设想过一个理想的投资方式。先找一群宏观经济学家对未来的经济走势做一个判断，判断之后就知道哪些行业是能增长的，哪些行业是不能增长的，接下来再做个股筛选，这样从宏观到行业再到个股一条线做下来，这个过程，我当时觉得很完美。但结果发现，即便每个环节成功的概率达到70%，最终成功的概率也实在是太低了，更何况每个环节预测成功的概率远远低于70%。

《长线》一书是讲述美国资本集团公司（Capital Group，以下简称Capital）成功之道的。作者在"投资"一章中曾引用他们投资领袖的一段话："传统的投资战略家根据经济发展和股市之间的逻辑关系这一假设，先提出他们对经济的看法，再选择合适的经济部门、行业和公司进行投资。我从事普通股票证券管理已有40多年，如果经济发展和股票价格之间存在任何可预测的联系，那这种联系肯定是逃过了我的注意。"Capital是唯一一家在过去10年、20年、30年、40年、50年和70年的长期投资中连续创造投资神话的大型投资公司。

事情重不重要和你能不能做到是两回事。在投资实践上，你要做的是你能做的事，而不是你认为重要却没能力去做的事。我们这些年做投资总是纠结于牛市和熊市是不对的。

如果我们很难预测未来，没法在意是牛市还是熊市，那我们需要寻找一种对时机选择要求不是非常高的投资策略，尽量少去预测。只有这样做，才能减少犯错误的概率。可供选择的时机越多，犯错的可能性越大。买入并持有的价值投资是不需要用太多时机选择来做投资决策的策略。我们不反对投资人去扩大自己的能力范围，找到更多的工具来提高自上而下的宏观判断能力。我们也不反对做时机选择，关键是看做对的概率有多高。以整个市场目前的情况来看，机构行为因为做了过多的时机选择，只会助涨助跌，倒是为价值投资者创造了机会。

我们作为投资者，最重要的是尊重市场、相信未来。我引用《投资最重要的事》一书中文版的作者序言与大家分享：

> 接受是我的重要主旨之一：接受周期与变化的必然性，接受事物的随机性，从而接受未来的不可预知性与不可控性。接受能够带来平静，在其他投资者失去冷静的时候，这是一笔伟大的财富。接受的结果便是在投资中拥有行之有效的耐性：对新投资策略的引入与新客户关系的巩固所需要的时间保持耐性，也对正确的投资策略得到证实的时间保持耐性。接受、平静与耐性，都是令我深受触动的中国思想的精髓……一种有效投资理念的形成需要数年乃至数十年的时间：多年在市场上的摸爬滚打、事件观察与总结经验教训。

最后，我想用古罗马诗人贺拉斯在《诗艺》中的一句话结束本文："现在已然衰朽者，将来可能重放异彩；现在备受青睐者，将来却可能日渐衰朽。"大家不要纠结于价值和成长，也不要纠结于牛市和熊市。

> 本文是作者 2017 年 6 月在天风证券中期策略会上分享的内容。

15

互联网改变中国

> 中国社会正变得更加开放、多元,人们的世界观、价值观更加丰富多样。从这个角度说,互联网不仅仅是一种技术,更是一种价值、一种文化。

中国持续繁荣的新出路

在 2013 年这个时间点,关于整个社会的情况,我们可以用一个关键词来说明,那就是"焦虑"。不管是政治体制改革、经济结构转型、社会安全稳定、文化道德传承,还是与人们生活息息相关的医疗、教育、住房、养老、食品安全等方面,人们都有着不同程度的焦虑。

经济层面,资本边际回报率和全要素生产率遭遇增长瓶颈,人口红利看起来即将消失,产能过剩、债务累积、房价高企、资产泡沫、资本外逃等现象愈见严重。研究资本市场宏观经济的专业人士越研究就越悲观,越悲观就越焦虑。有人说,中国经济问题的本质是"顶层设计"问题，如果相关问题得到比较好的解决，中国的经济问题至少能解决一大半。这就不难理解，为什么无数专家、学者、各类经济参与者都将希望寄托于自上而下的"顶层设计"，期待政府高层能够加大社会各项制度改革的力度。

中国需要寻找持续繁荣的新出路。但出路在哪里？我们所有人忽略了什么？我想，我们忽略了我们自己！从社会学、经济学等角度看，我们其实已进入一个新时代。

2004 年，Facebook 出现了。2006 年，"网民"成为美国《时代周刊》评选出的年度人物。《时代周刊》对此解释说："社会正从机构向个人过渡，个人正在成为'新数字时代民主社会'的公民，今年的年度人物将是互联网上内容的所有使用者和创造者。"

2011 年，微信出现了。2013 年，我跟腾讯的朋友在一起交流，他告诉我，微信用户已超过 4 亿人，海外用户达 4 000 多万人，每天新用户的增长量保持在几十万的数量级，尤其在东南亚等国家增速更加明显，以微博、微信为代表的互联网正在改变着我们。

互联网是新型基础设施

为什么互联网能够改变我们？

我认为，互联网是一种新型的基础设施。正如腾讯的创办人马化腾所说："互联网的信息技术通过互联网的方式，对很多传统行业的改变，甚至不亚于电的发明对所有传统行业的改变。"这样比较的话，可能大家就比较容易理解了。以前各行各业在有电之后和有电之前是什么样的区别，互联网带来的也是类似的效果。所以，除了纯互联网带来改变的力量相当于电力行业本身，互联网业界以外其实是有很多跟其他行业结合之后产生的一些升级，我觉得有很多的事情可以做。

回头来看20世纪初的电力行业。当时，美国拥有5万多个私人发电装置、3 600座中央电厂。新技术的推广使得电力供应集中于大型中央电厂，公用电网在美国供电格局中的占比迅速提升：1907年为40%，1920年达到70%，1930年升至80%，随后很快升至90%以上。电力的统一供应释放出工业革命的全部力量，廉价的电力改变了人们的日常生活和经济活动，驱动了工业机器、家用电器及照明电灯的普及，让大规模生产成为可能，从而降低生产成本进而扩大产品的用户规模。

如果没有电力这一基础设施，我们无法想象今天我们习以为常的大规模流水线生产、低成本产品如何实现。**现在，互联网正成为一种新型的基础设施，随之产生的互联网经济，必将迅猛而深刻地改变商业世界的竞争态势乃至游戏规则。**

2012年，IBM对全球1 700多位CEO进行了一次调研。当问及未来3～5年影响组织的关键外部因素时，技术名列第一。

这是开展此调研以来技术首次排名第一，而互联网经济的崛起被视为当前最重要的经济因素。

事实上，互联网经济并不是一个新概念。以互联网的出现为标志，互联网经济的萌芽和发展已经有20年的历史了。但直到最近几年，移动设备的社会化应用改变了人与人、人与组织、组织与组织之间的沟通方式；随着物联网、传感网络将物理系统与社会系统越来越紧密地连接在一起，互联网经济逐渐渗透到工业生产、商业流通、社会管理等各个领域，直至最近几年真正形成崛起之势，改变着世界。

1992年，《波士顿环球报》报道了一起天主教牧师性侵儿童的案件，最终的处理结果是，主教把该牧师调换到另一教区便草草收场。10年后，类似的丑闻再次发生，同样的情节，同样的媒体，甚至是同一位牧师，而事件的结局却大不相同。罪犯被绳之以法，试图包庇的主教迫于公众压力引咎辞职。这个案例表明，正是社会化工具消除了集体行动的障碍，实现了信息共享，方便了人们行使监督权，最终改变了结果，促进了社会进步。

2013年，淘宝网开通了北京、上海、广州等18个省市的600多家医院门诊和7万多名专家的预约服务。互联网创造了一种信任，让更多的人相互信任并因此受益，也让我们国家的经济发展提高了效率。

在互联网时代，我们需要以新的视角来理解传统的经济学框架。2007年出版的《维基经济学》一书，提出了四个全新的商业法则：开放、对等、共享、全球运作。于是，很多人开始重新思考建立在大规模协作上的新商业模式以及我们的世界。随后的几年里，互联网快速发展。2010年出版的《宏观维基经济学》提出了五个法则：协作、开放、分享、正直、互相依赖。于是人们开始更深地探讨全球网络协作将如何改变世界现状。如果说《维基经济学》着眼于互联网对个别商业的影响，《宏观维基经济学》则着眼于维基经济学对一些现代社会核心体系的震动，比如金融、能源、交通、气候、教育、科学、医疗、媒体、音乐、电影、出版、政府、民主等。

我觉得互联网就是一个关于"创造性破坏"的熊彼特的故事。强有力的、新的经济和社会创新模式正在席卷一切。在新的经济和社会创新模式下，只要你有动力、有专业知识，就可以利用新的网络工具有所作为，让整个世界更繁荣、更公正、更加能够持续发展。《移动浪潮》是一本值得读的书，书中说，如果你了解这个浪潮，你就知道如何驾驭它；如果你冥顽不化，就将被它吞噬。

举个例子，我们也可以看看哈佛大学医学院，它的个体医疗实验室一直使用亚马逊的云计算平台，用于转换科学和仿真研究。这个实验室就好像一间虚拟实验室，无论在什么地方，云计算平台都可以创建一个访问这个互联网虚拟实验室的通用路径。哈佛大学医学院的个体医疗实验室通过云计算平台具备的资源共享、可扩展性、高可用性、高容错率、快速部署、按需付费、集约高效等特征，极大地降低了科研费用，在商业上也高效地降低了经济网络的运行成本。

《Google 将带来什么？》这本书告诉我们：

当我们在谈论谷歌时代的时候，我们其实是在谈论一个新的社会。谷歌规则就是这个新社会的规则，它建立在联系、链接、透明、开放、公众、倾听、信任、智慧、宽容、效率、市场、散众、平台、网络、速度和丰饶的基础之上。新一代人和他们的新世界观会改变我们看待世界的方式，改变我们与世界打交道的方式，改变商业、政府和各种公共组织与我们打交道的方式，并且还只是刚刚开始。

互联网正在改变中国

美国已经进入了互联网时代，中国有没有进入互联网时代？我觉得从 2012 年开始，中国越来越迅速地进入互联网时代。根据中国互联网络信息中心的数据显示，截至 2012 年 12 月底，我国网民规模达 5.64 亿，互联网普及率为 42.1%；我国手机网民规模达 4.2 亿，网民中使用手机上网的人群占比达 74.5%，这是一个非常庞大的人群。

从经济层面来看，过去 10 年，中国互联网经济一直保持高于GDP 5倍的强势增长势头。网络对实体经济的渗透正在逐步增强，简单按照中国互联网公司估值初步计算，阿里巴巴（1 000亿美元）、腾讯（740亿美元）、百度（350亿美元）、京东（100亿美元）、网易（82亿美元）等公司的合计总市值达1.4万亿元人民币，在尚未考虑其他互联网公司的前提下，大概占到沪深两市上市公司总市值的5%。

我一直有一个疑问：自2009年以来，中国的经济每年都在增长，为什么A股却在不断下跌？我们国家的指数、资本市场能否反映经济的变化？东方证券研究所编制了一个在境外上市的中国公司的指数，它得出一个结论，即2009年1月至今，境外上市的中国公司的股价整体跑赢A股上市公司的股价，特别是信息技术、医疗保健等非周期行业的公司大幅跑赢境内上市公司，而金融、工业、原材料等强周期行业的表现差异不大。背后的原因正是互联网对我们的影响。

我们可以大致从四个维度来分析互联网对经济的影响：服务一些传统行业，改变一些传统行业，创新一些商业模式，创造一些新型行业。

第一个维度，互联网服务传统行业，我们可以看家电行业。1996年、1997年，我们买家电股时，它们都是重资产行业。现在再看海信、格力等公司，已经完全轻资产化了，这当中就有互联网等信息技术对它们的影响。2008年，星巴克创始人霍华德·舒尔茨（Howard Schultz）回到星巴克出任CEO时，聘请了年仅28岁、毫无零售行业经验的斯蒂芬·吉列特（Stephen Gillett）担任公司CIO。吉列特上任后直接的动作就是改变落后的信息技术设施，借用信息技术来推动公司转型，并在移动支付、免费Wi-Fi，以及借助新的信息技术为用户提供关联服务，提升用户体验，最终帮助星巴克焕发青春。

第二个维度，互联网改造、改变传统行业，我们身边有很多熟悉的例子。比如，微信之于电信运营商，京东商城之于苏宁，淘宝之于实体店铺，小米之于传统手机厂商，百视通等网络视频网站之于有线电视，等等。在美国，成立5年以下的公司创造了将近2/3的新就业机会。

第三个维度，创新一些商业模式。随着大数据平台的建立、思维方式的转变，新的商业模式正在不断产生。在过去，我们以生产为中心，但在互联网时代下，我们将逐步转变到以市场需求为中心。顾客在大数据的支持下、在社交媒体的影响下真的可能成为上帝。《Google将带来什么？》一书的开篇就讲，他本人买了台有问题的戴尔电脑，投诉时，戴尔公司不理睬；他开博客描述遭遇的问题，戴尔公司也没有任何反应；后来他锲而不舍地发博客，最终真的让戴尔公司的产品销量下降了，戴尔公司又付出了很大的代价进行补救。这是2005年时的案例。中国还有一个较新的案例——锤子科技创始人罗永浩，他因维权事宜而砸西门子冰箱，开始时西门子（中国）公司不理睬，但最终也因为舆论影响了销售而不得不出面解决。这些都是互联网给我们带来的机会和梦想。可以说用户成了最好的广告代理，企业竞争不得不转向用户体验的竞争。

来看看我们以前的商业模式——大规模生产（B2C），它的核心是通过生产量的规模化和生产过程的标准化、高效率，来持续降低产品和服务的单位成本。规模化生产从20世纪70年代到20世纪末愈发成熟，并成为全世界最主要的一种生产方式，结果是，大多数领域都供过于求。但在互联网时代，我们的商业模式可能是大规模定制（C2B），这是多品种、小批量的生产，整个核心将变成消费者驱动、个性化定制、社会化平台，互联网长尾时代的本质就是大规模定制。未来，制造业的战略基点将逐步由"成本与质量"转变为"时间与响应"，企业的价值取向逐步由"以生产为中心"转变为"以市场和顾客为中心"。在大数据的支持下，企业可以实现满足个性化需求、定制化生产、社会化物流。以新的低成本和差异化战略服务客户，为客户带来价值。商业借助于互联网，在低成本和差异化上可以做到极致，必将颠覆所有不借助互联网的企业。数字信息世界让人们建立了更为个性化的联系。数字信息技术消除了时间和距离的限制，更大程度上解放了我们。借助数字信息技术，我们能够做一些更为自然的事情，比如探索、互动，扩展个人和职业交际圈以及我们的知识，由此，我们就有了更多创造更新的技术和商业模式的机会。

第四个维度，创造新型行业。比如，"快的"打车创始人陈伟星在看到很多行人在街上苦苦打车、很多出租车司机在街上边探头探脑地看有没有人打车边开车后，开发了打车软件，他说："创业最重要的还是有梦想，你希望这个社会变成怎样，你想怎样重组未来的社会结构，这是最重要的事。"对客户的理解是互联网时代最值得大量研究和投资的领域。

在互联网时代，人作为个体的重要性正在提升。2012年，韩寒的电子杂志《一个》上线不到24小时，就冲到了苹果应用程序商店中国区免费总榜的第一名；PM 2.5事件通过互联网，正推动着人们对环保产生更深的认识；微信所传递的正能量，呼唤出人们内心深处的真、善、美、爱、平等、包容、责任、独立思考。过去虚弱的社会力量正在壮大，政策改革，对公权力的约束等，都在产生潜移默化的影响。**中国社会正变得更加开放、多元，人们的世界观、价值观更加丰富多样。从这个角度说，互联网不仅仅是一种技术，更是一种价值、一种文化。**

互联网天然地以分享反对垄断、以透明反对暗箱操作，与高高在上的独断、众乐乐不如独乐乐的封闭思维格格不入。它正以极低的成本悄然形成无数虚拟群落，这些群落固然多为消遣娱乐，却完全可以成为公民社会的沃土，公民监督者和由用户生成的民主自由正在全面兴起。我们有理由相信，互联网带来的技术进步，将对人类社会的经济、政治、制度、企业形态、组织形式、生活方式、伦理道德等方方面面带来深刻而持久的影响和变化。

互联网时代的投资

作为资本市场的参与者，资本市场的宏观策略更多地关注了上层推动的改革，因而疑虑甚多，焦虑过重。但我们应该看到，互联网快速发展带动了社会方方面面自下而上的变革，正在加速推动中国改革的进程，推动经济结构转型、产业升级、制度优化。社会经济发展的趋势掌握在人们手中，而且这些变革是确定的。

怎么把互联网维度纳入我们的投资框架？其实很简单。互联网具有平等、开放、分享、合作、个性化、打破特权和垄断等特质，不具备这些特质、不适应这些变化的企业和商业模式都将受到冲击甚至颠覆；而那些以互联网的价值体系激励员工、以个性导向的服务赢得客户、以共赢的生态系统和伙伴关系赢得竞争的公司，最终有望在互联网时代生存壮大。

作为投资者，必须抛弃成见，充分考虑目标公司受到互联网的何种影响，远离那些没有植入维基经济学基因的公司；关注那些高成长的互联网公司，关注那些为互联网应用提供产品和服务的公司；关注那些运用互联网技术升级改造的传统制造业公司；不投资那些被互联网颠覆的行业或商业模式。

作为互联网时代的企业，必须尽可能让维基经济学出现在你的组织里：以新的价值体系激励员工、以个性导向的服务赢得客户、以共赢的生态系统赢得竞争。

互联网具备开放的特质。企业文化、公司使命对员工的吸引力愈发重要，企业需要扫清行政障碍，发挥每位员工的作用，构建员工愿意身体力行的价值观；互联网时代下的客户乐于分享，更期待被当作独特的个体，需要个性化的即时服务和优质的客户体验；而互联网行业企业之间的竞争给所有行业的教训是，依靠信息不透明、基于不平等的市场竞争战略将越来越受到市场和社会的挑战。生态系统的共赢与否决定企业未来的竞争力，集团作战能力决定企业的生存。2003年以前，多数商学院的教授们在讲战略时，关注的是低成本和差异化，而现在，他们更加关注共赢的生态链。

互联网时代，中国迎来弯道超车的历史机遇。改革开放到21世纪前10年是工业时代的赶超，我们可以快速逼近发达国家，但几乎不可能超越。信息时代我们几乎处于相同的起跑线，可以制定规则、实现跳跃式发展，利用好后发经济体的优势。

我们有自己的优势，中国的传统文化以及悠久农业文明的特质，这与信息文明在很多领域都有着内在的一致性或同质性。中国紧密的家庭关系、地缘网络，以及重视朋友等的思维方式，与互联网协作互助精神是一致的，微信的迅速扩张是这一精神的展现。中国有全球第一的网民数量，全球最大的消费人口，能够产生世界上最大的规模效应，有利于创新。

互联网不仅是商业模式的变革，也是"技术－经济－金融范式"的转移，更是新工业文明的塑造和形成。

互联网时代，我们需要有新的投资思路和更开阔的投资视野。

- 互联网时代，我们必须有全球化的视野，任何一个地方的创新都会带来全局的变化。
- 互联网已经带来企业、行业的革命性变革，如新能源电动车、生物科技等。趋势是朋友！链接强化一切，一轮趋势更加容易超过合理边界。
- 互联网时代，依靠信息不对称的商业和投资都将不可持续。思想的高度、深度、境界、独立可能更加重要。很多人"计算得太多，想得太少"。
- 互联网时代，创造性破坏使得投资者不需押注整个市场，结构性变化更快，经济社会的模式在变，大部分机会来自微观的质变。
- "技术和华尔街可以一同躺下，但是都睡不了太长时间。"资本和技术很容易结合，大家都得时刻警惕！
- "技术第一定律"，一种全新的技术往往在短时间内被寄予过高期望，而其深远影响则被大大低估。

链接改变一切！

> 本文是作者 2013 年在东方证券"2013 投资策略会"上分享的内容。

16
"互联网+",提升还是摧毁投资价值

> 新事物是人类未来信心的源泉。虽然不确定性是投资领域最基本和最无法摆脱的条件,但投资者从未喜欢过不确定性。如果我们对新事物没有一丝信心,就不会有人去投资。

2013年5月,我在东方证券中期策略会上做过一个报告,主题是"互联网改变中国"。当时,我提到,互联网时代中国具备弯道超车的历史机遇。我认为,在未来的投资过程中,我们必须把互联网当作一个维度纳入我们的投资框架,必须远离那些没有互联网基因的公司。我还提到,我们应该重点关注具有高成长性的互联网相关公司,紧盯移动浪潮,关注为互联网应用提供产品和服务的公司,关注应用互联网技术升级改造的传统制造业公司,同时做空被互联网颠覆的行业或商业模式。

目前来看,这些判断有些道理。我当时还引用了查理·芒格的话,他说:"互联网对社会来说是美好的,但是对资本家来说纯属祸害,有很多都是提升效率降低利润的。互联网会让每家企业少赚钱，而不是多赚钱。"两年之后，在2015年这个时间点，我想，在我们情绪激昂地投资"互联网+"时，我们应该回头看看查理·芒格这段话。

我曾看到过一篇文章，讲的是美国过去五六十年带给投资人最佳收益的一些股票。美国1950—2003年带给投资人最佳收益的公司分别是卡夫食品、美国雷诺烟草、新泽西标准石油（现在的埃克森美孚）、可口可乐。我们看一下世界过去这五六十年里有没有留下当时流行的高科技公司，20世纪60年代的航空、电视公司，六七十年代的计算机公司，80年代的生物技术公司，90年代的互联网公司，一个都没有。所有的统计里，我只是列出了前面4个，事实上，不止前4个，前20个也没有所谓的高科技公司。陀思妥耶夫斯基有一段话，我觉得放在这个时间点非常应景，"你可以用你想象的任何语言来形容人类，但唯独不能说他们理性"。的确，人作为一个个体来说是极不理性的，这个世界并不像我们自以为知道的那样。我们以为高科技公司是最好的投资，实际上它们却不是。

关于对未来的预测，我的看法是没有很好的办法。如果有办法的话，我觉得这几个方面会对你有帮助，第一个是历史学上的前车之鉴，第二个是生物学上的前车之鉴，第三个是经济学上的逻辑推断。

我先从历史学的角度来谈。《大癫狂》这本书，许多做投资的人都看过。它讲述了人类历史上规模最大的几次泡沫，比如南海泡沫、荷兰郁金香泡沫，而我的担忧是，中国现在的资本市场是否正在为这本书提供新的素材。这是我对未来的一个判断，我多次说，我们此刻进行的是全国性的投骰子游戏，我这个判断是保持不变的。现在让我们回到历史，去判断"互联网+"到底是提升还是摧毁我们的投资价值。

历史数据显示，不管技术进步带来的好处有多大，最终获得这种好处的总是消费者，而不是公司的所有者。生产效率的提高促进了竞争，降低了价格并且提高了劳动者的实际工资。出于对创新的热情，投资者为参与其中支付了过高的价格。创新的收益并没能流向单个投资者，而是流向了创新者和建立者那里，这其中包括为项目提供大笔资金的风险投资家、销售股票的投资银行家、资金管理者、交易经纪商。

历史上，新技术从来没有一次为普通的投资者带来过收益，估值过高使然。我在很多场合呼吁监管层抓紧放开股票发行，放开发行的第一个好处是，可以让供给快速增长，如果不这样，泡沫膨胀的速度会超越我们的想象。吴晓波 2015 年曾发表一篇关于中国火爆牛市的文章《中国的资本市场疯了》，其中有一段说得很好：

> 中国目前的资本市场正处在一个非理性繁荣的抛物线通道中。这应该是近 10 年来最大的一次资本泡沫运动，所有试图置身其外的人，都不出意外地将成为受伤者。很多人都在猜测它的拐点什么时候到来，而更多的

16 "互联网+",提升还是摧毁投资价值

人则被这条抛物线刺激得尖叫并奋不顾身地投入其中。

我们现在就是在抛物线上,下不来了。放开发行的第二个好处是,不会让投资者丧失一些处于生命周期更早期阶段企业的投资机会,我们可以向普通投资者咨询,了解一下他们早期投资的过程和成长故事。

从历史上来看,新技术、新经济这两个过去一再被反复使用的词语,不仅在20世纪四五十年代被用来形容当时的经济状况,到了90年代我们也一再反复使用。本杰明·格雷厄姆的《聪明的投资者》一书出版于40年代,书中提到,在那个年代,航空运输股也曾令投资者兴奋不已。当时最热门的共同基金,当属航空证券基金(Aeronautical Securities)与飞行器和自动化基金(Missiles-Rockets-Jets & Automation Fund),与其拥有的股票一样,这些基金最终演变为一种投资灾难。1971年,《标准普尔选股指南》一书提到,以"计算"、"数据"、"电子"、"科学"和"技术"等词开头的100多家公司,相比于1968年,价格上升的有2家,价格下降一半的有8家,价格下降一半以上的有23家,12家退市,还有很多家公司已经不在了,估计跌幅更大。这些都是真实的历史。

当然我们不能一概说投资泡沫不好。尽管投资泡沫对普通投资者是不折不扣的灾难,但这些狂热的投资行为也不乏闪光之处,所有科技进步都有投资者做出的贡献。维多利亚时代,英国铁路业的繁荣对投资者来讲是一场浩劫,但此后,英国铁路系统

使这个国家在经济和政治上都取得了巨大的成功。运河、铁路、汽车、无线电、收音机、电影、电视、计算机，电能、飞机、医药、生物科技、互联网，不同时代的每一项创新都极大地改变了我们的生活，是投资者的狂热促进了更大的发展。曾经有一家证券公司的策略师说："泡沫可以有多大，危害就可以有多大，我们多学习历史就能知道。"

接下来，我们再从生物学的角度来看。泡沫是由什么造成的，这是我们要做的分析，只有分析它的实际形成原因，我们才能知道这种泡沫可以持续多久。在《就业、利息和货币通论》一书中，凯恩斯说过："生命的期间是不够长的，人类的本性需要快速的成果；人类在快速赚钱方面，有着特殊的热情。"这种"特殊的热情"，就是动物精神，是一种非理性的情感现象。大家有机会去看看《动物精神》那本书，书中介绍投资人在投资过程中往往会表现出很多与动物类似的特征，贪婪、恐惧、羊群效应，等等，这本书从信心、公平、欺诈、货币幻觉和听信故事等五个方面来描述动物精神是如何影响经济决策的。

新事物是人类未来信心的源泉。虽然不确定性是投资领域最基本和最无法摆脱的条件，但投资者从未喜欢过不确定性。如果我们对新事物没有一丝信心，就不会有人去投资。"现代计算机之父""博弈论之父"约翰·冯·诺伊曼（John von Neumann）说："成长是生命存在的唯一证明。"新事物是知识不足的普通投资者所能感受到的唯一确定性。普通大众的投机心理是不可救药的，只要看起来有发展机会，他们就愿意支付任何价格，他们会被任何当时流行的东西吸引。**在投资狂热的浪潮中，投资者易受欺骗的程度让人震惊，人类对泡沫没有记忆力。**有很多公司简单改个名字就能够涨停，投资者太容易上当了，不独中国如此，美国也是一样。在形成泡沫中，吹嘘变成了真理，而真正的事实却因为不符合"新的范式"而被弃之一旁，变得无关紧要。如果一项投资抓住了人们的心思，或者让人们相信有人将会以更高的价格来购买这些股票，那么，所有的信息透明和公开都无济于事。

所以人的生物学天性是容易让市场产生泡沫的。如果要说现在还有一个办法可以减少泡沫，那就是赶紧把涨跌停板放开。如果涨跌停板还这样持续下去，泡沫只会愈演愈烈。如果把涨跌停板放开，那些持有30%～40%流通股的基金公司，还敢不敢继续持有？

如今，市场变成了什么样的生态类型呢？金融机构和投资者越来越以金融机构和投资者为交易对手，而不是以实体经济为交易对手。泡沫持续的时间比任何人预期的都要长，这让那些对泡沫持怀疑态度的人产生负面情绪，同时更坚定了支持者的信心，从而造成严重的自我服务、自我创造的倾向，追涨杀跌，推波助澜。

《股票作手回忆录》一书的开篇讲的是主人公在看盘，看大盘数字上上下下，随机波动，边上有一个人跟他说："傻瓜，这时候是牛市。"

前面的历史学、生物学常识都告诉我们，一旦走上泡沫形成之路，那就是条不归路，大家一定会拼命追逐泡沫，这个就是我们的背景。现在我们要回到经济学的逻辑上来分析。引用查理·芒格的一句话："互联网对资本家是一个灾难，科技能够帮助你，也能毁灭你，学会区分这两者是微观经济学中重要的一课。遗憾的是，大多数人脑袋里都没有这个概念。"

大家很难去理解"合成谬误"这个微观经济学上的现象。众筹并不是一个新概念，它早就存在，它是假设整体胜过个体和局部。但是"合成谬误"告诉我们，对个体正确并不一定对整体正确。当年，我们在学微观经济学时，教授引用最多的例子就是：

在电影院看电影，你个子矮，在后面看不清楚，你就想站起来，站起来就能看清楚了。但是随着一个又一个人都站起来了，那么后面站起来的人的观影效果就没有前面那么好了。最后，所有人都站起来，跟大家都坐着是一样的。

所以，坚信技术进步能带来更高利润的投资者和分析家忽略了这个最重要的经济学原理。**我一直认为，寻求和判断"合成谬误"形成的拐点是投资中最重要的能力之一。**2013年时，你投资"互联网+"领域相当于你在电影院刚刚站起来的时候。到2015年时再来看，所有的"互联网+"企业可能在增加投入的同时，不会带来更高利润了，因为所有人都在进行互联网投资了，相当于所有人都站起来了。我和大家分享这个例子，就是希

16 "互联网+"，提升还是摧毁投资价值

望我们能思考一下，"互联网+"到底有没有提升投资者的投资价值。现在的公司不投入"互联网+"，就像电影院所有人都站起来而你坐着，就什么都看不见；但即使公司投入"互联网+"，站起来了，也未必能看得更清楚。

这些年互联网很火，一个很重要的因素就是它的资金推手是一个庞氏结构。大家如果有机会可以看三本书，第一本书是《大停滞》，作者探讨了美国30年的科技进步给社会带来了多大的变化。

第二本书是《智慧社会》[①]，写得非常好，我看得很激动。这本书让我想起20多年前在学校看过的那些18世纪、19世纪著名思想家的著作，我的很多知识都是在那时学到的。这本书把所有18世纪以来的社会学家、经济学家的一些关于人的论述和假设都向前推进了一大步，对大数据和智能穿戴有很好的论述。

第三本书是《断点》，它告诉我们互联网会演变出人类思维，从而进化成大脑，给社会带来无限的可能。它还告诉我们，任何网络的承载能力都是有限的，它的不断演变和增长终将超越其承载能力，终将达到断点，然后崩溃；要避免崩溃，就要在断点前

[①] 这本书通过大量翔实的案例阐释了大数据如何助力社群经济、如何掘金互联网金融、如何掀起个人健康医疗的革命、如何变革可穿戴设备、如何驱动更具创意、更高效的组织、如何构建智慧城市、如何启动智慧社会等。其中文简体字版已由湛庐策划，浙江人民出版社2015年出版。——编者注

转移到有更大承载力的环境中。书中有一段话:"在非生物的世界中,庞氏骗局是网络化的。因此,每个成功的骗局都会提高其承载能力来避免达到其断点。"

实际上,资本市场就是个庞氏结构,互联网板块之所以越涨越高,是由于整个社会资金量足够大。某个板块可以一涨再涨,就是因为它在作为局部的承载力不够时,会不断地通过杠杆的提高和资金的转移使其承载力不断提升。当然,就像所有固定的环境一样,空中楼阁迟早会倒塌。我们现在判断互联网的断点什么时候会到,可能早了些,但是等我年底做报告的时候,我想断点肯定会到。

从经济学上的逻辑看,为什么投资者会付出那么大的代价?其中有一个原因是增长率陷阱。高市盈率就是其中最突出的增长率陷阱的标志。一只股票的长期收益率并不依赖于公司实际的利润增长率,而是取决于该增长率与投资者预期的比较,较低的市场预期、较高的增长率和股息率三者为高收益率的形成创造了完美条件。

我在此推荐大家阅读查理·芒格的关于"论学院派经济学"的内容,他阐述了经济学有哪些缺陷。这是投资人对经济学最好、最深刻的理解。

是否有一种方法能帮助投资者避开市场的这些狂热时期?投资者们能否发现泡沫并避免被他们所展示的诱人前景所迷惑?

美联储前主席格林斯潘在任期间因未能戳穿当时的网络泡沫

16 "互联网+",提升还是摧毁投资价值

而承受了巨大压力。他在2002年8月的一次演讲中为自己辩护说:"要想明确判断一个泡沫是很困难的,除非它用破灭证明了自己的存在。"他对泡沫持怀疑态度。诺贝尔经济学奖得主罗伯特·希勒(Robert Shiller)和西格尔则不赞同以上观点。西格尔认为,市场出现如下现象就可以认为出现了泡沫:广泛且迅速增加的媒体报道,缺乏利润甚至收入方面的依据,只是建立在一些概念和名号基础上的高得离谱的定价,以及认为世界已经发生根本性改变,因此不能再按传统方法评估某些公司的观念。在2015年这个时间点,我们有那么多报告试图改变传统的评估方法,大家对此心照不宣。西格尔引用美林集团全球私人股本投资研究基础部门在2000年2月14日发表的文章:"生命的意义在于创造。对创造的热爱也许可以解释为什么科技类股票的价格一再上升,互联网革命使人们能充分发挥创造力,也许这会使我们更加接近生命的真谛!"西格尔说:"这话从专业者口中说出,那就是泡沫的例证。"类似的话语我们似乎经常能够听到。

在市场充满泡沫的时候,没人能告诉你市场会走多远,人们所犯的最大的错误是在参与泡沫、享受泡沫时不找好退路。有一段话很有趣,即当泡沫来临时,市场上永远有两种人,一种人不断地指责这是泡沫,另一种人坚决参与泡沫、享受泡沫。前者越来越聪明,后者越来越富有。不过我认为前者不可能越来越聪明,后者也不可能越来越富有。

我们的教育容易犯如下这三个毛病,投资者如果也犯这三个毛病,那就不要去做买方。

- 大多数的教育都是面向过去的，而不是面向未来的，我们极少有面向未来的思考训练。
- 大多数人对问题的看法，通常都是持有非白即黑的态度。大家有没有想过，从小到大，我们考试时做的选择题都是从"对与错"中筛选，但事实上，大部分事物不是黑白对立的。
- 大多数人都是线性思维，而不是互联性思维，但任何事物都是处于网络中的。

我谈到的任何一点判断都存在对立面，所以，如果你不能拥有面向未来的思维方式，仅用简单的非白即黑来评判事物，或用泡沫非泡沫来评判事物，抑或用线性而不是互联性思维来评判事物，那么，我觉得你不适合做买方。做买方一定要有复杂的思维。

本来我想做一个泡沫断裂的预测，现在我把这个预测留给大家。巴菲特有一个著名的判断泡沫的指标，就是市场总市值占国家 GDP 的比例。我们要想清楚，未来中国的经济增长率如何，5 年后，GDP 可以达到多少，市场总市值可以达到多少。现在是 2 000 年以来中国第一次所有资产全面证券化的阶段，我们应该能够判断出这个断点和它的承载力。

西格尔在其著作《投资者的未来》一书中，汇总出 1957—2003 年表现最佳的 20 个标普 500"幸存者"。这 20 个"幸存者"主要出自两个产业——高知名度的消费品牌企业和大型制药

16 "互联网+",提升还是摧毁投资价值

企业,共有 17 个,占比高达 85%。其中凭借复利的力量,菲利普·莫里斯国际公司在 46 年的时间里,上涨了 4 600 倍!排名第一。所以,最后我想引用《证券分析》[①]扉页上的一段话来结束本次分享,这段话仍是出自贺拉斯的《诗艺》:

> 现在已然衰朽者,将来可能重放异彩。
> 现在备受青睐者,将来却可能日渐衰朽。

> 本文是作者 2015 年 5 月在东方证券中期策略会上分享的内容。

[①] 这本书是价值投资流派开山之作,提供了历经时间检验的价值投资思想和常识。其中文简体字版已由湛庐策划,四川人民出版社 2019 年出版。——编者注

17
以史为鉴,投资需珍重

> 资本市场从来没有理性的开始,也没有理性的结束,而且不理性的程度一定会超越我们的想象。

我常说,所有的行为方式和表现方式在历史中都有体现。

2013年11月,我在三亚出席香山论坛时讲到了股市的未来,我当时提到两点:一是当时中小板、创业板股票的市盈率看起来已经很高了,但我认为仍然还未到不可想象的地步,还会有更让人想象不到的行情;二是讲美国在20世纪80年代开始的转型牛市,我们有望重复这个过程。

巴菲特在1999年写过一篇文章,回顾了当时美国过去34年的股市运行情况,他将这34年分为前后两个17年,即1964—1981年、1982—1998年。前17年,经济总量增长了1.7倍,道琼斯工业指数从874点上涨到875点,上涨1点;后17年,经

17　以史为鉴，投资需珍重

济总量也增长了 1.7 倍，道琼斯工业指数从 875 点涨到 9 181 点，涨幅超过了 10 倍。美国在 20 世纪这整整 100 年的历史中，股市平均回报率约是 10%，这其中 5% 左右的回报率来自盈利的增长，4.5% 左右来自股利分红，只有 0.5% 左右来自估值倍数的提升。但 1982—2000 年这十几年间，标准普尔 500 指数在 1982 年 8 月 12 日牛市开始的起点是 103 点，到 2000 年 3 月 24 日牛市结束时是 1 527 点，美国股市的平均回报率是 18%。这意味着每年有 8% 的增长来自估值倍数的提升，几乎一半是由市场投机行为促发的，最疯狂的时候，普通科技股的市盈率达到了 130 多倍。

2015 年，中国南车的市值相当于西门子、波音等跨国公司市值的总和。其实这不算什么，《漫步华尔街》一书提到，1989 年日本市场最疯狂时，理论上日本房地产总价值是美国的 5 倍（美国整个国土面积是日本的 25 倍），如果把东京卖掉，则可以买下整个美国。有朋友就问我，现在很多人说中国股市大盘会涨到 10 000 点，我怎么看这个预测。我说，没什么特别奇怪的，日本在 1989 年股市最高点时市盈率达到 60 倍，总市值占整个全球市场份额的 45%，那时美国股市的市盈率是 15 倍，英国是 12 倍。日本的电话业巨头日本电信电话公司，市值超过了美国电话电报公司、IBM、埃克森美孚、通用电气和通用汽车。所以，从历史上看，并没有 "A 股估值高于海外就不正常" 这种事，而且当时日本的资本市场是开放的，人们的不理性程度是我们难以想象的。我常说：**资本市场从来没有理性的开始，也没有理性的结束，而且不理性的程度一定会超越我们的想象。**

我们投资上有一个72法则，就是一笔投资不拿回利息，利滚利，本金增值一倍所需的时间，近似等于72除以该笔投资年均回报率的数值。如果你的投资回报率是每年15%，持续5年你的资金就可以翻倍；如果是每年12%，持续6年你的资金就可以翻倍。这一法则延伸到人类社会，意味着什么呢？

经济学假设人与人之间是没有太大差别的，代际间只有叙事上的差别。在工业革命产生之前，经济增长差不多是零，所以在过去1 000多年里，整个社会几乎没有产生什么大的变迁，没有什么大的代际变化。但随着经济的增长，在心理文化层面，代际间是有差异的，经济基础决定上层建筑，经济的增长对人的心理影响很大。

在2015年这个时间点，美国经济的增长率是3%，那么它的经济总量实现翻倍则需要25年的时间，25年意味着什么？意味着整个社会的变迁、心理的变迁、文化的变迁等，需要25年才会发生改变。经济总量只要翻倍，你就可以假设心理、文化、环境发生了一个变迁。在某种意义上，欧洲经济现在保持2%的增长，那么它整个社会的变迁需要30年。中国经济现在的增长率为10%，那就意味着中国经济总量翻倍则需要10年的时间。原来我们的经济增长率在14%左右，意味着5年里经济就能翻倍，所以我们会感觉到，相差5岁的人就可能有一个代际上的差别，就是一个变迁。这样的变迁带来很多意义，对人的影响完全不同，涉及劳动力素质、人口消费需求变化等。当我们的经济保持7%～8%的增长时，实际上相差9年、10年就是一代。我们股市的波动在很大程度上跟变迁密切相关，每次股市波动都给经历当下波动的这代人带来惨痛的教训，等到了下一代才会忘记教训，所以我认为，到这个时点，新一代人要进入市场，一个新的行为就会发生。这只是我的看法，因为它不纯粹是经济学上的道理，可能是谬论，仅供大家参考。

其实，我们看经济很简单，不看投资、消费、出口，只需要很简单的一个经济学公式"收入＝平均工资 × 平均工作时间 × 就业率 × 总人口"。从这个公式中看，"收入"想要增长，等号后面这几个因子的总和就要上升。现在人口增速下降，就业率不易再提高，工作时间也不易延长，所以收入增长唯一的办法就是靠平均工资，但工资的增长难度有多大，大家可想而知。平均工资变动代表效率变动，而效率的持续提升是需要时间的，所以整个"收入"的增速一定是下降的。在收入增速下降的前提下，根据我们刚才谈的72法则，可以预见，在未来的时间里，换一代人的时间一定会开始延长，所以这波牛市我们一定要珍惜，因为再往前走，延长期太长了，这是我在2014年的推论。

为什么许多人都不理解股市的行情？我们平常在讨论泡沫时只说到股市和房地产，很少说到其他领域，原因在哪里？

- 房地产和股市的价格始终只是边际定价，不是总价格。因为它们是边际定价，别看它们的市值很大，它们的实际价格也不一定很高。所以当我们计算它们的价格时，它们的泡沫可以超越你的想象，这与我们用平常的整体价格来估值完全不同。

- 它们表现的是"吉芬现象"①，指的是需求量随市场价格而不是随存货量波动。股票市场价格越高的时候需求越大，所以这跟经济学上的普通供求规律是完全不一样的。

因为这两个因素可以导致行情失控，所以泡沫愈演愈烈是可以推导的。我们常说的牛市两难就在这里。

2014年的时候，有人说我充满了忧患意识，因为我当时的看法是，即便中国股市大盘从2 000点涨到4 000点，普通投资者最终也难逃亏损。在那个时间点，我呼吁放开IPO，放开市场供给，因为市场是可以预测的。到现在为止，我们所有的投资回报都来自估值倍数的提升，在这种情况下，所有人的股票账面价值看起来都很高，但这是不可持续的，当市场结束的时候是什么景象大家可以想象。从历史长河看，我们即将或者正在开始一个全国性的掷骰子游戏，正在书写"大癫狂"的新篇章，当时呼吁放开供给，是希望这个局面不要过早到来。

我看过很多书，研究过大部分的股市泡沫，发现世界上任何一波牛市结束、泡沫破灭的时候，最低跌幅没有低于70%的。美国互联网泡沫破灭时，《漫步华尔街》一书提到的所有蓝筹股的最低跌幅是86%，这就是忧患意识。当市场结束时，即便大

---

① "吉芬现象"是我在上大学的时候学习的一个经济学名词，指的是商品价格上升、需求也上升的一种市场现象。

盘到过 10 000 点，我们能不能留住 4 000 点，我不知道，但希望投资者在整个过程中能够保重。

> 本文是作者 2015 年 4 月在由《中国基金报》、深圳市金融办和香山财富论坛联合主办的"第二届中国机构投资者峰会暨财富管理国际论坛"上分享的内容。

18
享受5 000点泡沫时找好退路

> 人类对泡沫缺乏免疫力,对泡沫没有记忆力,这种非理性真的是无可救药。我们在参与泡沫的时候,记得一定要找好退路。

在公开场合,经常有人问我怎么看后市。我的思路是:**做买方不能仅是瞄准,一定要开枪,光瞄准是不够的。**但是对未来,我这么多年的经验告诉我,我是没能力预测的,一预测就容易犯错,所以我不轻易预测。如果真要对未来做一些预测的话,我觉得有一种办法可能可以帮助我们进行预测,那就是对历史和生物学的一些前车之鉴进行深入研究。假设过去的模式在未来能够重复,大家可以根据对过去的一些分析做预测。

关于历史的预测,我在之前有谈到,本节中,我试着从生物学的角度来做些预测。其实,对人类进行研究,跟历史学也有关系。我曾说过,我们正在进行的是一场全国性的掷骰子游戏,我们已经不可避免地走上了为"大癫狂"书写新篇章的征程。这种

18 享受5000点泡沫时找好退路

不可避免的结果是由人性决定的。

凯恩斯在其著作《就业、利息和货币通论》一书里说:"生命的期间是不够长的,人类的本性需要快速的成果;人类在快速赚钱方面,有着特殊的热情。"这种热情使人们对金钱有一种迅速、狂热的偏好和追求,这种追求是泡沫本身形成的驱动力。**人类对泡沫缺乏免疫力,对泡沫没有记忆力,这种非理性真的是无可救药**。人类容易上当受骗的程度在资本市场上表现得淋漓尽致。如果泡沫很短暂的话,大家就很容易避免泡沫,关键是泡沫的持续时间是没法预测的。泡沫持续的时间比任何人预期的都要长,这让那些对泡沫持怀疑态度的人产生负面情绪,同时更坚定了支持者的信心。在一个没法预测泡沫时间的过程中,泡沫会越来越大。

很多朋友购买股票,经常是10元时买进,20元时卖出,30元时再买进,40元时再卖出,50元时再买进,80元时再卖出,120元时再买进,这些都是真实的案例,我身边这样的朋友也不少。在这个时代,金融机构和个人投资者越来越以金融机构和投资者为交易对手,而不是以实体经济为交易对手。股票市场上的交易不断异化,金融机构和个人投资者间严重自我服务、自我创造的倾向,会不断地强化、不断地制造新的交易内容,天然就容易产生泡沫。金融机构把自己当作交易对手,最近20年,这个金融市场问题演变得非常严重。参与的金融机构和个人投资者通过不断地制造新的交易内容,更是乐在其中。

投资管理行业很有意思，如约翰·博格所说的，"其实整个投资管理行业，在整体上是零和游戏"。它是一个行业，大家千万不要仅把它看成一个专业，必须将其看作经济系统框架内的一个整体商业活动。买方和卖方有着天然的利益冲突，它自然地嵌入整个经济系统框架里，在这个经济系统框架里，自然而然就要符合经济规律。

在这个行业中，大家可以看到很多私募的本金要求很低，因为这是个暴利的商业活动。但是投资管理行业也有一个很独特的特点，按道理来说，资本会流向预期回报率最高的领域，投资管理行业作为暴利行业，必然会吸引无数的竞争者入场，不可避免地吸引新的资本进入。随着新的竞争者进入，这个行业的投资回报必然要下降。可是在历史上，所有的投资管理公司并不清楚这个规律，或者对它置若罔闻。随着时间的推移，私募和各种各样的投资管理公司会层出不穷，我认为这是中国市场未来的一个大趋势，也是市场膨胀的基础。因此，如果我们要对未来股市做一个很好的预测，一定要从生物学的角度来考虑问题，对投资者个人和金融机构的行为如何形成了泡沫，又是怎样越来越广泛地卷入这个泡沫，要有一个清晰的分析研究。我们要知道，泡沫是很难判别的，国家无法让整个社会避免泡沫。新闻媒介也不会以客观的角度看问题。泡沫形成的最重要因素之一，是大家对某些问题都有共同的看法，而新闻媒介是散播这些想法和理念的重要工具。

我曾看到过一个报道，称100多倍市盈率预示着中国新的

18 享受5 000点泡沫时找好退路

转型方向,代表中国的未来方向。这就是新闻媒体,你说它的报道客观吗?社会和市场本身没有办法控制泡沫,新闻媒介又不客观,我们所有人又乐于享受泡沫,结局可想而知。

泡沫形成的过程有一个很有意思的现象,它是通过庞氏结构发展起来的。生物学上有一个非常重要的特点,就是整个生态链是个不断发展的网络,任何一个网络发展到自身不能承载的时候,一定会出现断点,然后崩溃。股市是一个非生物学上的网络结构,这个网络结构是一个庞氏结构。按道理,这样的庞氏结构在超过自身的承载力时,是容易出现断点而不能持续的。但是股市的庞氏结构有一个非常典型的特点,它可以通过杠杆的提高和资金的转移来提高自身的承载力,由于承载力得到提高,市场就可以涨得更高,于是我们反而容易失去客观的认识,进而不断通过提高承载力来推动泡沫。但是它同任何一个实体的网络结构完全一样,最终一定会因自身承载力不够而出现断点。

我们如果要对未来股市做预测,那就要寻找其网络结构的断点在哪里出现。我们可以对未来做以下两方面的考虑。

- 我们一定要看到,目前的资本市场是中国2 000年以来第一次整个国家所有资产的证券化,这是个大背景。未来我们还有很长的路要走,股市就是主战场。
- 有一个指标是可以衡量资产证券化率的,即股市总市值占国家GDP的比例。我们现在可以计算A股的总市值,若是精细计算,还可以再加上中国香港和美国的中概股。然后我们可以假设中国的 GDP 以 6%、7%、8% 增长做模拟推算，5 年以后 GDP 可以达到多少，这样就可以计算出股市的市场空间还有多大。

我认为这个空间还很大，断点还很远，庞氏结构还有足够的支撑时间。**但是我们在参与泡沫的时候，记得一定要找好退路。**

在这么多年的投资过程中，许多人都想知道我是用哪种办法做投资的，实际上我是比较倾向以基本面为主的。我来谈一下为什么要以基本面为主。我们上手做投资时，一般会看《股票作手回忆录》一书。这本书我看了好多遍，它的开篇就介绍故事的主人公在看盘，在投资成长中，每个人都给了他一些小窍门，但他并没有对大盘数字的随机波动做分析，因为另一个朋友告诉他："傻瓜，这时候是牛市！"这句话其实才是真正重要的窍门！意思是说你在做投资的时候，一定要从价格随机波动的变化中脱出身来，要用更宏观的视野来看待整个行情，要顺势而为。宏观知识是财富。我总结以下三点：

- 第一点，"宏观知识是财富"[①]，像高善文博士这样的宏观经济学家是可以给大家带来财富的。如果大家去看《股票作手回忆录》这本书的时候，千万不要纯粹沉湎于那些投机的简单窍门，而是要领会作者讲的如何顺势，如何去做宏观基本面分析。当你清楚这一点的时候，你所有的思维都

---

① 源自我在北京大学读书时随手写过的一篇文章的标题。

会变化。如果目前你认为股票市场正在经历泡沫扩张，那你的思维就不一样了。**交易不一定要以基本面为基础，你可以不知道市场上到底发生了什么，但一定要注重基本面分析。基本面不能告诉你明天天气会怎么样，但能告诉你现在是不是在下雨。**我可以告诉你，现在的股市一定是在下雨，我明确股市在下雨，只是目前是暴雨还是小雨，你要分清楚。

- 第二点，股市投资管理是一种很艰难的零和游戏，使用基本面分析会减少你的博弈对象，还可以避开和大部分聪明人的博弈，因为聪明人更多地关心每天的价格波动。
- 第三点，因为我们很难预测未来，所以你要找到一种方法。什么方法呢？对时机选择要求不是非常高的方法，能够避免经常需要做时机选择的策略，尽量少预测，这也是基本面能够提供给你的一个很重要的方法。很多人做投资经常会出错，原因就是他有太多的时机选择，但无法做精准性很高的时机选择。不管在哪个市场上，股票、债权、大宗商品、房地产，所有的市场都一样。

这三点，基本面分析都可以给你带来价值。最后，我再次提醒，投资者在乐意享受泡沫的同时，一定要找好退路。

> 本文是作者 2015 年 5 月做的一次内部分享的内容。

对谈 2　看好新兴产业

主持人： 现在证券市场这么低迷，有人解释是由于人们对中国经济增长的前景和模式的担心，有人解释人们仅仅是对证券市场的担心。你倾向于哪一种呢，还是两者皆有？

王国斌： 未来是不可预测的。我们要有理想，但不能理想化。中国要成为一个什么样的理想社会，我想每个人心里都有数，主要是看你是从哪个角度来看问题。我的观点是：疑虑甚深，问题很多，潜力很大。

对比美国，从20世纪80年代初至2012年每年都保持2%～3%的GDP增长率，孕育了30年的大牛市。这个增长态势再维持20～30年没问题吧，找些能确定增长的企业肯定还是办得到的，何况中国有这么庞大的人口基数，又培育出了市场，这对商业是最重要且最有价值的。

《孟子》曰："五百年必有王者兴，其间必有名世者。由周而来,七百有余岁矣!以其数,则过矣;以其时考之,则可矣。"自然现象有周期轮回,社会现象也有周期轮回,一切都有生命周期,一切皆有季节。纵观整个中国五千年的历史,历朝历代都一样,盛世维持的时间都不短,和平建设的时间从来没有现在这么长。如果不出意外,对资本市场而言,我总体的观点是"盛极则衰,衰极则盛",这是资本市场自身的规律。不要太悲观,也不要太乐观,所有人都很悲观绝望的时候,它一定会转向。这就是所谓的投资"贵上极则反贱,贱下极则反贵"。

当然,在投资上,我们自己确实也有很多盲点。我最近有了一个很大的发现,自己以前或许有 50% 的想法都不完全正确。我经常说的一句话就是,做投资一定要不断地改善你的决策过程和思维方式,因为社会变化太剧烈。纯粹靠在股市里做投资产生像巴菲特这样的投资家是很难的,因为制度环境与制度基础有待改善。大家真正做投资,也只是从 2000 年到现在,我们都是处在一个学习的过程中。

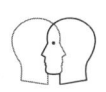

> **如果一个行业的产品没有提价能力,那一定要规避。**

主持人: 前面我们谈到了资本上的两大变化,一个是从卖方时代到买方时代,一个是市场可以敞开供应上市企业的时代,越来越多的企业都可以上市。这个时候,从你的选择标准来说,要寻找幸运、能干的企业。那么再具体一点,什么样标准的行业、企业是既幸运又能干的？从比较长的周期的角度来说，你们下一步的投资方向，或者你们特别关注的行业和企业有哪些？

王国斌： 我做投资，入门的时候，中国的企业还没有引入现代企业管理制度，投资过程中，我对中国的企业发展阶段做了个总结。

我一直认为，最近几十年中国企业的进步可以划分成三个交替进行的阶段。

- 第一个阶段是1996年之前，那时候上市的公司，还不是真正意义上的现代企业。双轨制下的企业，批文是最重要的。现在还有很多这类企业。
- 第二个阶段是1996—2000年，以长虹、海尔、美的、格力等为代表的企业出现，此时中国出现了与衣食住行相关的需求，为满足这些需求的产品开始真正面向市场生产。"彩电大王"倪润峰率先运用市场策略，即价格策略，但当时只有一个方向，就是降价。价格战只在一段时间内有效，很快利润就没了。由于企业利润不可持续，当时的股市具有明显的操纵特征。
- 第三个阶段就是从2000年开始，中国逐步成为全球最大的MBA、EMBA教育市场。我们的企业家在倪润峰时代只会打价格战，而MBA、EMBA教育打开了企业家的视野，国际上先进的管理经验开始在中国企业实践，有一批真正的企业开始成长，经营者开始具备企业家的眼光，开始讲企业战略、人力资源管理、产品设计、营销、广告等，让自己的企业壮大。在这个阶段，中国出现了一批真正通过管理带来效益的企业，比如联想、中集、中兴通讯、万科、张裕、上海家化等，企业增长也开始长期化。而社会需求也在进一步提升，汽车、房地产、旅游行业都涌现了大量的企业。

综合来看，在整个过程中，中国企业的竞争优势来源是不一样的。自上而下分析，我们可以看到，中国以前所有企业竞争优势的来源之一，要么是垄断，要么就是低劳动力成本和低环保要求。但是这几年劳动力成本不断上升，劳动密集型行业的成本高速上升；环保要求也越来越高。

所以，如果一个行业的产品没有提价能力，那一定要规避。产品价格没有谈判优势的企业一定很危险，成本上的波动会对它们造成巨大的伤害。这个在以前没问题，因为即使企业在价格上没有谈判优势，但在成本控制上可以有优势，加上一些资金壁垒，其他企业也进不来。但现在一定要高度警惕劳动力密集的行业。

比如化工行业，以前在全球范围内，其竞争优势的来源有两个，一是劳动力成本，二是低环保的要求。随着中国对环保要求的不断提升，就要警惕这些靠低环保要求作为核心竞争力的企业。

主持人：再具体些呢？有什么特别的关注点？什么东西可以持续观察？

王国斌：那要看什么行业可以高于 GDP 的增长，哪些企业在价格上是有谈判地位的。**在竞争行业中，有价格谈判地位、能高于 GDP 增长的企业一定是处于新兴行业。**比如说以前我们国家对环境保护要求不高，但接下来国家在环境保护方面的投入会很大，与环境污染治理有关的行业一定是高于 GDP 增长的，这个行业一定是未来几年内的幸运行业。

我们也非常关心消费，中国老百姓的消费占 GDP 的比重这么低，这是无法持久的，这么低的比例会危及整个国家的稳定。消费占 GDP 的比重一定是要上升的，教育、文化、旅游、娱乐、健康等都是未来非常重要的发展方向。

还有，我们会关心新能源、新技术领域。我们过去是靠高耗能发展的，这是无法可持续发展的，节能是国家战略。目前很多所谓的高技术行业也许在将来会成为普通行业。在 2000 年之前，硅谷都是信息技术公司，但现在硅谷的一半公司可能都是生物制药、基因类的公司，这就是它未来的方向。以前信息技术、互联网是高科技，现在信息技术就是你做饭时候的油盐酱醋，打麻将时候的"混"（万能牌）。而数据处理能力将成为竞争的关键。

主持人：最终信息技术会像我们传统工业社会的水泥一样了。

王国斌：变成水泥了。未来真正新的东西，就是环保、生物制药、基因工程、文化娱乐提升，还有太空开发等新领域，中国在科技追赶方面投入巨大。**要找幸运的行业，一定要去找未来增长力强的行业。**但是，这些行业也有巨大的风险，新兴东西的生命周期不一定会长。

主持人：就是说，从行业方面看起来很好，但是从公司单个产品来说，生命周期都很短。

王国斌：对。所以在这个过程中，我们要看这家公司是不是能干，能干的公司维持的时间就长一点。我们也是有产业周期的，"老三样"不行了，现在很多人关心的"新三样"是手机、笔记本电脑、汽车。

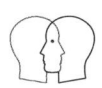

> 做任何决策都要建立在自己可能犯错误的基础上。

主持人：关于投资新兴产业，我一直感到很困惑的一点就是，新兴产业看起来很美，是幸运的行业、很好的行业，但是到最后反而变成一个很坏的投资。比如说新能源，它看上去很美，但投资新能源没一个赚钱的。

王国斌：这里最重要的是，在资本不稀缺的情况下，如果这个行业没有什么核心技术，就一定会对这个产业的生命周期造成剧烈波动。2011年日本地震的时候，多少产业出现了问题，日本这些企业掌握了多么重要的工业命脉。**任何一个工业链条总有一个关键点,只要把那些关键点找着了,我们就可以自上而下地做分析了。**比如苹果,它总有一个最上游的采购,如果我们盯住那个采购点,就可以清楚地了解整个链条的成长空间了。所以,巴菲特的投资真的是非常严谨和纯粹的投资,他不碰科技股,他说不懂的东西他不碰,我们大家很难像他那么纯粹。

主持人:一说到整个信息技术产业,我们原本以为会出现很多新的技术,其实到最后回过头来看,大部分企业都没有什么竞争力,而且除了台积电外就那么几个长大的公司,大部分公司的产品都是在很短时间内就没了,成了周期性公司了。你说的基因类或者环保类的公司,我觉得也可能会出现类似的情况,包括你说的一些产业,刚才你的潜台词是说其实我们也需要很仔细地找到关键点去分析。

王国斌:不管怎样,我们要想清楚一条,每个人在做决策时都容易犯错误,做任何决策都要建立在自己可能犯错误的基础上,不能老想着自己做什么事情都是对的。

有一本书写得非常好,叫《从资本家手中拯救资本主义》。因为资本家一定是追求垄断的,但是整个社会是不希望有垄断的。在这样一个斗争中,如果一家企业构筑不出垄断优势,那么从整个市场角度看,它一定会被摧毁。这个社会就一直处于这样斗争着、追求垄断、竞争,竞争又让垄断消失的过程中。如果历史上美国在做收音机之类的产业时,始终只有一家企业生产收音

对谈 2 看好新兴产业

机，那这家企业的利润保持 200 年都没问题。问题是，技术一旦开放就没有垄断性了，这个产业就变成了另外一个产业。我们举一个更加不现实的例子，即原子弹，如果每个国家都生产原子弹，那它就不会这么珍贵了，它的核威慑力就没有了。所以，最好的东西就是别人不能标准化而自己可以标准化的产品。

人要形成逆向思维并不是一件很容易的事情，"人弃我取，人取我予"说起来容易，做起来很难，"贵上极则反贱，贱下极则反贵。贵出如粪土，贱取如珠玉"是逆向行动者的最高境界。**实践上，逆向思维只有在少数几个时间点会成功，很多时候都需要等待。** 有时，做了正确的决策却不一定成功。大部分时候，比如市场刚一涨或者刚一跌你就逆向思维，那就完了。

试一试把目光从热门的或者悲观的市场或领域移开，去寻找那些未经雕琢的璞玉，或那些相对来说不太活跃的市场和领域——你有可能对自己的发现大吃一惊。**最好的方式是将逆向思维看作检验预测是否正确的工具，而不是一个预测工具。**

金融投资大师约翰·邓普顿（John Templeton）有个形象的比喻：

> 如果十个医生告诉你吃某种药，你最好还是吃这种药。同样，如果十个工程师告诉你用某种方法修建大桥，你最好用那种方法修建大桥。但在选择股票时，众口一词是非常危险的。如果十个证券分析师告诉你买入

某类资产,记住远离它,它的股价必然已经反映出其受欢迎的程度。

> 本文是作者 2012 年 1 月接受资深投资人理森的采访的实录。

第三部分

拥抱变化，与时俱进

19
价值投资的逻辑

> 很多人希望每一圈都领先,但每一圈都领先并不重要,最重要的是,你冲过终点的时候,是不是还在赛道上。在所有的投资理念里,复利告诉你的最重要的一个道理是,你一定要避免资本的永久性损失。

回报率的来源

投资回报率来源于两个部分,第一部分来自盈利和股利所代表的基本面。从长期看,我认为这个因素是可靠且可持续的。第二部分来自投机,表现为基本面部分的市场估值大幅度波动。在我看来,这个因素从长期来看是临时性的、不可持续的。人们听到最多的忠告是不要投机,听起来非常简单。但困难在于,如何让人们听从这一忠告,这一点就非常难了。我自己 20 多年的实践过程中,时不时还产生了一些投机的念头,想不做投机,不太容易。

投资，实际上要建立一个比较简单的思维方式，你做一件事情可不可以重复，如果能重复，你就去做。如果没能力去重复，你就少做。

真正的价值投资者跟基本面投资者是不一样的，价值投资的思维方式其实是非常简单的，它是把股票看作公司的一部分，把自己看作公司的所有者。这一点非常重要。很多人在投资过程中，很难把一家公司成长过程中股价上涨带来的利润赚到手，很大一部分原因是没有把自己看成公司的所有者。股票一旦涨个10%或者20%，就卖掉了。比如化工股、汽车股，现在很多投资者买卖这些股票时，石油价格一涨，就把一部分的股票卖掉了，这就不是价值投资者的思维。就腾讯而言，绝大部分人都没赚到该赚的钱，很简单的道理，投资者没有把自己看作腾讯的所有者。

投资策略，所有问题的出发点

投资策略是投资者应该考虑的首要问题，因为投资策略是所有问题的出发点。

对我们从事投资的人来说，放在我们面前无非是两张图谱。一张图谱是资产产品图谱，就是从低风险、低收益，到高风险、高收益这样一张图谱。低风险、低收益的是债券，市场上有各种各样的债券；接下来是股票、房地产、私募股权；再往上有期货，还有艺术品。这样一张资产产品图谱显示了资产的多样性，这张产品图谱的相互关系是你在做资产配置的时候最主要考虑的事情。另外一张图谱就是股市里的投资策略图谱（见图 14-3）。

投资无非就是你相信这个市场是有效的还是无效的。如果相信市场是有效的，那你采取一种策略；如果相信市场是无效的，就是另外一种策略。实际上，投资策略是根据市场有效无效来划分的。

有效市场很简单，基本上就是人们会用一种指数化投资，这个时候我们考虑得最简单，就是成本和资产配置。价值投资是长期的分析方法，中间也有很多短期的分析方法，都是基于市场无效的假设，相信无效的价格最终会和价值趋同。

投资策略完完全全应该是多样化的，没有多样化，就没有价值投资。

奇特的复利效应

我们考虑一下下面两个问题。

- 一名在 10 年内连续获得 10% 年回报率的投资者，与一名连续 9 年获得 20% 年回报率却在第 10 年损失 15% 的投资者，哪个人的财富多？

- 今天一次性给你 1 000 万元，还是分成两部分今天给你 1 万元，然后每天翻倍，30 天后把这两部分钱加起来都给你，你选哪种？

靠直觉我们是没法给出前述问题的正确答案的，复利的效率是非直觉的，但复利的效应是奇迹的。其实在投资里面，复利是最重要的概念之一，但它是非直觉的。因为非直觉的东西，人们往往都不会去实践，或者不太会去实践。**这是做价值投资很重要的原因，价值投资是要让自己避免资本的永久性损失。**

急速还是稳健

如何让自己避免资本的永久性损失？首先，你需要考虑，你是要急速还是要稳健。我以前在公司内部经常说的一句话就是，一年翻一倍的投资者比比皆是，但是 5 年能翻一倍的寥寥无几。

我们去看公募基金、私募基金的表现，这种情况也非常多。原因在哪里？

一种组合是，你选了 5 只股票，每只投了 100 万元。其中 4 只是好的投资，一年回报率 15%，但第 5 只跌了一半。另一组合是，你投了 5 只平淡无奇的股票，每只都只涨了 5%。你愿意选择哪个？

很多人希望每一圈都领先，但每一圈都领先并不重要，最重

要的是,你冲过终点的时候,是不是还在赛道上。在所有的投资理念里,复利告诉你的最重要的一个道理是,你一定要避免资本的永久性损失。你持有的投资品价格跌了 10%,涨回去要 11%,这就是复利的潜在意义。

游戏规则

其次,思考游戏规则,我们处于一个什么样的生态链。关于游戏规则,一个方面是诚实问题。我讲一个很早以前的故事,这个故事是我刚参加工作的时候,我的领导给我们讲的。他说有个投资银行家经过一个墓地,立着一块碑,上面刻着"一个投资银行家,一个诚实的人"。他的手下就问他:"一个墓里怎么埋了两个人?"通常情况下,一个投资银行家和一个诚实的人,是很难联系到一起的。

投行是卖方,经常卖东西的人都知道,在卖东西的过程中,卖方一定会把自己的产品描述得很好,从一般商品到金融产品,完全都一样,没有任何区别。所以我们在面对投行的产品时,需要警惕。

另一个方面是划火柴效应。我们二级市场投资者是整个生态链里最底层的一环,处在最脆弱、最危险的阶段。一只股票证券的生命周期就是一个划火柴的过程,从一家公司创立到后面的 A 轮、B 轮、C 轮融资,到最后的 IPO,就是火柴点燃之后从 A 轮传到 B 轮、C 轮,最后到了我们手里,实际上这个时候火柴已经烧到屁股了，一不小心手就被烫。

在这样一个生态链里，作为二级市场的投资者，我们怎么保护自己是最重要的。这也是一个价值投资者最需要考虑的问题。

金融产品的复杂性

最后，我们要认识到金融产品的复杂性。金融产品其实非常复杂，一个重要的体现就是，它的合同、法律规定很复杂。不说股票，就连我们现在去买基金，它的法律条文都会让人感到很烦。我以前在公司里经常要签字，不同的条款读起来要花费相当长的时间。你如果不是一个专业人士，根本就不能领会合同内容的复杂性。金融产品的内在价值实际上是不确定的，当然有些债券产品的内在价值是确定的，但股市的不确定性非常明显。金融资产处于高速换手时，错误很容易被掩盖。

另一个重要的体现是，"专业"和"熟练"不易区分。有一个数据显示，真正区分基金经理是靠运气还是能力，需要三五年时间，那么，投资者想要区分基金经理的业绩是靠运气还是能力就比较难。不会有人愿意等，也没有人能够等，没有人愿意用三五年时间证明这一点。因此，金融领域成为外行冒充内行、欺诈盛行的肥沃土壤。这导致金融从业人员对自己在行业中的工作表现缺乏安全感，甚至对自己在该行业中的职业生涯也感到不安。人们就只关心短期利益，即便与客户打交道时，也把自己短期内的最大利益放在第一位。

利用市场机会

"指数基金之父"约翰·博格说过，投资管理行业整体上来说是一个零和游戏。这个零和游戏与实体行业在经济学上是截然不同的。经济学上，实体行业随着新的竞争者加入，投资回报率必然下降，但投资管理行业回报率却严重依赖新竞争者的加入。

有那么多证券公司在开策略会，那么多研究员在推荐他的公司，原因在哪里？就是这个行业需要这样的新进入者。我们什么时候看到过华为或谷歌公开讨论搜索怎么做得更好、手机怎么才能让用户更喜欢？实业是不会在公开场合讨论自己的商业机密的，只有投资管理行业有各种各样的讨论会，这种讨论会的目的就是希望有更多的竞争者加入。

而且，在中国这个市场，人们对于快速赚钱充满着特殊的热情，金融机构和投资者越来越以金融机构和投资者为交易对手，而不是以实体经济为交易对手。投资者把股票作为一种简单的符号，而对公司基本面的忽略充斥市场。

总体上来说，竞争和市场愚蠢，为价值投资者创造了充分的条件，价值投资者通过利用市场机会是可以获得可观回报的。如果价值投资者没有机会的话，不会有人去践行价值投资的理念。

价值投资很简单，但实践价值投资又是很复杂的，巴菲特曾提出三个问题，如果不能很好地处理的话，是没有办法做价值投资的。

- 如果你一辈子经常吃汉堡但又不养牛，你是希望牛肉的价格不断上升，还是希望它不断下降？你当然希望它的价格是下降的。
- 如果你每过几年就要买一辆车，你是希望汽车的价格不断上升，还是不断下降？这个问题也很简单，你希望它的价格是下降的。
- 未来5年，如果你不断有储蓄需要投资，你是希望股票的价格不断上升，还是不断下降？ 其实内心能坚定地回答出这个问题的投资者寥寥。

时机选择和经济周期预测有多难

所有的投资都不能建立在对时机预测的基础上。我的观点就是这样。我非常希望自己能够正确预测市场和经济周期，然而这是不可能的，我做的投资都是建立在不能预测未来的基础上。

价值投资者的黄金时间是市场下跌的时候，如果投资者能够预测市场未来的变化，那么永远也不可能选择成为价值投资者。

当证券价值上升的时候，大家都知道市场有一波剧烈上涨，一波牛市到来时，价值投资者买的股票的涨幅一定会超过其他乱七八糟的股票。我在某次演讲中说过，一条河干了很长时间，水一点点流进来的时候，最先浮起来的是垃圾，到最后浮起来的才是大船。

而证券价格稳定上升时，价值投资者的方法通常是一个累赘。当市场估值过高时，投资者因为卖出太早陷入尴尬的境地。2007年的时候，有人就遇到过很尴尬的情形。所以，没有什么能比在一个非理性的世界里追求理性的投资策略更具有灾难性。

总体上来说，我认为时机选择是一个不可能的事情。能够真正做价值投资实践的人其实非常少，我们完全不必纠结。原因很简单：能坚定回答巴菲特第三个问题的人极少。另外，巴菲特说过，世界上绝大多数投资者既无能力也没有必要的心理素质选择个股、投资个股。这是很显然的，因为我自己在实践过程中也有这样的体会，选择个股、分析个股非常难。如果你不能确定你远比"市场先生"更了解而且更能给你投资的企业估价，那么你就不能参加这场游戏。

价值投资不是在一段时间里让人逐渐学习和采纳的理念，要么立即学会并马上付诸实施，要么永远无法真正学会。你一定要把自己看作公司的所有者，没有这样的视角是没法做价值投资的。

投资策略总结

投资管理行业是一个零和游戏，我们一定要问自己两个问题。

- 你的优势是什么？有人挣钱，就有人赔钱，你如果没有优势的话，就应该放弃。当然你可以不计后果，没有问题，就像很多人赌博时，明明知道自己没有优势，也可以通宵达旦地玩。价值投资才是保护自己的最好方式。
- 你怎样去跟他人竞争？在这个过程中，你一定需要一个很重要的工具包，没有这个工具包是很难做的。为什么做价值投资特别难？因为资金策略决定投资策略，有怎样的资金才能做怎样的策略选择。你如果没有长线的资金，是很难做价值投资的。

价值投资的逻辑总结

你一定要明白，规避风险是投资中最重要的元素。巴菲特说，投资的首要原则，第一条，永远不要赔钱；第二条，永远不要忘记第一条。

只有价值投资者是把焦点放在规避损失上的，那么价值投资最重要的意义在哪里呢？面对未来，你不一定知道明天天气会怎样。但价值投资会告诉你，现在是不是在下雨。同时价值投资是

19　价值投资的逻辑

一个共赢的策略，价值投资者不是以其他人为竞争对手的。价值投资者有一些很好的优势。

- 第一个优势，由于股市投资是零和游戏，大部分人更多关心的是每天价格的波动，当你采用价值投资策略时，你的博弈对象就会比较少，这样就可以避开和大部分聪明人博弈。我愿意选择价值投资，是可以避免和大家竞争的，不需要去和其他投资者博弈。
- 第二个优势，我们很难预测未来，所以一定要找到一种方法，这种方法对时机选择要求不是很高，你可以减少预测。价值投资恰恰是这样一种方法。
- 第三个优势，价值投资的长期策略可以帮助我们减少分红税，减少付给经纪商的佣金。在美国，价值投资确实很有用，因为它有资本利得税的问题，你持有的时间越长，资本利得税越低。我们过多使用短线买卖策略时，卖出之后收回现金，一定会选择买新的东西。其实，多一次选择就多一次错误的可能，你用价值投资的方式，是要花足够的时间和精力对每笔买卖进行非常深入细致的研究，可以帮助你降低犯错误的概率。

从一开始，投资就是一种推迟眼前消费获取未来所得的意愿，其实质就是一项关于信任的行动。不管是牛市还是熊市，我们只有乐观地相信未来，才有投资的前途。

> 本文是作者 2017 年 6 月在华泰证券中期策略会上分享的内容。

20
一个投资者给企业家的建议

> 资本从来都不是免费的，资本有它的纪律性和原则性，资本市场只会给那些资本利用效率高的企业高估值。

资本市场的长远发展，取决于真正为市场创造价值的企业的发展，资本市场的发展空间最终取决于企业的空间，而企业发展的核心就是企业家。从全球化、城市化不断加剧和科技飞速进步的角度来说，中国目前为企业创造了非常大的发展空间。而这个空间能不能实现，取决于大量企业家能不能涌现。我认为供给侧改革非常重要的成果之一，应该是涌现了一大批企业家。

作为投资者，我想基于20多年的投资经验与实践，给企业家提供一些个人视角的建议。

投资者与企业家不同，对于资本市场来说，资本市场主要发挥两个功能：一是给投资人带来回报；二是为需要风险资本的企业找到风险资本。企业家天生具有冒险精神，不断追求变化；而投资者尤其是价值投资者是不太喜欢变化的，甚至是厌恶风险的，他们间的关系很微妙。

哈佛大学的一位教授说过："投资者就像坐在摩托车上的人，他越相信驾驶人的品格和能力，这项投资就越有吸引力。"

获得财富需要冒险，而守住财富需要近乎偏执地规避重大风险，让复利发挥作用。凯恩斯曾经说过："随着时间推移，我越来越相信正确的投资方法是把相当大的一笔钱放在自认为了解且完全相信的企业管理者手中。"

建议一：高度关注风险

乐观是企业家非常重要的品质。我去见何享健先生的时候，他说："如果不是乐观主义者，就不该当企业家。"丹尼尔·卡尼曼[1]在《思考，快与慢》这本书中说过："乐观主义者对塑造生活起到了或大或小的作用。他们的决策产生了一定的影响。这些乐观主义者是发明家、企业家、政治和军事领导人——总之不是普

---

[1] 诺贝尔经济学奖得主、普林斯顿大学教授，著有《噪声》一书。这本书指出，我们之所以常常会做出糟糕决策，都源于忽略了"噪声"对决策的影响。该书中文简体字版已由湛庐策划，浙江教育出版社 2021 年出版。——编者注

通人。他们寻求挑战，承担风险，最终获得了成功。"

作为投资者，我希望企业家非常乐观、非常自信，但不希望他们的乐观、自信是过度幻想。**乐观的益处只属于那些有点偏见、能够突出正面但又不至于脱离现实的人。**查理·芒格也说过："永远不要低估那些高估自己的人。"

乐观也容易给企业家带来重大风险，让他们没法理性面对杠杆。巴菲特说过："真正的风险来自从事你不懂的事情。"由于波动比较容易通过杠杆冗余短期应付，短期并不会带来风险。但长期而言，盲目自信将会带来过高杠杆、连环收购、摊子铺得太大，等等，此时企业家将经受不住波动。

2017—2018年时我常说，很多企业创始人会因为过高的杠杆破产，或者他个人先于企业破产。**企业家经营成功的时候，应该像保守的投资者一样防范两个最大的陷阱：高杠杆和高集中度。**面对一些新项目，不仅要看它的成功概率，更要看它可能产生的严重后果，如果无法承受，不管概率多少都不能做。查理·芒格曾经说过："聪明人因为酒、女人和杠杆破产。"我认为其中最多的破产原因是杠杆。

建议二：注重短期与长期的关系

经济学上有一个效应叫双曲贴现效应，指的是人们面对同样的问题，相较于延迟的选项更倾向于选择及时的。我们总是过多地关注短期问题，认为今天的选择对应的后果离我们越远，与当下关系越小。

任正非提到他的女儿，说不会选择她做接班人，原因是一个领导人必须能够预见未来 10～20 年的技术趋势，而他的女儿没有技术背景，没有能力预测未来的趋势。

这里非常重要的一点是不能短视。投资者炒作香港股市中的仙股就是短期的侥幸行为，认为不会轮到自己接最后一棒。金融行业的人更倾向于短期，认为今年拿到奖金就行了，至于明年、后年还做不做这个行业，没关系。资本市场从来都是只注重短期效应的名利场，因此，企业家容易把昙花一现的好消息跟市场竞争优势混为一谈。对于企业家来说，这样的短期行为也会带来巨大风险。

建议三：专注

资本市场更加青睐细分市场的龙头和专业企业，多样化经营的企业的估值一定比细分业务的企业的估值更低。

作为投资者，我喜欢这样的组合体：专注自己的行业，同时以开放的心态，在风险可控的前提下，特别是在成功的前提下，积极进行各种试验，一旦成功便可产生巨大回报。

我觉得专注的同时，偶尔分心是可行的，分心有时候会产生很多意外收获，盘尼西林、伟哥、化疗的诞生都是这样的意外收获。对于一个企业家来说，保持竞争力需要百分之百的努力，但是持续的竞争力也需要一个企业家偶尔停下来，看看其他的可能性。不过在资本市场，专注一定会比多样化带来更高估值。

在美国，多元化公司和主业集中公司呈现不同的状况：主业集中公司平均持有的现金是多元化公司的两倍。而在中国资本市场，像美的、格力、海尔、伊利这些主业非常集中的公司，它们的现金储备都非常充足。

建议四：资本从来都不是免费的

资本从来都不是免费的，资本有它的纪律性和原则性，资本市场只会给那些资本利用效率高的企业高估值。

对于企业来说，与资本收益无关的任何事情，都只是达到最终目标的手段，企业的最主要目的是要提高股东权益的内在价值。

任正非考虑得最多的事情之一，就是收益在员工和资本之间的合理分配。这是一个非常长期的问题，企业家们从马克思对资本市场进行了客观科学的分析开始就在考虑这个问题。任正非选择不上市，不愿意被资本市场裹挟，就是考虑公司长期战略和短期利益的平衡。

建议五：延迟满足

关于延迟满足，1966 年至 1970 年初，有一个著名的棉花糖实验，这个实验是斯坦福大学一位心理学家做的，目的是考验儿童耐心和意志力。十几年后，研究者发现那些在实验中表现出较强耐力和意志力的孩子成年后更加成功。卡尼曼对《棉花糖实验》[1]一书的评价是，读过之后"你对人性的看法会深深地改变"。

所以一个人的成功不仅仅是靠智力，很大程度上还取决于对未来的耐心。企业家们应该经常问问自己：那些额外的利润经得起时间的考验吗？你的生意是时间的朋友吗？

很多企业比如滴滴、美团、微软、亚马逊，你可以比较它们，哪些是想快速获得利润的，哪些是为了获得更大的护城河，宁愿牺牲利润的？获得护城河和获得利润二者之间要有一个权衡。

长期来说，只有不断建立可持续的东西，对企业家、投资者才是最有好处的。最典型的失败案例是李自成，他没有选择延迟满足。

---

[1] 此书是"棉花糖实验之父"沃尔特·米歇尔（Walter Mischel）对自控力的权威解读。该书中文简体字版已由湛庐策划，北京联合出版公司 2016 年出版。——编者注

建议六：回避投机暗示

不要置长期经济结果于不顾，花高价收购公司以追求多元化。不要盲从投机思维的机构和顾问发出的暗示，要考虑什么是重要的，而不是什么被认为是重要的。

现在，很多企业家经常被充满投机思维的投资者围绕，受他们影响。查理·芒格跟巴菲特曾经引用过林肯的一个例子，林肯曾提出过一个问题："如果你把一条狗的尾巴称作一条腿，那么一条狗有多少条腿？"然后，他自己的回答是："四条腿，因为把尾巴叫作腿并不能真的把它变成一条腿。"查理·芒格说，像林肯这样的人去华尔街的话一定很孤独。

企业家需要和那些真正有知识的人，而不是那些假装有知识的人打交道。我强烈呼吁所有企业家，如果你希望你的企业长治久安，尽可能回避那些充满投机思维的人给你发出的暗示。

建议七：诚信

好名声得之难，失之易。一个对他人坦承自己错误的管理者或员工更可能会从错误中获得教训。公开欺骗他人的管理者最终会私下误导自己。如果一个管理者总是把自己的失误怪罪到别人头上或者归咎于外界环境，那么面临其他重要事情时他也更倾向于自欺欺人。

所以，诚信应该成为贯穿企业家职业生涯的根本要素。在商业世界里，诚实的管理者就是企业的一笔宝藏。如果企业确立了诚信、理性、公平的好名声，股市最终会给它很高的奖励。

在上述给企业家的建议中，我认为最重要的有三条。

- 一定不要有太高的杠杆。
- 一定要专注。
- 一定要诚信。

如果企业家能够具备以上良好的品质，在目前这个时代，优秀的企业一定会不断涌现，资本市场一定会走得越来越好。

> 本文是作者2019年3月在《中国基金报》主办的"第六届中国机构投资者峰会暨财富管理国际论坛"上分享的内容。

21
时间是投资的朋友还是敌人

> 那些看似一塌糊涂的决策，却可能会带来意外的惊喜。你的决策到底对不对，只有拉长时间周期来看才能得到验证。

时间是投资的朋友还是敌人？要理解这个问题，每个人首先应去试着回答另一个问题：改变是投资的敌人还是朋友？实际上，时间意味着每天都有变化。面对这样的变化，你怎么应对？投资是一个受制于概率的游戏，即使很英明、伟大的决策也不一定会给你带来满意的结果。而那些看似一塌糊涂的决策，却可能会带来意外的惊喜。你的决策到底对不对，只有拉长时间周期来看才能得到验证。时间是整个投资的"杠杆"，投资策略就是"支点"。只有在投资上做出合乎时间逻辑的策略，才能让时间成为投资的朋友。

大家应该都听说过，有腾讯的员工除了正常开销外将所有收入都买入本公司的股票，不管涨跌，坚持了7年，到如今价值几何，大家可想而知了。但假如你是中国远洋、乐视网的股东，你坚持持有至今，那么你的结局将是非常悲惨的。所以时间是不是投资的朋友，实际上是因情境而变的。而这个"情境"就是根据经济环境制定的各种投资策略。

很多公司就算某一时点处于相同情境，后面的变化也未必可知。同一行业的龙头公司10年市值变化可能迥异。2007年东阿阿胶和云南白药的市值差不多，但是到了2017年，云南白药的市值已经是东阿阿胶的2倍多了。另外，中国人寿跟中国平安也是典型的案例，在2006年，人们如果要买保险公司的股票，首先想到的肯定是人寿。人寿当时有很多出色的投资，所以那个时候，人们会先去选择人寿，而不会选择平安。同是乳业公司，起初伊利与光明乳业差距没那么大。2010年上海世界博览会，伊利花20亿元拿下冠名权。我们问光明乳业，为什么不参与家门口的盛会？对方的答复是，现有网点不足以覆盖20亿元的广告成本。彼时，伊利全国有网点60万家，而光明乳业有6万家。8年过去，光明的网点没增加，而伊利已经扩大到几百万家网点规模。品牌和渠道的扩展随之而来的就是伊利的估值水涨船高。

1972年的时候，美国"漂亮50"的平均估值到了41倍。2017年我曾做过一个报告，目的是为了告诉大家，在当时那个时点上，中国的蓝筹股总体上还是比较低估的。和美国1972年的时候比较，中国"漂亮50"的估值要低很多，而且如果投资者在美国1972年最高点的时候买入并持有"漂亮50"到1996年或者到2001年，那他的收益与标普500同期的收益基本是持平的，没有太明显的差别。只有少数公司的收益是低于标普 500 收益的，一类是市盈率超过 50 倍的，另一类是部分科技股。但是大家回过头来看，我是拉了这么长的周期，如果是截取中间的一个时点来看的话，比如持有至 1980 年或 1984 年，那么"漂亮 50"在那个时候是损失惨重的。我们要明白，很多投资拉长时间来看是极具魅力的，但是缩短时间来看就会是很悲惨的。

美国股票、债券、现金在不同期限的收益范围也很有意思，如果你只看一年，美国股票、债券、现金平均收益没有特别明显的差异，因为股票的波动非常大；当你持有 10 年以上，股票的收益明显胜出了债券与现金；如果持有 20 年，那么股票的正收益非常明显（见图 21-1）。

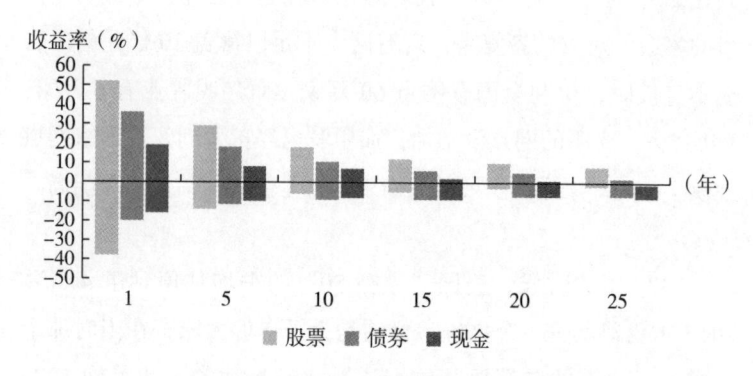

图 21-1 去除通胀因素后，美国股票、债券和现金的收益范围

我们还要考虑战略眼光，1980—2000 年，如果你在关键

21 时间是投资的朋友还是敌人

的 30 天没有持股的话，你的复合收益率将会下降一半（见图 21-2）。

复合收益率（%）

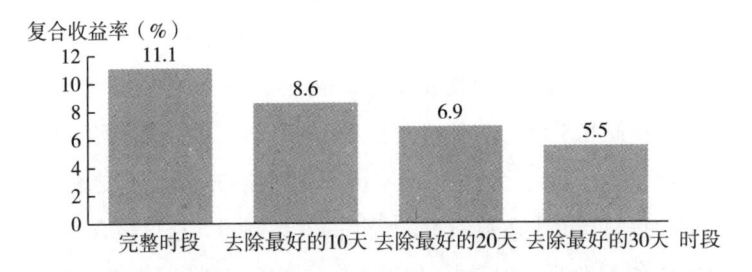

时段	复合收益率
完整时段	11.1
去除最好的10天	8.6
去除最好的20天	6.9
去除最好的30天	5.5

图 21-2　1980—2000 年标普 500 的复合收益率

同时，1928—2000 年，如果错过 1933 年、1935 年、1954 年这 3 年，那么你最终的收益（4 912.7 美元）也将只有全部时间持股（16 991.5 美元）的 29%（见图 21-3）。

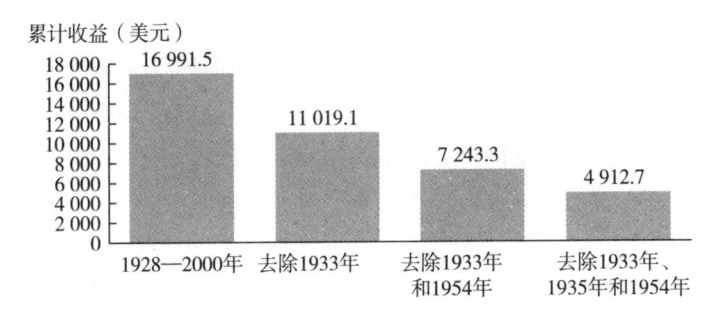

累计收益（美元）

时段	累计收益
1928—2000年	16 991.5
去除1933年	11 019.1
去除1933年和1954年	7 243.3
去除1933年、1935年和1954年	4 912.7

图 21-3　1928—2000 年本金为 1 美元的标普 500 累计收益

所以，10 年前我在供职公司内部制订的其中一个策略是：**用你长期的持有仓位去等待那关键的 30 天、关键的 3 年。**

你的策略变了吗

乘坐飞机之所以安全是因为人类植入了"学习—改进"的流程，物理学原理没有改变，那些基础的机械原理也已经50年没有发生大的变动，所以现在还有服役超过20年的飞机一点也不奇怪。我们几乎已经学会了关于飞机的一切，不管哪个环节出现了问题，总有办法保证它下次不再出现同样的问题。与之相对应的是，我们知道大多数新餐馆五年内就会倒闭，这可是有几个世纪历史的行业呀。但是从"问题出在这里"到"下次应该这样做"，中间可是差着十万八千里。所以，餐饮业创办者绝大多数会失败，而且永远是这样。

我们再来看投资，成功的投资有公式吗？这可是聚集了众多聪明人的行业，成功的投资公式早该研究出来了吧？然而并没有，因为世易时移，多年屡试不爽的策略，突然哪天就不灵了。趋势投资如此，价值投资也一样，人们很难去找到像物理学这种一成不变的原理，所以没有一成不变的策略。你的立场不妨设为，策略是根据证据而定，永远准备改变观点，因为这个世界不断在变。经商、投资、谈论经济，皆应如此。

那么有不变的事物吗？有，泡沫总会发生，巨头总会诞生，没什么公平可言，耐心会得到回报而固执将受到惩罚，只可惜我们无法做出归因。所以最重要的是如何做归因分析，使决策可以重复。在任何一个存在不确定性的领域中——无论是投资、赛马、德州扑克，你都得把注意力集中到决策过程上，而不是紧紧

盯住短期的结果。这是个心理悖论，说起来容易做起来难，因为结果是客观易见的，而过程是主观不可度量的。这是我们所有普通投资者所不能理解的，普通投资者更愿意把自己的注意力集中在结果上而不是过程上。所以我想对普通投资者说的是："大家真正需要克服的是恐惧与贪婪，时间是你们的朋友，但你们需要选择专业的投资者，把信任投给他们。"

让决策简单化

曾经有朋友问起我对一个人的评价，说他的观点很好，面面俱到，宏观怎么做，微观怎么做……然后问我，他的策略怎么样？我说不行，因为他的策略，没人做得到，他自己都做不到。所以，我们一定要让自己的投资决策越来越简单化。如果只是复杂化投资决策，一定只能是对外表现的，他绝对不是用这种方式做投资的，如果是，那么他挣的钱也是偶然，是靠运气。

投资是一个依赖概率性的游戏，由于短期的结果变数太大，我们不可能仅仅凭借短期的观察去下结论。如果你做短线投资，那么你周围的噪声太多，会让你真假难辨。我们更多的策略都是要基于让自己的角色变简单，让影响决策的噪声变得简单。短线投资，要摒除噪声的干扰，只有钢铁侠那样的心理才能经得住这样的冲击，这里难度非常大。而且我们容易犯近期偏差的错误，我们总是想投资近期表现非常好的公司，但真正的好企业，它的成长也是需要时间的。**也只有拉长时间来看，运气的成分才会被**

消除，我们的投资管理能力才能真正发挥作用，这就是时间与投资的一些关系。

要想在股市上赚钱，投资者必须在个股上精益求精，因为要考虑很多公司环境的恶化。同时投资要简单化，非常复杂的策略是不可操作的。基于公司的估值，他人低估的时候我去买入，然后他人高估的时候把它卖出。这样的策略要求的能力太高了，难度太大，不是好的策略，真正好的策略是选择一些伟大的公司，然后跟它们一起成长。

2017年，我说到投资三元食品，我认为，一家价格很高的好公司要比一家价格便宜的公司要强得多。所以我会为某些好的公司支付很高的价格，相反，对一家平庸的公司，支付低廉的价格往往也会带来伤害。

从中国出发，向世界流浪

2017年，很多投资者犯过的第一个错误是总被噪声干扰，太容易惊慌失措，一直处于迷茫与困惑之中，因为他们看的周期太短了。**我们很难预测天气的严寒和酷暑，但随着时间的推移，天气会慢慢形成气候，其实气候形成之后，我们就有能力来观察天气的规律了。**投资也是如此，当你只看一天两天的时候，是看不出波动原因的，但当你拉长时间来看，你的困惑与迷茫往往会被一些常态的规律所替代，常态的规律是可以避免惊慌的。

2017年投资者犯过的第二个错误是同一头猪摔跤。大部分投资者基本处于一个赔钱的状态，原因是他们在跟猪摔跤，弄得自己疲惫不堪，却还乐此不疲。

2018年，有些投资者可能犯的第一个错误是要么放弃股票市场，要么专注在市场的整体表现上。我认为，不能让恐惧指导我们的决策，2018年股市增长是有限的，个股表现日趋分化，而非同进共退。要想在股市赚钱，投资者必须在个股选择上精益求精。

投资者可能非常容易犯的第二个错误是拔掉鲜花，浇灌杂草。这个苗头非常强烈，社会上的很多语言、很多观念在误导大家，有声音说，中国的资本市场上，蓝筹股都是传统产业、我们的新兴产业受到了打压等。其实股市最基本的功能是投资功能，同时为需要风险资本的企业寻找到风险资本，并不具备引领社会前进的功能。但是当一个正常的市场开始运转的时候，它的外部性一定是推动着社会不断地向前发展，战略性新兴产业的发展是这个市场带来的外部性，所以我们不要受这些错误的思维逻辑的影响。

最后，人们易犯的第三个错误就是过分注重政治因素和技术层面。其实不需要太担心政治因素，也不需要太关心技术层面。2013年时，我一直强调技术在改变中国，但现在我会说，未来3年，我看不到颠覆性的技术出现。目前是投资最好的黄金时间，因为颠覆性的技术还需要积累2～3年，之后才会出现。而高品质的上市公司有能力适应政治环境和技术可能发生的任何变化，投资者应该致力于发现这类公司，而不是去预测不可估量的政治走势和技术细节，不需要政界人士和未来学家来告诉你该怎么投资。

我在2017年说过，这一年最大的风险是"标题风险"，时隔一年，2018年仍是如此。无论基本面有多好，人类犯错误的时候都会把事情搞得一团糟。

"从中国出发向世界流亡，千山万水，天涯海角，一直流亡到祖国、故乡。"[①] 很多高净值人士心中始终忐忑不安，想流浪，但是你流浪到哪里最终还是要回到中国。所以我想和大家说的是："植根中国，让中国变得更加美好。国富民强才会让生活在这里的每一个人都有更好的归属感。"

| 本文是作者2018年6月在亿衡财富学社中分享的内容。

[①] 本句源自著名画家木心的遗稿。中国当代画家、文艺评论家陈丹青曾用这句话描述木心先生的一生。

22
勤奋带来好运，财富源自专注

> 钥匙丢了，别人给你灯光，你就在灯光下面去找，就算钥匙真的在暗处，只要有灯光，你就不会去漆黑的地方找。所以很多涨得很好的股票和你没关系。研究员自己要成为探照灯，尽可能去照亮所有角落。

分享、读书是最好的提高方法

我们研究员的积累已经到了一定程度，我们去的地方很多，研究覆盖的面也比较广，但如何突出重点，如何更有效地抓住牛股，是需要我们认真思考的。我们要培养这方面的能力，要懂得选择、懂得放弃。

我的理念是：**全力以赴不一定能做好，不全力以赴一定做不好。**

每个人都能找到自己的方式。在投资理念上，白兰地基金的管理者福斯特·佛莱斯（Foster Friess）对我颇有影响。福斯特按照家庭式结构组建和管理公司，我们也像家庭成员一样始终抱着协作的态度在工作，按家庭成员的方式在要求员工，要诚实、要勤奋。

从 2012 年开始，我们讲投资方面的东西越来越多，原因在于我们对新人抱着真正培养的态度，不能说我们是很好的老师，但我们愿意彻底分享，我们的理念是先培训，后分享。

一开始，我们要修炼基本功，要做大量调研，写大量报告，这跟打高尔夫球一样，一开始不能只顾打得远，要先练好基本功，动作要准确。对于做研究的人来说，需要信息上的交流，需要协作，所以我们一定要坚持写，但是如何提高效率是自己要考虑的。此外，我们要悟出自己的投资方法，每个人的性格是不一样的，要形成自己的投资理念。什么方式可以让一个人提高得更多更快呢？一方面，靠的是师父领进门；另一方面，读书是最好的方法。

2009 年，我在跟投资经理开会时，建议投资经理们都去看《专业投机原理》，此书提到，要想让自己成为专业投资人，就是看完市场上能找到的与投资相关的 1 200 多本书。我们的专业本领无非来自演绎和归纳，这两条都离不开学习和思考，离不开从书本上获取知识，这对每个人的成长、提高都有用。

不要只是埋头工作、去公司调研，要多看书。我自己的体会是，每天记一些笔记，形成自己的一些体会。

一定要独立思考

有一个故事,讲的是一位金融学教授走在路上,看到了100元钞票,不去捡它,因为他认为那肯定不是真的,否则早就被人捡走了。这讲的是市场有效时的情况。但如果是金融从业人员看到了100元钞票,肯定马上捡起来,或许还愉快地去酒吧坐坐。两者有共同点,也有不同点。共同的地方在于,市场是有效的,当市场无效时,它最终会趋于有效。

一名金融从业人员的精神状态应该是,当发现市场无效时,要寻找是否有异常的估值,并且利用这个机会盈利;当市场有效时,要保持耐性。

总体来看,大多数公司的价格在某个点上是市场有效的结果。怎么去判断市场是有效还是无效?这涉及方方面面的问题,看博弈、看估值等。

我们做研究最大的问题,就是一上来就想推荐牛股,而没有想真正要做的工作是什么。**我认为,研究员首先要做的工作是,知道自己获得的信息在多大程度上是真实的。**

"是什么"是我们做研究的重点,这对判断非常重要。"会怎么表现"是另一个层次的问题,是投资经理考虑的问题。只有了解"是什么",以往困惑的地方才会变得明朗,而人们犯错误的地方往往是自己不知道的地方。

为什么会有困惑？一方面，可能是大家都不知道"是什么"，有时企业老板自己都不知道；另一方面，很重要的原因在于你们的关系网、判断力很大程度上依赖别人。

任何估值都充满了相互冲突和矛盾的观点，判断错了，没关系。但我现在担心的是，研究员做判断不是来自自己的一手判断，而是来自别人的判断。因此，我们一直鼓励独立思考，不能依赖别人。

如果你能踏踏实实地了解"是什么"，当你真的能做预测时，收益肯定是惊人的，因为你能做时机选择了；如果你的积累不够，还无法做出预测，自然也不需要去考虑这些问题。

正确的决策方式更重要

我们这个行业很特殊。财富源自专注，干得越久带来的价值就越大。

千万不要认为你推荐的公司股票涨了，你的判断就是对的；而你推荐的公司股票跌了，判断就是错的，股市里根本不是这样的逻辑。为什么一定要你们去读书，一定要你们去总结，也是这个原因。

我常说，好的决策不一定要带来好的结果，坏的决策不一定带来坏的结果。但在这个过程中，我们一定要不断地纠正决策方式，建立一个正确的决策方式要比带来好的结果更加重要。

研究员们平时都非常忙，但有个特点是，哪里有调研就去。我以前常打一个比方：**钥匙丢了，别人给你灯光，你就在灯光下面去找，就算钥匙真的在暗处，只要有灯光，你就不会去漆黑的地方找**。所以很多涨得很好的股票和你没关系。有人约你去调研，或者联合调研，这就可能是有光但无效的地方。**研究员自己要成为探照灯，尽可能去照亮所有的角落。**

我们还要善于总结。比如，我遇到过的差不多 2/3 的基金经理，没有一个敢说在周期类股票上赚过钱。原因是什么？跌的时候，没有人敢买；涨的时候，加仓，再涨，再加仓，加到最高点的时候，涨势就结束了，这就是周期类股票的特点。这跟宏观经济有关系，从研究角度上说，我们要去总结，不要气馁。

此外，我们需要掌握一些共用的工具，比如财务报表。辨别公司的好坏，财务报表是最好的方法，它会说话。

把握"度"和"关键点"

一家公司好不好，很难简单地用"好"或者"不好"来下结论，因为每家公司肯定存在很多问题。因此，我们不要理想化地看待一家公司。我觉得这里有一个"度"的问题，就是在哪个点上，你要看到积极的因素；哪个点上，要看到消极的因素。

在投资股票时，有些是小概率事件，有些是大概率事件，这也是一个"度"的问题。以前我投资某公司，有人就说，这家公司的股票怎么能投资，万一它的老板坐飞机失事了怎么办？这就是小概率事件。如果一定要把小概率事件当作重要的问题考虑，那就没有任何事情可做了。

除了把握好"度"，了解市场中投资行为的变化也很重要。比如在这个阶段，市场上所有人都这么想，但到了另一个阶段，可能一切就变了。以往在某个阶段，可能所有投资周期类股票的人都赚钱，但这几年里投入最多的不是周期类，因为波动太剧烈了。这就是投资行为的变化。投资者在不同阶段改变了投资方式，其他很多东西就改变了。

这几年市场最大的变化在哪里呢？投资新方法我并没看到。不管是自觉还是非自觉，我们用的方法，在国外分门别类已经很完善了，所以总体上变化不会太大。伟大的投资家经常寻找新的投资方式，但在全球化背景下，已经没有未开发的处女地了。被誉为"最富远见的国际投资家"的吉姆·罗杰斯（Jim Rogers）寻找的新的投资方式，无非新兴市场国家而已。

我认为，互联网对整个金融服务业的改变是这几年最大的变化。互联网对信息传播方式、对人情绪的影响、对市场的反应等，都比以前快速得多，市场也更容易波动。

接下来最大的问题可能是各种各样的"黑天鹅"事件，其对市场的冲击会大到超乎想象。对于这个问题，我的看法是：**独立思考很重要，不能因为"黑天鹅"事件造成的波动而情绪波动，这样会无所适从，周围人可能都会反应过度。**

最后，我想说说价值投资。价值投资有很多潜在条件，其中，最核心的就是研究价值从哪里产生。尽管没有一家公司没有缺陷，但是每一家公司的价值肯定从某个核心点产生，有的来自特许权，有的来自管理信息化，有的来自品牌，等等。当其他点难以把握时，产生价值的点是可以把握的，是没有矛盾的。抓住了这一点，抓住了最核心的点，跟人接触时，你就不会迷茫。

> 本文是作者2013年在东方红资管半年投资研究总结会议上分享的内容。

23
怀抱理想，珍惜当前

> 你一定要走到正道上去，带着正气去做事情，所有的耐心都会得到回报，市场会非常有效地把财富从没耐心的人那里转移到有耐心的人那里。

对许多人而言，估计已经很久都没有人跟你谈过关于理想的话题了，我们只在小学、初中时会讲理想，到高中时，很多人已经不敢谈理想了。

为什么要谈理想呢？这个话题源于一个简单的问题：我们的竞争优势最终来自哪里？我想不出来。就在思考如何谈这个话题的过程中，我突然意识到："**合理的理想主义是我们结构性竞争优势的源泉。**"合理的理想主义可以让我们获得结构性的竞争优势，并在这个过程中获得更多的利润。这是我想到的事，至于能否在经济学上、在企业经营中实现，还很难说，有待每个人在日常工作和生活中去琢磨、思考。

完全竞争时代来临

我曾看过一部电影《一八九四·甲午大海战》。关于甲午海战的片子，我是轻易不去看的，因为小时候看《甲午风云》是我这辈子最抑郁的事情之一，这部影片气氛很压抑，看过之后，整个人很长一段时间都处于压抑状态。这次看《一八九四·甲午大海战》，看后依然很压抑，还有年轻时代那种"哀其不幸，怒其不争"的悲愤情结。

看这个片子时，很容易让我联想到我们自己、我们现在的公司是处于什么状态。影片中，邓世昌在读《天演论》时说道："世间万物，优胜者生存，民族国家也如此。今中华民族若不奋起，必将为人类历史所淘汰。""落后就要挨打"，国家如此，企业也是如此。

资本市场演变到现在，国家也好，企业也罢，在一个开放的环境中，必然面临激烈的竞争。经济学上的完全竞争意味着什么？我们很多同事的专业背景不是经济学，不一定能理解。很多人读经济学的时候，没有真正读进去，因为当时是带着应急的目的去读的。有一次，我在某商学院跟教授们交流时，说了一句让他们很吃惊的话，我说："我们证券业最糟糕的地方、最薄弱的地方是大家对经济学不了解，原因是有的 MBA、EMBA 学生在读经济学的时候，是抱着应急的、工具性的态度，不是理念性的。"

完全竞争意味着所有人都没有利润。对国家来说，完全竞争意味着人民要流汗流血；对企业来说，完全竞争意味着企业要破产，员工要失业。我在很多场合演讲时，一上来就会问一个问题："现在企业家觉得企业很难经营，所以都不开心；不给员工涨薪，员工也不开心，这是一种什么现象？"我的观点是：这是一种正常现象，是个好现象。所有企业都没有超额利润，难道不是一个好现象吗？当所有企业都没有超额利润时，那意味着消费者能获得最大的满足。所以，2013年以来，在很多场合，我都讲到了竞争。我们要充分认识到竞争的残酷性，很多事情不是我、不是公司要你怎么样，而是竞争环境逼迫你不得不怎样做。

我们目前的竞争状况是怎样的？2013年在美国时，我碰到一家外资券商的领导，他讲了一个简单的数据。在中国，现在是100家券商在服务不到100家基金公司，国外现在是10家券商服务几万家公募和私募，这意味着未来5～10年整合是不可避免的。那么，我们的优势在哪里？这几年我们为什么进步了？

前一阵子，我看了一条很有意思的新闻：一家海外投行在大肆招人，为什么招呢？管理层认为这个经济周期不短，先大规模裁人，把工资高的都裁掉，可以控制成本，再把年轻人招进来培训3～4年，等他们成长起来时，经济进入另外一个周期，这批年轻人就可以给公司赚钱了。这就是资本主义。

这家投行的全球投资银行主管来我们公司拜访，我们了解下他是怎么工作的。他正在巴黎过25周年结婚纪念日，但为了游说东方证券赴港上市，接到电话，就把老婆留在那里，飞到上海来了。他在纽约有个很大的庄园，但大部分时间他是在办公室旁边的小旅馆中过夜的，平均每天只睡4个小时。

美国的投资银行业就是这么经营的。《魔鬼经济学》里有很清晰的阐述，大家可以去看看。投资银行业，在任何一个地方都跟其他行业不一样，在美国、欧洲、亚洲莫不如此。美国很少有制度规定员工6点以后还要加班。如果有，你可以起诉，但投资银行业不一样，不需要制度。这种状况在中国香港也是一样的，我去找一个香港的朋友，他晚上10点钟还在加班，圣诞节也在加班，元旦还要到办公室工作。这是竞争环境使然。

积累、做大概率的事

面对这样的竞争，我们准备好了吗？我们似乎每天都在接受命运的安排，但事实上，我们每天都在安排自己的命运。

我经常对年轻人说："**在中国，很难有一个像我们这样的行业，让一个年轻人能够不需要太多的外力，更多依靠自己的努力来改变命运。**"这是我这么多年来非常由衷地对每个年轻人说的话。每个人都想致富、想发财。微博上有人说，发财有三个办法，第一个办法是"我爸是李刚"；第二个办法是"我爸是李嘉诚"；第三个办法是"我是李彦宏"；在美国，还有第四个办法，"结婚，然后再离婚"。

美国有一个故事，一个富婆结婚了，她的闺蜜来祝贺她，问她："你用什么秘方找到了比你年轻 20 多岁的小伙子，告诉我你保持青春的秘密是什么？"她说："没什么秘密，我 50 多岁了，但我告诉他我已经 70 多岁了。"

个人致富，时机、性情、天赋缺一不可。

如果没有这些段子里所说的四个办法，该怎么办？唯一的办法，我认为只能是自强不息。所以，西方人告诉我们第五个致富办法，就是理财教科书中一定会提到的"积累"。

关于怎么积累，我讲讲我 2013 年美国之行回来的体会。我们与花旗一起去了一家公司，我当时不理解花旗为什么要安排去这家公司，就如同高盛已经两次不辞辛劳拜访我们公司一样。

这家公司当时的状况是，第一季度亏损 10 亿美元，CEO 因为个人原因辞职了，未来接班人尚未知晓。虽然 CEO 辞职了，但为了拜访这一客户，花旗纽约分公司的联系人飞了过来，花旗香港分公司的联系人从香港飞了过来了，我们也辛苦地飞了过去。其中，花旗香港分公司的联系人让我印象很深刻，他从中国飞到美国，见面一个小时，然后一刻不停留飞回香港。这说明了什么？我们总结下来，这家公司做事情，攻心为上。在做业务时，不知道哪片云可以下雨，那就到所有的云下面去等，尽我所能。春天不播种，夏天就不生长，秋天就不能收获，冬天就不能品尝。

之前，我的一个朋友来培训财富管理业务时，提出了两个观点。第一，一定要告诉客户从事大概率事件，绝不推荐客户去买彩票、赌博。为什么要这么做？因为要把客户引到大概率事件。我们做业务也是一样，要客观、理性，要去做大概率事件。在培训时，他很客观地告诉大家，财富管理的业务模式是什么，你应该做什么工作。财富管理不是帮客户管钱，你自己都没钱可管，怎么帮有钱人管钱？这从理论上是讲不通的。所以，他说了财富管理的三个功能：管理客户的预期、背书、在逆境中安慰客户。

第二个观点对我们更加重要。他说，20%的客户贡献了80%的利润，问题是，大客户具有隐蔽性，这20%的大客户隐藏在80%你不知道的群体中，所以，你必须做大样本的事情去把这20%的客户找出来。这是一个逻辑前提。另一个逻辑前提是，小客户可以成长为大客户。我们一定要做大样本、大概率的事件。我们做研究、做客户服务时，都应该这样做。

实际上，我们很多人在做营销等工作时，混淆了客户的要求和客户的真正需求。我曾讲过一个"产品—客户矩阵"，做这个矩阵的目的是：第一，要真正把客户的需求罗列清楚；第二，罗列清楚后你会发现，没有一个人能满足客户所有的需求，所以我们必须团队协作。我不能命令团队成员协作，协作一定要发自内心，如果不是发自内心，是运转不起来的，这不符合市场经济的规律。

所以，我认为理想主义者能清晰地了解客户的真正需求，不会在面对客户时糊弄、将就，不会因为市场偶然的务虚去投机、妥协、改变原则，不会因为客户的不切实际而改变自身的经营作风、原则和思路。真正的理想主义者从不抱怨。理想主义者相信，是金子总会发光的，做事是真正地用心、用力、用功，甚至抱着牺牲精神。以客户为导向绝不意味着纯粹地顺从客户。理想主义者最终达到的效果是"争是不争，不争是争"。巴菲特说过一句话："市场非常高效地把财富从没有耐心者那里送给耐心的人。"真正的理想主义者非常有耐心。

相信市场的力量

前面我讲了面对竞争时我们该如何做。接下来，我要说说为什么讲理想，讲合理的理想主义。这话说起来就很长。

举个我亲身经历的例子：

许多年前，我带着我们自营部门出去玩，当时我在路上吃了一家乳业公司的冰激凌，这是我第一次接触这家公司的产品，当即我就下了结论，从此之后再也不吃这家公司的任何东西。那冰激凌的颜色极为鲜艳诱人，我本科是学化学的，马上就质疑：这样的东西怎么能吃呢？这家公司的基因最初就错了，没有走正道。而它的竞争对手们至少在诞生之初就从未想过要骗人、骗钱。

它们那时肯定也想发财，但它们不敢这样做。

多年来，很多公司最初走的是正路，后来劣币的存在迫使它们走歪路、邪路。但是，我觉得从现在开始，在这个市场上，我们可以开始讲理想，我认为这是结构性竞争优势的源泉，因为我们要走正道。这些年我们一直强调合规，一直强调基本面，为什么这样做？我们错了吗？没有。历史的演变、资本市场的演变越来越证明，我们这么做是对的。在一个逐步脱离"劣币驱逐良币"的社会机制下，我认为，理想主义会日益散发熠熠光辉。

中国五千年的文化历程中，有很多黑暗和曲折，但最终都会迎来光明，每个时代都会有邓世昌那样的一群爱国志士。社会总是往正确的方向走，大家要有这个信仰。

我经常说的一句话是："监管部门要做两件事，保护投资者不上当受骗，保护投资者投机的权利。"2012年，"毒胶囊"追责措施出来后，浙江十几个相关人员被问责，河北有很多工厂被关停了。这种新情况不是坏事，是好事。因为制度逼着所有人都规规矩矩、认认真真做事，这就是制度的力量。虽然其中有许多不尽如人意的地方，有很多不完全正确、不完全合理的政策，但制度会逼着劣币在这个市场上逐步离开。

大家经常说资本市场改革，虽然我们看到这个过程带来的巨大破坏，散户忍受着巨大的被剥夺的痛苦，但这是不可避免的。我希望能唤醒散户赶快逃离，保护自己。我在公司内部开会时，也经常呼吁营业部经理让散户把股票换成基金，或者换成其他产品。因为我看到这种结局不可避免。

大家要相信市场的力量。《经济学的思维方式》一书的开篇就讲了秩序是怎么有机产生的，我看过之后感觉眼前一亮。作者举了个堵车的例子，我们平时只看到交通的失败，拥堵严重，但没有看到交通的成功之处。我们想想看，虽然你每天上班时都抱怨道路太堵，但你从来不用担心到不了公司，因为你只要沿着那条路走下去，总是可以到公司的。

经济学实际上并没有假设人人都是自私的，物质至上的，事不关己、高高挂起的。很多人在把经济学当成工具学习的时候，首先学到的可能是"人是自私的"这一假设。但实际上经济学不是这样假设的，经济学从来不否认慷慨、公益、品德的现实性和重要性。

亚当·斯密的《道德情操论》一书里有句话我在许多场合都引用过，这句话是："最高级别的谨慎是最好的头脑和最美好的心灵的结合。"

我们周围有非常多很知名的企业，它们在理想的光芒的照耀下越做越大。有没有人听说过谁离开华为后说华为坏话的？很少。这么大的公司都能做到这一点，非常不容易。我和来自华为的人聊天，聊完之后，由衷地敬佩这家企业。任正非要求华为所有的员工无论走到哪里都要低调，在邻居中也要低调。这些公司改变了我以前的想法,因为他们从一开始就是走正道。

我对理想的思考,也是受他们的启发,他们坚持理想,坚持正气,始终走正道。

专业人做专业事

我倡导"专业人做专业事",曾经有个企业家协会给我发了条短信,要举办活动讨论一个社会事件,这不是我的专业。经济学家不是专家,经济学家是一个职业,社会事件是律师、社会学家该去讨论的,不是我该去讨论的。我不是那个专业的人,所以我没法做那件事。

但我也很清楚什么叫"合理的理想主义",那就是做正确的事。什么叫"正确的事"?我衡量员工所有行为表现的原则就是"是不是做正确的事",我们解决同事之间的矛盾,靠的就是这条原则,"是否做正确的事,是否合道理、合天理、合人理、合伦理"。**我也有不擅长谈论的某些社会事件,但在很多与投资相关的问题上,我很清楚地认为,我们一定要去做正确的事。**

当然,我们说的"正确的事",在各个国家、各个领域的衡量方式是不同的。我曾在飞机上读到一篇关于日本企业管理的文章,日本企业管理中,高管在中国办公时租房子住,企业给房贴。这个员工觉得很可惜,正好自己也没房子,他就买了房子,拿企业给的房租去付按揭，但日本企业不同意。虽然结果对企业来说是一样的，因为企业付了同样的钱，但日本企业说："我们只给租房子的房贴。"

我有一个朋友也遇到了类似情况。他是一个意大利企业的高管，被派驻中国，企业给了他很多房贴，有人建议他把房子买下来，用房贴付按揭绰绰有余，他说："我们企业不允许，我不会做这种事。"从这两个例子不难看出，一些国外企业的管理者更注重过程管理。

沿着正确的路径走

我们说的价值观考核是对过程的考核。**只要你沿着正确的路径走，我认为完全可以达到理想的目标**。明末清初的大思想家黄宗羲说过："大丈夫行事，论是非，不论利害；论顺逆，不论成败；论万世，不论一生。"

有时候，我们要具备一些理想主义精神。讲到理想，我想到我当年读书时有几本书对我影响很大，比如，德国社会学家、经济学家马克斯·韦伯的《伦理之业》《天降之任》（收录了《以政治为业》《以学术为业》），值得推荐。如果你想在精神上获得一些营养，更要好好读读。

大学毕业时，我抄了段话送给我出国的同学："如果一个人不能用热情去做一件事，那么这件事对作为一个人的他来说将毫无价值。"我们经常说"人不痴狂枉少年"，你在某些事情上总要痴狂一把，做事情总要有这种精神。我印象很深的还有本书《来自竞争的繁荣》，这本书讲的是，20世纪60年代，当时联邦德国的前总理、经济部部长路德维希·艾哈德用他的经济政策让联邦德国经济崛起，这本书改变了我的信念，我从此对未来充满了信心。**只要社会充满竞争，你就要对社会抱有希望。**

有学生曾问过我关于社会前途的问题，我是这样回答的：只要这个社会存在竞争，社会的明天就一定会比今天更好。我们每个人身上都蕴藏着巨大的潜力，我谈理想，就是希望唤醒大家的潜力，唤醒大家昔日心中的希望、期望和憧憬，唤醒大家曾经的纯真。完全竞争一定会逼着大家如痴如醉地拼搏，否则你就没办法生存。**你完全可以做得更加杰出，关键是你一定要走到正道上去，带着正气去做事情，所有的耐心都会得到回报，市场会非常有效地把财富从没耐心的人那里转移到有耐心的人那里。**

我们要勤奋起来，唤醒自己追求卓越的曾经。我们能走到今天，肯定都曾是校园里的佼佼者，只是后来没有那样的渴望了。我对中国的未来充满信心，尽管的确有很多不如人意、不尽人心的地方，但是我们要相信市场的力量。我看过《大数据》以及关于云计算的《赢在云端》《第三次工业革命》等书，在所有这些领域，中国都在快速崛起，中国的发展与国外是同步的。

社会建设性的力量在不断涌现，我们每个人要坚持正义，带着正气、走正道是我们竞争优势的来源。你和他人做同样的事情，你凭什么比他人收入多，凭什么比他人做得好？你要有利润，超越平均的利润。完全竞争时代，你就要比他人做得好，别无他法。至于怎么做，我们要去思考。

我们要通过自己点滴的努力，把各种正确的东西贯穿到生活、经营等方方面面中去。理想主义是要落实到具体工作中的，不是拿来和社会碰撞的。通过学习理想主义的精神，我们不断地探索，不断地自我批判，不断地完善自己，不断得到改进。

随着公司规模扩大，公司一定会有很多隐形杀手，管理层要高度警惕，比如，官僚主义、教条主义、欺上瞒下、"当面一套，背后一套"、"事不关己，高高挂起"、自私的修正哲学、以情代法、人治的"圈子化"、部门之间老死不相往来等现象，这些都是隐形杀手。对管理层来说，要战战兢兢，如履薄冰。我们不能把价值观挂在墙上，价值观不是看的，而是要落实到工作和行动中去。我提供两个思维方式帮助大家进步。

- 一定要去想，你凭什么比他人做得好，找出比他人做得好的办法，去寻找你的"工具包"。
- 你做任何一件事情，在取得成功时，或总结经验教训时，一定要去想："我这么做是可复制的吗？"

只要沿着这两个路径往前走，你一定是螺旋式上升的。你衡量一个人的时候，也可以用这两个方法去观察。跟上市公司打交道，你都可以这么观察。在脑子中问自己："这家公司凭什么比别人好，它的好可以重复出现吗？"只有具备这两个条件了，它最终才能胜出。一个人具备这两个条件，你一定会敬佩他，一定会愿意跟他交朋友。对你自己来说，这个思维方式也是最好的学习和改进途径。

> 本文是作者2013年7月在东方红资管工作会议上分享的内容。

24
拥抱变化，与时俱进

> 人与人之间的区别是，你是真正地生活了1万多天，还是只生活了1天，却重复了1万多次？

面对变化，我们要有正确价值观。价值观是我们看待事物、做事情的理念和方法。

也许少数人不按照社会提倡的正确价值观做，也可以在不违规的情况下做得很好，但这只是个案，不符合大数定律，不是我们想要实现的可复制的成长，这一点在管理、决策等各方面都非常重要。

有不少人缺乏"概率观念"，做什么事情都不考虑概率。概率的观念要应用到所有事情中。比如在德州扑克中，你拿到一对A，就想狠赢一把（通过诱导别人加大赌注），但你想过没有，100把你拿一对A，99次赢的钱之和可能都不及1次大输的钱多。

看到这个你就想清楚该采取什么策略了吧。大家要在头脑中建立概率的概念，很多事情不能以个案来代替整体，你要形成更加全面的想法。

我经常说的一句话，"一鸟在手，胜过二鸟在林"，这是一个概率的观念。毛泽东读宋玉《登徒子好色赋》，认为宋玉辩解的方法是"攻其一点，不及其余"。同样地，我们在倡导价值观的时候，你不能拿个案来攻击整体。正确价值观中要求的内容，任何一点你都可以拿个案来批评的，但我们要的是可复制的成功。

我反复强调，在投资这个领域，一个正确的决策不一定带来好的结果，一个错误的决策也可能带来好的结果。当正确的决策带来坏的结果时，你会忽略它；当错误的决策带来好的结果时，你会强化它。我们提出这些价值观，是为了让大家看到，哪些是可以重复的、助你成功的东西，帮助你纠正日常生活、工作中的很多思维习惯。我对公司的价值观有基本的原则，那就是，不能执行的东西，我不允许列出来，不允许它变成口号。我们的文化或理念是，把一个员工应该在公司中做的事情，按照正确的方式推广执行。这就是我们在倡导的价值观。

下面，我谈谈心态和看问题的角度。在价值观上，你完全可以换一种方式，以积极的心态看待价值观的具体内容。比如，"合规"可以用两种心态来看：一种心态是，合规很麻烦，阻碍了业务开展，给我带来了很多束缚；另一种心态是，万一我真的违规了，我的职业生涯就完了，公司也会遇到麻烦。对价值观的每一条要求，你都可以转换心态来看。我经常举例子说，你出门路上被车蹭了一下，悲观的人会说"我今天被车撞了"，乐观的人会说"今天很幸运，我没有被车撞死"。

同样一件事情，我们可以从不同的角度看。鲁迅评论《红楼梦》说："经学家看见《易》，道学家看见淫，才子看见缠绵，革命家看见排满，流言家看见宫闱秘事。"面对动荡的市场，有人看到的是风险，我们看到的应该是机会，要用积极的心态来看问题。我建议读一读俄国作家契科夫的小说《生活是美好的》，其中有两句名言，"事情本来可以更糟糕的""假如妻子背叛了你，你该感到庆幸，因为她背叛的是你，不是你的祖国"。我们看到很多事情时，可能会感到失望，但不要沮丧，对所有的事情都要抱着这种积极心态去看。

做投资的人，最重要的就是要建立这种心态和思想。当市场下跌时，很多人看到的是风险，但你要看到机会。"市场充满投机和欺诈"，这是一种视角，另外一种视角是"市场提供了无限商机"；"市场风险很大"，这是一种视角，换一种心态，"市场需要耐心"；"我真傻，怎么会做这么愚蠢的事情？"，换种心态看，"每个人都会犯错，我们要抓住下次机会"；做投资亏损的人说，"这个市场根本赚不了钱"，换个角度看，"市场是有钱可赚的"。在投资上，不要等到事情真的发生了才动手，别忘了优秀投资者通常是在人们对宏观经济的担忧达到顶点时买到了最好的东西，最好的获利机会往往在发生危机的时候出现。

积极的思想会促使人转变看问题的方式。伊拉克战争爆发时,精明的商人马上就准备了裹尸袋,卖给美国。

积极的心态促使人成长。你要用积极的心态去阅读和领会,积极的心态在某种意义上真的会成为你的天使,给你插上成长的翅膀。你本来需要三四年才能走上更高的台阶,如果你领悟了,你可能在半年甚至更短时间就能上更高的台阶。

我们这个行业要求"不待扬鞭自奋蹄",勤奋是没有替代品的,因为竞争迫使我们这么做。你可以不学习,但你不能阻止别人学习。在竞争中,要看你的竞争优势在哪里。想想看,你们学同样的专业,研究同样的内容,一样年轻,一样充满朝气。你们是从名校毕业的,其他很多券商同行也是从同一所名校毕业的,就是你们的师兄弟。你在学校时也许没想到,但现在你就是在跟他们竞争,在同一个起跑线上竞争,那么你凭什么比他们强?靠的就是勤奋。我们这个行业的人像农民,拼的就是体力。

勤奋要成为每个人对自己的要求。我经常说,财富源自专注,勤奋带来好运。生活需要运气,但接二连三的运气,肯定是勤奋带来的。这是大概率事件。我们这个行业没有讨巧的办法,也没有讨巧的余地,都要靠勤奋。在我们的年轻时代,换种方式思考,生活就可以更加充实。

健康心态的逻辑是:不要为一次事件感到沮丧、失望,要看到更多好的状况发生。有几句话,与大家分享:

成功根本没有秘诀，如果说有两个秘诀的话，第一个就是，坚持到底，永不放弃；第二个是，当你想放弃的时候，请回过头来按照第一个秘诀来做。

这是英国前首相温斯顿·丘吉尔的话。我想对很多年轻人说，如果想要成功，就需要坚持。

我们要不断改善自己、完善自己。我们的制度不是一成不变的，随着时间的推移，有些东西需要推翻，有些需要完善。但你只要坚持了，当你有一天回头看时，可能发现自己已经从山脚爬到山顶了。

我们这个行业挺好的，唯一不好的是时间过得太快。我后来发现这种想法不是很对，我没有很积极地看待这个问题。**人与人之间的区别是，你是真正地生活了1万多天，还是只生活了1天，却重复了1万多次？**一个在公司工作25年的老员工找到老板，质问老板，自己有25年经验，但为什么一直没有涨薪。老板说："你用同样的经验干了25年，而不是有25年的经验。"你想想看，你的周围是否也有这种情况？《约翰·克利斯朵夫》里说："大部分人在20～30岁时已经死去，因为过了这个年龄，他们只是自己的影子，此后的余生只是在模仿自己中度过，日复一日，更机械、更装腔作势地重复他们有生之年的所作所为、所爱所恨。"

大部分人都是在过这样的生活。但是，我们在这个行业，为什么感觉时间过得这么快？因为我们每天都有变化，每天都有期待，每天都有可以实现的梦想，每天面临的都是新的情况，都是未曾遇到过的问题，每天都可以满腔热情地投入，不必像别人那样麻木地、机械地重复。我非常乐意与大家一起学习，一起成长，与大家共勉：拥抱变化，与时俱进。

> 本文是作者 2012 年 2 月在东方红资管内部会议上分享的内容。

25
相信时间的力量

> 投资是不是越来越难,能否胜出,取决于我们能否不断从消极、悲观的情绪中释放出来,看向更远的明天。时间是猿进化成人的最大力量,也是投资中最重要的"杠杆",更是我们对未来的信仰,我们要相信时间的力量。

查理·芒格曾讲过一个故事。查理·芒格认识一位极其精明能干的投资经理,有一次他问这位投资经理:"你在向机构客户推荐投资产品时,你说的产品回报率是多少?"这位投资经理说:"20%。"查理·芒格明明知道这个回报率不可能实现,就反问他:"你能做到吗?"投资经理就说:"如果我给他们一个较低的数字,他们又怎么会把钱交给我投资呢?"同理,如果说投资越来越简单,谁会把钱委托给我们?那样我们就该失业了。投资本来就不是一件容易的事,长期胜出更是难上加难!

为什么说投资会更加困难,我归纳起来有 4 条。

- 市场环境越来越复杂。环境气候变化、国际贸易和全球化争论等社会噪声越来越让人困惑不解，越来越让人忐忑不安。有时候，我们和企业家打交道，发现很多企业家也感到迷茫不安。这让企业基本面充斥着不安和不确定性。

- 市场价格这个最重要的金融信息受到不停的干扰，反映未来的能力大为降低。投资本身的社会属性使得价格发展成社会影响力信息而非价值决定信息。于是，价格信息与最初的状态渐行渐远。
- 过去的信息是靠人而不是靠科技来驱动，而今有了移动互联网，信息随时随地可以获取。市场从无效到有效越来越快，每一个减少市场无效性的获胜策略，很快就必须被新的策略所取代，很多投资者无所适从。
- 科技的进步越来越快，但是技术并没有改变人性，人们利用人性的弱点挣钱的行为比比皆是。这就让那些光凭宏大叙事，用传统历史美德包装自己，不务实业、不务基本之辈如鱼得水。他们利用网络媒体，用一个又一个更大的展台、一个比一个更硕大的显示屏虚张声势，欺骗、吸引投资者和消费者。

所以这个时候，我们很容易会被一些烂苹果所迷惑，怀疑装苹果的木桶本身是否已经腐朽了，甚至怀疑人生。

而对于做长线投资的投资者，他们必须相信明天会比今天好。他们需要押中巴菲特的子宫彩票，需要市场这个系统能够长期不断地良好运转，需要社会是良好的品德带来生意的兴隆、道德高尚的正向循环构成社会最坚定的基石。

在投资上,查理·芒格的脑海里没有"便宜货"这一信条,他对"好生意"和"坏生意"之间的差别了然于胸。巴菲特曾说:"格雷厄姆教会我买便宜货,而查理把我带入了不要光买便宜货的投资方向,这是他对我最大的影响。查理·芒格把我从格雷厄姆的局限性观点中释放出来,需要巨大的力量,他让我的视野变得更加开阔。"巴菲特甚至说,是查理·芒格让他从猿进化成了人。

环境、波动和周期会让人不时陷入消极和悲观,这个时候需要极大的力量才能把人从消极和悲观的情绪中拉出来,这种力量让人更加自信、更加乐观,而不是更加迷茫。长期的视角和时间正是这股巨大的力量。

丘吉尔说过,你回首看得越远,向前也会看得越远。让我们看看遥远的过去、现在,还有将来。

- 2017年12月,中央电视台播出的《国家宝藏》,一件件国宝耀眼亮相,如贾湖骨笛、云纹铜禁、《千里江山图》、各种釉彩大瓶等,它们既是中华五千年的历史文物、艺术品,其实也展示了我们祖先在那些时代领先世界、登峰造极的制造业。
- 2018年的奥马哈,据说有1万华人从全球各地去参加伯克希尔－哈撒韦股东大会,占了5万名参会者中的20%。虽说有些人是去旅游,但更多人是去学习,这个现象展现了中国投资者极大的学习热情。

25 相信时间的力量

- 2018年的腾讯互娱KPL春季赛在上海静安体育中心体育馆举办，现场座无虚席，3 000多名观众的呐喊声此起彼伏，6场比赛直播的观众数超过1 500万。年轻一代正在走向舞台中央，历史只会不断向前。
- 分享一组有意思的数据：2018年第一季度相较于2015年同期，30亿元以下和30亿～60亿元市值分组公司的股票数量分别从22只和649只增加至612只和1 166只，总市值也分别由497亿元和3.1万亿元增长至1.5万亿元和5万亿元。巨大的数量增长告诉我们：没有竞争力的公司的反弹只是回光返照，没有足够的收购兼并的外在力量可以让企业竞争力恢复，市场的价值投资之路已经不可逆转，正向反馈和循环已经拉开帷幕。

综上所述，投资能否胜出，取决于我们能否不断从消极、悲观的情绪中释放出来，看向更远的明天。

时间是猿进化成人的最大力量，也是投资中最重要的"杠杆"，更是我们对未来的信仰，我们要相信时间的力量。

贝佐斯说过：

> 如果你做每一件事都把眼光放在未来3年，和你同台竞争的人很多，如果你的目光能放在未来7年，那么可以与你竞争的人就很少了。因为很少有公司愿意做那么长远的打算。

同样，在我们这个领域，把眼光放在一年的人已经很少，如果你能够把眼光放在未来 3 年，那么，能与你同台竞争的人将少之又少，你获胜的概率将会大为提高。而只有拉长时间，我们的每一个投资组合才能反映我们的原则、价值观和理性。相信时间会促进繁荣，只有让世界更美好，我们的投资才可持续，我们才会有最大的回报。

> 本文是作者 2018 年 5 月在"北京大学全球金融论坛"上分享的内容。

对谈 3　**投资的全部内容是概率**

主持人： 这么多年下来，你怎么理解投资本身？

王国斌： 从某种意义上说，我们这个行业是以结果论英雄的行业，但是，短期来说，好的结果不一定是正确的决策过程带来的。所以，我们在培养投资能力时，更应该关心的是决策过程。

股市里很有意思的一件事就是，好的、正确的决策，不一定带来好的、正确的结果；而坏的、错误的决策，不一定带来坏的、错误的结果。这就会造成一个假象，你只要有一个好的结果，就会不自觉地认为你的决策是对的，就会很得意、很自负，这种心态又会强化这个坏的决策方式。而如果一个坏的、错误的决策，造成了一个好的结果，你内在的那种得意、自负就会埋下毁灭你的种子。

所以，在决策过程中，你一定要认真分析你的决策过程是不是正确的，不能因为结果是对的，就认为决策是对的。实际上，人们每天要做成千上万种决策,每天都不自觉地接受大数法则的安排。

结果一定是,正确的决策大范围(大概率)会带来好的结果。专业投资者有过许多投资决策经验,那种建立在谨慎分析、训练有素基础上的投资决策,就不是在局外人眼中的那种赌博,而是建立在事物常规变化基础上的投资。投资,讲的是大数法则。

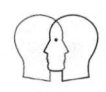

> **投资,讲的是大数法则。**

主持人: 从决策到结果的过程是有很多不确定性的。

王国斌: 是的。整个资本市场的核心因素是不确定性。投资的本质源于未来的不确定性。

主持人: 如何应对不确定性呢?

王国斌: 与不确定性对应,我们大多数投资者较缺乏的一个基础因素是概率的观念、数字的观念,不管是在日常生活中还是在投资过程中。人们明知赌场的赔率是不利于赌客的,但好赌之人依然蜂拥进入世界各地的赌场,投资很多时候是零和游戏,但很少人去考虑胜算。

比如，专业投资者非常讲究对一致预期的看法。如果一笔投资中机构投资者很多，这笔投资真的超过一致预期，它的涨幅也是非常有限的。即便有 70% 的概率会超预期，超预期的涨幅可能也就 20%；而达不到一致预期的概率可能是 30%，但下跌的幅度可能是 50%，所以你的期望值算出来是负的。如何做决策就很清楚了。反之，机构投资者少，超预期的涨幅就会高，最终的期望值是不一样的。

对一致预期的看法是逆向投资有效的逻辑基础之一。逆向投资的另一个逻辑基础是资本市场价格决定的"吉芬现象"。这些都是投资者的心理认知陷阱。

认知心理学家和决策理论家认为我们有两个决策系统。最直接、最迅速的决策系统是基于第一印象，是人类进化过程中逐渐适应环境而产生的能力，也就是直觉。

人类除了可以使用直觉思维之外，还可以使用另一种信息处理模式，它包括以特定规则为基础的决策和非社交决策，这两者都需要抽象思考。这种思考涉及有意识的推理，会消耗时间，不能立即给出正确的答案。这个分析决策系统也许比直觉晚出现，是人类进化的适应机制。要解读统计信息或概率，了解一些法律条款，或者计算利率，都需要这种抽象的思维推理。

当直觉系统运行的环境已经不再是产生直觉系统的环境时，该系统就不再有效了，金融领域市场环境就是其中的一种情况。

动荡难测的股票市场极易吸引人们用直觉做判断。那些只跟着直觉走的投资者最容易大难临头。当直觉和金融决策相互交织时，人们极容易出现思维误判，得出非常离谱的答案。

直觉和抽象未必冲突，但直觉和抽象必须各司其职才行。这两种决策系统既可以同时起作用，也可以独立起作用，关键在于决策的内容是什么。将心理学应用于经济学的心理学大师丹尼尔·卡尼曼说过："我们必须学会接受这样一个事实——要衡量长短，就必须有一把尺子。"投资决策必须要有量的考虑，避免直觉带来的偏见。

主持人：这个结果很有意思。

王国斌：所以投资者对一致预期的看法是非常关键的，你脑海中要有决策树，你要去算预期的期望值，而且，整个投资决策中预期的期望值都要在你的脑海里。为什么ST股你可以买？它即便重组成功的概率是20%，但它的涨幅可能是5倍，而它重组不成功的概率是80%，却只会下跌10%，所以期望值是很大的。除非重组的概率下降到0，否则，乱炒ST股的现象一时半会儿不会消失。

虽然上面的概率我是拍脑袋说的，但我想表达的是这个决策的过程不是随便拍脑袋就定的，不是赌。比如巴菲特，他为什么要挑那些傻瓜都能经营的公司，因为他脑海里牢牢植入了这种概率的思想。未来是不确定的，没有谁能猜测到明天会发生什么。

傻子都能经营的公司，成功的概率就大。

主持人：就是说要在脑海里牢牢植入这样一个基本的思想。

王国斌：这个就是我们在不断体悟的过程中，逐渐建立起的一些思想框架。比如，我们不主张在单只股票上投资太过集中，很多个股的投资比例远低于法规的限制。这么做，一方面是避免小概率事件发生，另一方面是为了让团队不受外界可能的舆论炒作干扰。这就是我所说的最优考虑，次优选择，我们更重视那些胜算更大的投资模式。不光这一个，我们还逐步建起了很多这样的思想框架。

主持人：你甚至说过，投资的全部内容就是概率？

王国斌：如果能做到准确的预测，我们这个行业就没存在的理由了。查理·芒格讲过，所谓投资这种艺术，就是比别人更好地对未来做出预测。

怎样才能比别人做出更好的预测呢？最好的方法就是把你的种种尝试都限制在自己能力允许的领域中。如果你花尽力气想要预测未来的每一件事，那你尝试去做的未免太多，你将会因为缺乏限制而走向失败——世界总是存在着无数的可能。如果不能有先见之明或预料意外事物的本领，我们就会发现，自己被某些人或者某种杂乱无章、难以搞清楚的事物所控制。投资的基本规律就是未来的高度不确定性。

投资的本质在某种程度上就是一种概率游戏。每一天，投资者都需要把投资机会转化为概率。明智的人不应该把钱押在小概率的事件上。

正因为这是个概率游戏，任何人预测未来都是困难的，都可能犯错误，所以错误是我们工作的一部分，我们不能输了一副牌，其他牌就不打了，或者不认真打了。正如索罗斯所说："我有认错的勇气，发现错误马上改正。我的成功不是源自猜测正确，而是源自承认错误。"如果像马克·吐温的猫那样，在被热炉子烫伤以后，就再也不愿意坐到任何一种炉子上，不管是热的还是冷的，那你最好早点离开这个行业。

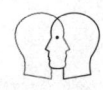

> 你要做的是你能做的事，而不是去做你认为重要却没能力做的事。

主持人：东方红资管是业内最早采取这种组合方法进行投资来化解非系统性风险的，同时你们作为券商，是否会考虑将自上而下和自下而上辩证统一起来？

王国斌：我们会将自上而下和自下而上两者结合起来看问题。从自下而上来说，不管组合里有多少个品种，每个品种都必须一个个挑出来。而从自上而下来说，很多人会把它作为时机选择的一种方式，但是我们更多把自上而下看作行业个股筛选的方式，这两者是没有矛盾的。

我们挑选幸运和能干的企业，幸运就要自上而下地寻找。所以，自上而下跟自下而上在我们这里都是一种筛选的方式，但都不是从时机选择方面来考虑，这是我们的一个特点。主流上来说，我们还是自下而上为主，我觉得这仅仅是筛选的问题。

主持人： 券商自营一般有一个年度任务，希望今年能够赚多少钱。所以大部分券商背景的人从最开始已经养成自上而下的习惯，你们的主流却是自下而上，这个和你们对不确定性的理解有关系吗？

王国斌： 也许有关系。我常说，很多事情短期是不确定的，但拉长时间看是确定的，这是我们公司自营业务能够长期获胜的一个原因之一。我们公司上下都有良好的心态，鼓励大家长期看问题。

从 IPO 开始，我们就有一个简化的公式：$P=PE \times E$。PE 是预期市盈率，E 是预期的每股盈利。这个公式既可以告诉我们每只个股的价格，也可以告诉我们整个市场的价格，即指数。

从历史和现实中我们得到的经验和结论是：市场表现和宏观经济很多时候并不同步。PE 是 E、信心、流动性、大小非减持[①]等因素所形成的函数，而经济周期是决定公司收益大小的一个主

[①] "非"是指非流通股，由于股改使非流通股可以流通。持股低于 5% 的非流通股叫"小非"，大于 5% 的叫"大非"。大小非达成限售条件解禁时，抛售股票变现，就叫作"大小非减持"。——编者注

要因素，所以很多人无比重视宏观因素。若能正确预测经济周期转折点，不管是自上而下还是自下而上，收益都是巨大的。

要做到正确预测非常困难，虽然我们可以获得的经济数据越来越多，但这么多年来，我们预测经济周期的准确性并没有多大的提高。提前做出准确的经济预测，具备这种本事的经济学家没有几个。我们有那么多人在费尽心机进行经济预测，并不是因为预测很成功，恰恰相反，是因为大家都预测不成功。

现在的机构投资者这么深刻地来强调自上而下的时机选择，是公募基金相对排名的制度安排，或者说是市场竞争结果造成的。大家互相关心的是相对的表现，一个星期、一个月的相对表现。所以，在这里，时机选择跟自上而下就成为一个非常重要的因素。他们考虑问题最理想的方式一定是这样的，先找一群宏观经济学家对未来的经济走势做一个判断，判断之后就知道哪些行业是能增长的，哪些行业是不能增长的，行业配置马上就出来了，接下来再做个股筛选，这样宏观、行业、个股一条线下来。

主持人：这是一种很标准化的理想模式，你觉得这种模式有效吗？

王国斌：模式有没有效，问题在于你有没有能力在宏观经济形势判断上有50%以上的准确概率。即便我们现在假设你判断准确的概率有70%，这已很杰出了。同样，顶级的投资家在行业选择、个股选择各能做到70%的准确预测，那整体预测准确的概率就是70%乘以70%再乘70%。实践上可行性不高。**所以，在投资实践上，你要做的是你能做的事，而不是去做你认为重要却没能力做的事。**

当然，我从不反对每个人进一步去扩大自己的能力范围，利用更多的工具去提高自上而下和宏观判断的能力。我从来不反对你做时机选择、做宏观自上而下的判断。我经常问的一个问题是：你做对的概率有多高，你有没有能力做？你有能力做我们就鼓励，你没能力做我们就放弃。对于整个市场状况来说，机构行为因为过多地使用了时机选择，只会助长助跌，而不是稳定市场，所有价值投资者的机会就源于此。

> 本文是作者2012年1月接受资深投资人理森的采访的实录。

对谈 4 投资幸运且能干的价值企业

主持人： 公开资料可查到，东方证券从自营盘开始就长期投了很多优秀的企业，持仓量也是比较大的。从你的投资经验来看，你怎样看待企业的投资价值？

王国斌： 我们团队这些年下来也总结出一些东西。我们会去寻找幸运且能干的企业，这是我们的一个坐标。投资时再加上确定一个合适的买入价格。

幸运的行业就是很简单、连傻瓜都能经营好的一些行业。但不同时期的幸运不能一概而论，在一个产品生命周期的早期，你只要盯住那个行业，所有的企业都是幸运的。比如以前"五朵金花"时代[①]的那些企业，谁去当它们的董事长、总经理都没问题，甚至比它们原来的管理者管理得还好，所以要寻找

[①] 2003—2004年的A股出现了"五朵金花"的概念，指的分别是钢铁、石化、电力、银行和汽车这五大行业。——编者注

这种幸运的企业。1998年以后，像白色家电、黑色家电这些企业都是不幸运的，因为当时这些企业处于一个高度恶性竞争的行业。

但任何事物都处于矛盾变化中，这是一个辩证的过程。不幸运的行业到一定程度又会变成一个幸运的行业。实际上，2004年以后，白色家电行业是不错的。因为恶劣的竞争把很多体质特别弱的企业淘汰了，剩下的这些企业总体上形成了一个寡头垄断的状态。所以像美的这类企业，产品提提价，是不影响它的销量的，甚至还可以提高销量。包括当时的苏泊尔，都是处于这样一些行业。

所以，幸运和能干这两个指标，都是考虑某个行业、企业处于某个阶段，图T-1是幸运和能干坐标图，横轴代表幸运/不幸运，纵轴代表能干/不能干，那我们一定选幸运、能干的，次之选幸运、不能干的，再选择不幸运、能干的，绝对不选择既不幸运又不能干的。很早的时候，我们就已发展出这样一个框架来考虑问题，我们还发展出一些指标来研究分析这些问题。

我们也很关心一些企业的产品自身的生命周期，生命周期很长的，我们会更加关注，因为它的科研投入会少一些。产品生命周期长、也有壁垒的这些行业，对于企业来说非常好。家电、电视、手机行业，生命周期太短了，科研投入很大。我们在研究企业的时候，理论上就可以分析出它的很多毛病，这些毛病在它的财务报表上也可以体现。一个行业产品周期短，销售费用就会非常高，因为企业要不断地设计新的产品，为这个产品打新的广告，而且研发投入也很大，要持续进行研发投入。由此，我们可以推演出分析问题的一系列逻辑过程。

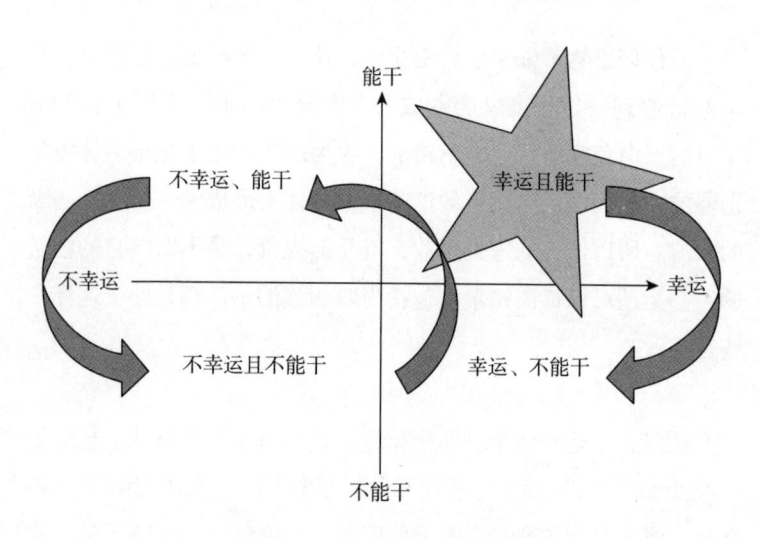

图 T-1　幸运和能干坐标图

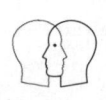

> 有没有经济护城河，关键是看企业是否有控制分摊成本的能力或者转移成本的能力。

主持人：你刚才讲的挑选有护城河的企业是一个"很巴菲特式"的标准，这个在中国适用吗？

王国斌：完全适用，当然我们看问题的角度要有所调整。巴

对谈 4　投资幸运且能干的价值企业

菲特提出的"经济护城河"概念，关键在于理解和执行。巴菲特说：公司就像一个城堡，它需要有护城河，不然很容易被攻破。"竞争战略之父"迈克尔·波特（Michael E. Porter）认为，如果你的竞争者知道你的秘密却不能复制，那就是一种结构性的优势，就是一条"护城河"。不容易有护城河的公司，成功是例外，不是规律。目前在国内，如果没有垄断，国企暂时就没有民企在激励问题上的结构性优势，这就是现在很多投资的出发点之一。我记得，当年大唐电信和中兴通讯上市时，两家公司销售额是差不多的，现在两个公司已是不可同日而语了。

一家公司有没有护城河，护城河究竟有多宽，这是一个主观的判断，仁者见仁，智者见智。这往往也是企业分析的难点。但是投资者的这种思维方法和逻辑对保护自己很有用，尤其是通过详尽的财务数据分析，投资者可以获得一些资讯以作投资判断。有没有经济护城河，关键是看企业是否有控制分摊成本的能力或者转移成本的能力。通常有以下四种情况。

- 规模经济。投入、营业场所、工艺方法、营销网络、某种长期协议使得企业的经营成本低很多，沃尔玛、淘宝、京东商城就是例子。又比如，收费公路、港口、机场和快递公司等前期投入巨大、资本密集，从而形成一条很宽的护城河。
- 网络效应。如银行、万事达、维萨，还有伊利等已形成巨大网络的公司，使得新进入者越来越难。
- 知识产权。比如专利、商标、政府许可或者客户忠诚度、高品牌知名度等。在中产阶层规模越来越大的今天，时间是中产者最宝贵的资源，一个品牌如果能够减少顾客的"搜寻成本"，比如，麦当劳、可口可乐、肯德基，对消费者就很有价值。消费者不易见异思迁。
- 高昂的用户转移成本。企业的产品无法替代，或者客户很难离弃，一旦离弃，客户就需要付出不小的代价。微软就受益于此，因为用户转向其他产品的成本实在高昂。银行、基金公司、软件系统也是如此。

分析护城河只是为了帮助长期投资者，对于短期炒作的人没有帮助。你可能会说，我很机灵，我会在敌人攻破这个城堡之前弃城逃脱，换到另一个城堡里去生活。但事实上，没有人能够做到这一点。

人们最常犯的错误是把产品好、市场份额高、执行力强、优秀的管理团队当作护城河。事实上这可能是投资的陷阱。**一定要把赌注放在赛马身上，而不是骑师身上。**管理者固然重要，但还不足以超过护城河。

和一家由超级明星CEO管理但却没有护城河的企业相比，一家管理者平庸无才却拥有护城河的企业，更有可能带来长期投资的成功。这也是巴菲特愿意选择傻瓜都能经营的公司的原因之一。

主持人：你选择了幸运且能干的企业，那么这个选择对持有期的考验其实也是很大的,比如你们选择了贵州茅台或者烟台万华,持有数年的过程其实也是很大的考验。

王国斌:这些是我们逐步摸索到的方法。我们买到过一些烂公司的股票,也买过很多现在看来都不错的公司的股票,伊利、汾酒还有金发等公司的股票我们都持有过较长时间,我们是最早购买金发科技股票的,烟台万华、汾酒也是我们最早介入投资的一些公司。一开始我们持有过很多伊利的股票,现在,伊利仍是我们最大的持仓之一。有时候我们持有股票的周期很长。

在市场上,只要公司的基本面的趋势没有变化,我们一般不会选择抛售。我们购买的很多股票都持有了三五年,这在市场上是不多的。

我们需要去寻找稳健的、可积累的投资。

主持人:很少。请继续讲你的价值投资体系。

王国斌:也有很多人来问我,价值投资在中国到底适用不适用,因为大家都怀疑。那我就只能告诉他们一个非常完整的价值投资的逻辑,包含五个关键点。

第一,是数学上的基础,要考虑投资有非常奇妙的复利效应，由于复利是非直觉的，很少有人去关心它。**在投资上，我们需要去寻找稳健的、可积累的投资。**

比方说一家公司的股票价格连续 10 年实现了 10% 的增长，另一家公司的股票价格连续 9 年实现了 20% 的增长，最后一年突然跌了 50%，我们可以去算一下哪家公司的股票收益更好。最终的一个偶然的破坏把你的连续复利打断的时候是很可怕的，这是数学上的要求。所以说要稳健，安全至上。复利的数学理由使风险规避成为投资中唯一最重要的元素。**规避风险必须成为投资哲学中的基石。**

现在很多机构都是只考虑一年考核。国外有很多对冲基金，如果今年实现正收益了，就拉净值，因为把净值做高一点，提成就高。但收益不好就做低一点，第二年基数可以好一点。这样的短期行为，全球都有。从二级市场来说，现在中国资本市场所有的现象，都是全球的共性，不是个性。但是投资有风险，买者要自负，你既然贪婪，就要受到惩罚，这是投资者自己找的。凭什么市场给一家公司 40 倍的市盈率，却给其他公司 50 倍、60 倍、70 倍？这种过程不是我们独有的，全球都存在。但价值投资就像万有引力一样，一定会产生相应效应的。

第二，在投资中，虽然时机选择和经济周期预测很重要，但有能力准确预测的概率极低。所以纯粹的自上而下的时机选择和宏观决策，往往欲速而不达。这就造成大多数投资者根本就不知道自己要按什么方式进行投资。价值投资自然就可以成为一种可行的选择。

对谈 4 投资幸运且能干的价值企业

第三，大多数经济学家和投资者曾认为，一涉及金钱，人就会变得理智。经济理论也认定，投资者通常会做出良好乃至最优的决策使利益最大化。但事实是，正如研究人类行为的心理学家所发现的，影响投资者决策的是非理性的冲动、直觉以及大脑处理信息的方式，而非经济模型中蕴含的冷静和理智。理性人的假设在金融投资领域可以说无效。因此，市场定价会出现错误，错误来自人类希望快速赚钱的本性、是非观念、思维方式以及对信息的反应方式、人及各类机构的情绪、市场中的人际互动、忽视企业的长期商业价值而对最新公布的数据和新闻的过激反应，等等。这些给价值投资者带来了机会。

第四，在整个业内生态链，二级市场投资者是最脆弱的一环，要学会保护自己，最好要寻求真正有价值的公司，寻找有护城河的企业，价值投资的思维可以很好地保护自己。巴菲特说过："世人认为我在做价值投资，其实我是在投资价值。投资价值和价值投资的区别在于，价值投资被演绎为教条和崇拜，投资价值是独立的判断和行动，这才是投资的精髓。投资价值这个词，投资是动词，价值是名词。"

第五，价值投资需要投资者做很多艰苦的工作，投资者还要遵守非同一般的严格纪律，具备长期的投资视角。只有极少数人愿意且能够为成为价值投资者付出大量时间和精力，而其中又只有一小部分拥有较强心理素质的人才能取得成功。所以，不是价值投资不适合很多人，是具备这些素质的人不多而已。巴菲特对世人有一个敏锐而正确的观察：世界上绝大多数投资者（含专业人士）既无能力也无必要的心理素质选择个股和投资个股。如果你不能确定你远比"市场先生"更了解而且更能给你投资的企业估价，那么你就不能参加这场游戏。就像他们在打牌时说的那样："如果你玩上 30 分钟还不知道谁是替死鬼，那么你就是替死鬼。"可见，自下而上的价值投资也颇为不易，不能指责投资者不按价值投资做决策。

我对自己过去做投资的总结就是，我有几个原则：**有理想，但不要理想化；最优考虑，次优选择；所有企业都是有矛盾的，企业存在的目的就是要解决矛盾。**

主持人：能否展开说一下"企业存在的目的就是要解决矛盾"？

王国斌：其实这就是经济学里讲的交易费用问题。任何一家企业的存在都是为了降低交易成本，在这个过程中，企业矛盾是很多的。作为一个投资者，你如果不建立起这样一个哲学理念的话，就无从下手，任何企业，你从任何一个点上看，都可以看到好的方面和不好的方面。关键是什么时候以积极因素为主，什么时候以消极因素为主。比如，2011 年初，我会说中小板和创业板有系统性风险，但到了 2012 年，我就会说，无论如何，有 20% 的公司有机会成长起来。我觉得我们能走这么久的原因就是，在一开始的时候，马上就悟到了这个道理。而现在，我们很多研究员看问题都会两极化，好就好到天上去，坏就坏到地狱去，两极化的思维方式占据大多数专业人员的内心。

对谈 4　投资幸运且能干的价值企业

学习化学和社会学让我认识到，科学和生活中以及人类的经济活动中的每一个事实、每一个过程，连同我们观察它们的方法、我们的情感和认知，都是折中或平衡在两个极端之间的某个地方。所有事物都包含两个相反的极性。极性以及极性的转化，与我们的头脑、我们的思想是紧密相关的。投资的长期成功有赖于我们如何采取中庸的态度，要的是情绪的稳定和内心的平静，做到"泰山崩于前而色不变，麋鹿兴于左而目不瞬"。

当下，我们投资队伍对价值投资最大的怀疑恰恰也是在于对企业的认识上。由于中国企业特有的治理方式，任何企业都得具体问题具体分析，这使得很多人因为个别公司或者个别时间受到了伤害而对企业治理感到绝望，不敢做价值投资。

公司治理对价值投资者而言是尤为重要的！这是因为价值投资者在购买股票时，已经做了分内的调查分析工作，因此，他们期待所投资企业的内在价值能逐渐在市场价格中体现出来。如果企业的管理层阻碍了市场价格对内在价值的体现，就破坏了投资者的投资动力。这类阻碍有时是因为管理层和股东的观点不一致，甚至是利益不一致，阻碍的方式方法可以很多。这个时候一定要见机行事。

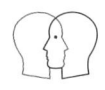

价值投资是投资者应对买方时代到来的最佳策略之一。

主持人：那么价值投资的有效性也是相对的吗？同时，你判断未来会是更好的日子吗？

王国斌：想要让价值投资发挥有效性，一方面，一定要寻找错误定价的机会，而我认为错误定价是由人性和机构的行为造成的。虽然我们经常说到人性的贪婪和恐惧，但这里不是贪婪和恐惧，是你在做决策时脑海里自然而然形成决策的方式。比如我刚才说的概率，再比如简单外推法，我们经常把很多独立事件看成连续事件，就像乔丹投篮，他第一次投进了，你就想要看他第二次、第三次也能投进。就像股市，2011年一直下跌，2012年开年第一天下跌，大家就觉得它还要跌。这就是一个简单的外推，把一些随机事件看成一个连续事件，结果就是，市场的人性会导致决策上的很多错误。

另一方面，你要去寻找确确实实出现价值机会的那些公司，从财务的角度、从企业基本面的角度等出发做分析，有很多的工具可以用。价值投资之所以有效，一个原因是它始终是价值和价格的关联，另一个原因是它利用了人在决策上的错误造成的一些机会。所以我曾引用《潮州韩文公庙碑》一文中的话："孟子曰：'我善养吾浩然之气。'是气也，寓于寻常之中，而塞乎天地之间。"此为投资之至理！

随着中国资本市场走向买方时代带来估值收缩的恐慌，很多人都会抛弃一些真正有价值的公司。因此，**价值投资不仅是投资者应对买方时代到来的最佳策略之一，还将因其"不为恐慌而**

动"的秉性而极大地受益于这一时代的到来。

主持人：能不能举几个你们投资的案例，你们如何发掘、坚守并看着这家企业逐步成长？企业发展的过程中会有很多变化，你是怎样正确评估它的变化、怎样正确展望它的未来的？有时候，投资如果不坚守的话，就像猴子掰玉米，掰到最后发现，投的企业都是很臭的企业，因为既幸运又能干还能跨越周期的真正的好企业很少。

王国斌：不同的时期，我们对事情的认识都有一个提升的过程。早在1996—1999年，海尔、伊利都是我们投资的。那个年代是能满足我们整个中国，或者说我们所有消费者最简单需求的时代。我们以前讲的"老三件"：手表、缝纫机、自行车，后面有了"新三件"：冰箱、空调、洗衣机。老三件快速增长的时代，我们还没有资本市场，没有公司上市，但是1996—1999年是"新三件"这些企业已经上市的时代。所以那个时候中国最大的牛股是春兰、格力、海尔、长虹。还有银行，整个经济的增长，发动机都是银行，获利最大的也是银行。所以那个时代满足人们需求的行业最好，我们发现这些公司业绩也确实很不错，就投了，那个时候就是朦胧地探索价值投资。后来，我们买伊利的股票也很简单。我们看到"一杯牛奶强健一个民族"这样的口号，要喝牛奶的观念已经深入人心，这些都是很朴素的认识。

主持人：伊利1996年刚一上市你们就投了很多吗？

王国斌： 伊利从上市第一天我们就投了很多，伊利是真正贯穿我整个投资经历的一家公司。

主持人： 经历三聚氰胺事件后几年，伊利又回到了投资者的目光中。

王国斌： 回到伊利这个案例，我明白了品牌的意义。当时我看到这家企业是做消费品，而它一上市就会家喻户晓，或者至少整个资本市场参与者都知道，上市带来的广告效益很好。对于消费品来说，广告效益就转化成了利润，而业绩增长又确实很好，所以估值高一点没问题。从那以后，我就对最终消费品的上市公司非常重视。这些企业每年因为资本市场的关注带来的广告效益、给它们节省的广告投入都是巨大的，我非常不认同那些客户在国内却选择在国外上市的企业的行为。

主持人： 广告效应确实是很多企业上市所附加的好处之一。

王国斌： 对最终消费品公司的重视方面，还有信用的增强。选企业我们要考虑很多因素，这也是其中一个。另外还有一个因素：市场空间。比如烟台万华，它的产能从5 000吨到1万吨、2万吨、4万吨、8万吨、16万吨，现在到了100多万吨，再后来公司要进入新的领域了。公司做到巨人以后，要让它再跳一个台阶，难度会加大。比如可口可乐，如果没有中国、印度这些市场，没有新兴市场国家的经济进一步发展，可口可乐也是没有空间的。而中国在过去的二三十年里，百姓的生活得到巨大改

对谈 4 投资幸运且能干的价值企业

善,这给可口可乐带来了很大的增长空间。这类企业的优势是产品生命周期很长,一旦研发出来,它在这个领域的基本投入就比较小,再加上有垄断,它在全球都是一个垄断竞争的产品。结果是,这么多年过去,规模扩到今天这个程度,它的毛利仍然维持得相当好。再看国内的金发科技,当时全国有1 000多家这样的企业,占有市场最大份额的企业也就那么一点份额,所以哪家企业的竞争力一旦领先,市场份额提高的空间就会非常大。所以,在不同的时间点上看问题的方式是不一样的。

主持人: 你们挑选这些企业的时候,找到这种行业市场空间很大的幸运的企业,这个相当需要眼光了。

王国斌: 在投资上,运气比能力更重要。当然,天上不会掉馅饼,勤奋才能带来好运。挑选出好公司,考验的是自上而下的功力,企业是否幸运要看它这个行业是否存在空间。此外,还要考虑它处在一个什么样的生命周期。很多成长股的故事,都谈到自己所处的行业空间很大,自己的份额现在只有百分之几,有很大的上升空间。但是真正做好了的企业,可能也只有烟台万华、万科等,其实大部分都没做到。大部分企业只是看起来很美。

所以投资的过程需要内心非常细致,要经常回头去审视。审视这些企业的基本面情况、经营管理状况。股票不是买了以后就可以束之高阁的,要经常关心它的基本面。现在的状况是很多人只关心股价的波动,不愿意费心费力去关心企业。频繁波动的价格,麻痹了大多数人的神经。

主持人： 对，或者是说投资者也关心基本面，只是考察得没那么深刻。因为有时候股票涨了，大家就觉得它的基本面也好起来了，而有时候股票跌了，大家就觉得它的基本面也差一点了。就是你说的，一家企业它总是有矛盾的，这个时候你要看到哪些矛盾是推动它前进的矛盾，哪些矛盾是影响它根本发展的矛盾，这个我觉得还真的很难。

王国斌： 要掌握"度"的问题，在这个点上，你要看到它的积极面，在那个点上，要到看它的消极面。看企业作两极判断，非黑即白，非白即黑，不是好的方法。

主持人： 你在自下而上挖掘能干的人，或者是能干的企业这方面，有什么心得和方法？你和企业见面的时候，什么样的东西会让你眼前一亮？

王国斌： 企业的业务可以很简单地理解，这是我们需要找的一个要素。一定要找容易理解的东西，因为市场始终是波动的，如果你不容易理解，或者不理解，你是承受不住市场波动的。我们投资了那么多公司的股票，每只股票背后的过程都是有很多痛苦的。

> 本文是作者2012年1月接受资深投资人理森的采访的实录。

第四部分

培养内在品格的力量

26
这是非常美好的开始

> 你只有知道自己知道什么、不知道什么，才会去跟别人分享和合作，你知道的事情，要去跟别人分享；你不知道的事情，要找人合作。

过去的 2015 年，我们取得了很多成绩，很不容易，这是全体员工努力的结果，值得让我们每个人感到自豪！借这个机会，我想再次讲讲我们的理念，希望新员工有体悟，老员工能坚持！

合规第一

我常常讲的一句要求就是，不犯法、不犯傻。犯法出问题，犯傻没利润。我们一直强调"合规第一、客户第二、领导第三"，我想大家现在越来越明白"合规第一"这条铁律。

中国的监管体系和国外的监管体系不同。我们国家的法律没规定能做的事情就不能做，我担心新员工不一定有这么深刻的认识，缺乏警惕意识，容易把这个尺度放宽，有的人会问，既然法律没有限制，为什么就不能做呢？但是证券公司就是很独特，没有规定你能这么做的，你就一定要先去仔细咨询。介于你能做与不能做之间的，我们可以讨论，也一定要提高警惕，千万不要麻痹大意，我们每一步都要且行且珍惜。

资管行业有各种各样的法律法规，如果不合规，轻者被暂停业务资格，重者会被追究法律责任。在合规这个问题上，我们一点都不能含糊。

合规必须是人人守土有责，不仅仅是风控部门的人员有责任，每个人都有责任，需要互相提醒、通力合作。在某个意义上，合规也是生产力，没有合规就没有一切。所以说"合规第一"。

就公司的管理来说，每个岗位都非常重要。举个很简单的管理上的例子，很多实业企业的前台就非常重要。如果企业收到一张汇票，当天入账和隔一天入账是不一样的，前台晚一点转送所带来的结果就不一样。还有，保洁员拖完地后地面有点湿滑，有人因此不小心摔了一跤，摔伤了，这也会对公司造成影响。所以没有一个岗位不重要，也没有一个环节可以放松，尤其是合规上的每个环节，我们一定要深刻地认识到合规性在证券公司的重要程度。

黄金法则：以客户为中心，将心比心

我们的背后是"受人之托、代人理财"的信托责任。代客理财确确实实要把荣誉和责任放在第一位。做投资，不追求第一，一定做不好；不把荣誉放在第一位、不把责任放在第一位，就不叫全力以赴。我经常说"你全力以赴不一定做得好，你不全力以赴一定做不好"。做得好的人一定是异常勤奋的，这是毋庸置疑的，没有勤奋，就不可能做得好。因此，只有那些把荣誉和责任放在第一位的人，才能够非常努力、非常勤奋、全力以赴去做。

经营企业和服务客户都要将心比心，要记得"己所不欲，勿施于人"，自己都不想做的事，不要让别人做。对待你服务的人，就如同当他们为你服务时，你期望如何被他们对待一样去对待他们，这是我与同事交流时一而再、再而三强调的。换位思考，如果你是投资者，你希望资产管理公司怎样对待你，那么你就应该怎样对待客户。就如同在工作中，你希望员工怎样对待你，那么你就要怎样对待员工；你希望领导怎样对待你，那么你就要怎样对待领导；对待周围的同事也是一样，这是我们一直以来秉承的理念，也是人生的黄金法则。

对资产管理公司来说，忠诚于客户是非常重要的。把客户的利益放在第一位，为客户提供卓越的投资服务，一两年可能显示不出效应，当你把它作为一个长期的事业来做的时候，长期的坚持会在某个时点过后给你带来指数级的增长。你这样认真地对待客户，开始的时候给你带来的好处是 0.1、0.2，一旦越过 0.8，变成 1.6 的时候，就有可能带来指数级的增长。基于我们对资金策略决定投资策略的认识，我们从来不追求规模。为规模自我设限、为公募基金设封闭期这些我们都做了积极的尝试。如果我们公司能保持这样一种忠诚为客户服务的文化，实现规模增长是必然的，不用担心。

将心比心，是我们对待客户的态度和精神，能让我们所有的客户感受到，再加上口碑相传，公司自然而然就会获得长期发展。这一点说起来容易做起来难，需要大家共同的智慧。我来引用梭罗在其著作《瓦尔登湖》书中的一句话："智慧不是知识、不是经验、不是思辨，而是超越以自我为中心的态度。"这是 100 多年前梭罗对我们这个时代的精神最好的预言。一个人能超越以自我为中心，就能以客户为中心，跟同事合作的时候，就能替同事着想。从某一个侧面来说，互联网金融并没有什么特别，就是以用户为中心。你若是没有利用互联网工具，就不可能给客户提供方便、降低费用；你若是没有大数据、没有精准的数据分析，就不可能给客户提供最好的个性化服务。只要真正地以客户为中心，那么互联网的工具、手段和思维方式，必须全部利用起来。

在工作中或在做投资的时候，要摆脱以自我为中心，是非常不容易的。一旦真正摆脱以自我为中心了，很多事情处理起来，都会很简单。人也会变得很愉悦，不烦恼。摆脱以自我为中心，你的家庭生活就会快乐很多，夫妻之间、父母之间，矛盾也会减少很多，而且你的智慧也会自然而然地积累。《论语》中说："知之为知之，不知为不知，是知也。"《瓦尔登湖》中说："知道自己知道什么，也知道自己不知道什么，这才是真正的知识。"我刚才说的内容，不在于你从哪个学校毕业，北京大学、哈佛大学，或者有没有上过学，这跟学业没关系。你一定要清楚，自己知道什么，自己不知道什么，不坦然承认的话，死要面子则会害死人。巴菲特说，要在能力圈内做事，只有分清楚知道什么、不知道什么，才叫能力圈。**同时，你只有知道自己知道什么、不知道什么，才会去跟别人分享和合作。你知道的事情，要去跟别人分享；你不知道的事情，要找人合作。**

对于公司来说，领导最重要的工作之一是让互助的文化在公司深入人心，没有什么比倡导组织中的互助文化、互助行为更重要的了。这很难，但当每个人都知道自己知道什么，也知道自己不知道什么的时候，其实也比较容易。死要面子的人，就不会愿意去合作，因为他不愿意暴露自己不懂什么东西。你不懂，就需要和人合作，我觉得不懂没有什么可害羞的，也没有什么可耻的。所以，同事之间、上下级之间，真的不需要让面子阻碍了互相之间的交流。同时还有一点很重要，你不知道就要去学，去扩展自己的知识。

现在知识更新太快，我觉得压力特别大。我们做投资，能感觉到市场上时不时就会有一个概念出来，时不时就会有一个创新出来，技术进步在加速。这些仅仅是对投资者的一个微小冲击，实际上新概念和创新对实业的冲击更恐怖，颠覆经常从天而降。

2015年10月，谷歌的人工智能把欧洲的围棋冠军打败了，谷歌是在2014年花了5亿美元买下DeepMind这家人工智能公司，一年后就有了很大的突破。

所以，对我们来说，自我知识更新的压力特别大。过去学的知识30年不更新都没有问题，现在学的知识不到5年就会落伍，这意味着，从学校毕业后参加工作，再过一两年，原来学的知识就落伍了。企业也是一样，20世纪20年代，标普500中的500强企业的平均寿命是67年，现在的平均寿命是12年，而且未来10年中40%的企业估计会被淘汰。我推荐大家看《创业无畏》[①]和《指数型组织》这两本书，大家看完后就会明白，为什么社会会出现这么快速的变化。我们现在每一步努力的目标就是让自己不要落伍，我们所有人都会一次又一次地成为全力避免掉队的菜鸟，永不休止，无一例外。对我们来说，一定要迅速地更新和扩展我们的知识，加快学习，迭代进步。

寻找满意的客户，让客户满意

资金策略决定投资策略，我们没有能力做一些不擅长的投资，没有聪明到理解"市场先生"行为的程度，也没有愚蠢到认

[①] 这本书介绍了企业家如何帮助我们抵达未来世界的行动路线图，其中文简体字版已由湛庐策划，浙江人民出版社2015年出版。——编者注

为自己能理解它的地步。我们的投资是以赚公司现金流为主,但即使是最好的企业,成长也是需要时间的,我们愿意等待,我们的关注点始终是企业的竞争力。所以我们需要给我们等待时间的资金。

做长期投资,运气的成分才能被消除,大数定律、均值回归才能起作用,真正的投资管理能力才能更好地起作用。所以我们需要的是长线资金,风险收益要求合理的资金。所谓不满意的客户,即对投资风险回报有不切实际期望的客户。与不满意的客户和睦共处,我们并不擅长。只有那些对风险收益有合理预期的客户,我们相处起来才比较容易,我们才能很好地为他们服务。我们重视长期复利的力量,努力帮助客户获取长期收益,让他们满意。很幸运,经过多年努力,我们拥有了众多相互满意的客户。

如何寻找满意的客户,过去我们的策略是消极地被动等待,这是不对的。其实找到满意的客户不应只是客户的问题,更多是我们的问题。我们要真正做好投资者的教育工作。2005年,我有一个非常大的体会,那一轮的牛市,实际上跟我们所有公募基金把投资者发动起来是有关系的,我们做了很多投资者的教育工作,然后投资者进入了这个市场。我们要找到满意的投资者,真的要去跟他们沟通、跟他们交流,要主动出击,去推广价值投资的理念。这方面我们现在亟须补课,我们没有让互联网发挥应有的作用。这对我们市场销售人员来说,也是一个巨大的挑战。你要有这个高度,才能够让投资者明白市场的风险与收益、资金配置背后的形成原因。

和最优秀的人一起工作

一家公司对员工所能提供的最好福利，是招募最优秀的员工，让他们和最优秀的员工一起工作。

巴菲特曾经说过："一位从不人云亦云，本身具备极强推理能力的合伙人，是你所拥有的最佳机制之一。"查理·芒格也说过："如果说伯克希尔－哈撒韦取得了不错的发展，那主要是因为巴菲特和我非常善于破坏我们自己最爱的观念。哪年你没有破坏一个你最爱的观念，那么这年你就白过了。"

当你不努力成为优秀的人时，就一定要小心。年轻的同事一定要有高度的觉悟，不是说公司要淘汰不优秀的人，而是这个时代非常特殊。任何一个人，只要你优秀，这个社会就会提供无限的平台，让你去施展。任何有条件的公司都可以随时随需聘用优秀的员工，所以公司应该且必须是一群优秀人的集合体。所有人都有条件去想：我要改变社会，我要改变人类。社会提供了这样的工具，你只要有想法，只要付出行动，不需要太多的成本就可以进行有想象力的创造。而企业成功的源泉也在于不断创新，缺乏创新力的企业在激烈的竞争中无法长期立足。

我们观察未来，一是看是不是保持竞争，看整个社会是否处于一个充分竞争的状态；二是看是不是保持开放。中国的积极因素正是竞争和开放，如果竞争和开放没有受到限制，如果相应的政策措施能够落实到位，鼓励和促进企业去竞争，那么肯定会有非常美好的未来。

我推荐大家去看看《必然》那本书，第一章"形成"就说了这样一段话：

> 此时此刻，今天，2016年，就是创业的最佳时机。纵观历史，从来没有一天会比今天更适合发明创造，从来没有哪个时代会比当前、当下、此时此刻更有机遇、更加开放，有更低的壁垒、更高的利益风险比、更多的回报和更积极的环境。……我们都正在"形成"。这在人类历史上，是绝无仅有的最佳开始时机。你没迟到！

真的，对我们来说，我们需要意识到，这是一个非常美好的开始，我们都没有迟到。

> 本文是作者2016年1月在东方红资管内部会议上分享的内容。

27
培养内在品格的力量

> 生命抛来一颗柠檬，你是可以将其转榨为柠檬汁的人。一点点的态度，却能产生大大的改变。

在所有企业里，金融企业是最特殊的。金融企业的成功往往取决于无形资产，例如营销能力、信誉、私人关系和风险管理能力。可以说企业真正的资本是每一个人，而员工有怎样的品格，公司就有怎样的品格。

我们为什么要培养内在的品格？我们首先要清楚外部监管和内生约束的关系。外部监管是从全局出发，厘清监管边界；内生约束是企业自身发展的需要，实现自我约束、自我发现、自我报告、自我纠错的内部约束机制。如果说外部监管是医生看病、开药打针，那么全然依赖医生，势必会伤及一些健康的细胞；内生约束则是提高自身的免疫力，防病于未然。所以我们要从战略高度上看待我们的合规。

27　培养内在品格的力量

合规是公司文化，是价值观，也是生产力。对我们从事以代客理财为主要业务的公司来说，合规是内部控制的本质要求，取信于社会、取信于投资者、取信于政府监管部门是我们自身发展壮大的前提。"得到的越多，人们对你的期望越大，要求也越高"，外部监管和舆论监管对我们绝非求全责备。

个人的成长也离不开合规，合规也应该是个人职业生涯最重要的价值观和文化。我多次讲过，合规要从高层做起，从我做起，人人有责。要年年讲、月月讲、天天讲，宁可错杀一千，不可放过一个，不要有侥幸心理。培养内在品格的力量是我们自身合规建设的必然要求，也是最重要的途径之一。

我们的成长无法过分依赖外部的约束，一家公司的力量应源自其内在的品格，而品格的提升源自其员工的修养。我们的日常生活中贯穿着很多制度、程序、计划，就如同血液一般，每天贯穿流淌，如何制造新鲜健康的血液，有赖于员工的价值观、道德观，更基于每个员工的合规、责任、勤奋、诚实和耐心。

说到责任，我想到一个电影《荒岛余生》。它讲述了一个联邦快递员，因为一次偶然的海难，漂到一个荒岛上。为了试图找到一些赖以生存的东西，他将散落在海上的诸多包裹一一开启。很明显，在强烈的责任感的驱动下，他留了一个包裹未拆封。5年后，他终于获救，并成功将包裹送还给客户。在包裹上，他留下了一张纸条："此包裹拯救了我的命。"这个包裹带给他的是对工作信仰的尊重，对工作不放弃的信念，这些支持着他求生的欲望，最终创造了生命的奇迹。换句话说，如果金钱本身成为你生命的支柱，那么你就已经身陷困境了。

我特别想强调的是，做我们这个行业的人，不应该让金钱成为自己的支柱。如果过分关注金钱，首先在合规上就会出问题。我们必须从职业生涯的长期发展的角度，发自内心地看待和重视合规的问题。这是对他人的责任，更是对自身的责任。

此外，我还想在团队里特别提倡勤奋的品格。经过前几年的累积，公司员工在基本功的培训方面取得了一些成绩。我知道这个过程会很辛苦，但要成功，唯有不断地勤奋练习。我多次强调过：成功没有捷径，勤奋没有替代品。在投资这个领域，全力以赴不一定能做好，不全力以赴一定做不好；一个人可能劳而无获，但没有不劳而获。热爱是最好的动力，对待工作的坚持和专注会让你的内心变得强大，那些发自内心的东西是永远偷不走、丢不掉的。

说起勤奋，我前些日子看到曾任国家总理翻译的朱彤练习"同声传译"的事例。她在联合国译训班上学时，半年多时间要练1 000个小时。她说，起初听起来很可怕，练习时也没觉得有什么进展，丧失了信心。可等她真练到了1 000小时，就有了质的飞跃。勤奋能激发生命的张力，我们的成就是可以超乎自己想象的。**生命抛来一颗柠檬，你是可以将其转榨为柠檬汁的人。投入一点点的态度，却能产生大大的改变。**

27 培养内在品格的力量

在持续的商业"赛跑"中，保持良好的记录很重要，我们是没有近道可抄的。我想，诚实是我们最好的策略之一，使用阴谋诡计也只不过说明我们没有足够的智慧去以诚待人。很多事情，不是不报，只是时候未到。市场上那么多的商业丑闻就是最好的例证，我们不能重蹈覆辙。**如果你左手拿着诚实，右手握着耐心，那么你将受益无穷。**诚实是一种由内而外的品德力量，不论你是投资经理，还是销售市场中的服务人员，它都是你最好的策略和武器。投资有时候很苦闷，经常会遇到一些"黑天鹅"事件。但是，你若不贪婪，生活就不太容易欺骗你，真正诚实的投资者，轻易是不会上当受骗的。记不清谁说过这样一句话：能力能让你到达巅峰，但只有品德才能让你留在那里。

耐心和激情也是异常重要的品格。没有激情是无法拥有耐心的，没有耐心，激情也是无根之木。很多国际上知名的成功品牌都有一个相同的特征，就是有足够的耐心和激情。在别人疯狂扩张的时候，它们有耐心，保持平常心；在反周期的时候别人倒下了，而它们则坚持生存，赢得胜利。做投资的人，一定要研究你想进入的市场，要对它们产生兴趣。**这个行业里最为重要的事情之一就是要对你交易的东西感兴趣**，否则，交易就成了一件苦差。关键在于，一方面要对你选择跟进的领域或市场保持激情，但另一方面，千万别让感情的阴云影响了你的判断。

在我们这个领域，如果一个人有耐心在一线做投资10年、20年，甚至更久的时间，那他大概率会成为市场上最有声望的投资家。20年后，他可以出书，当教授，到处演讲，无人可媲美。因为这个市场上太多的人"被"领导而离开了第一线,包括我自己就是这样。很无奈,当然我没有放弃,我仍然很热爱,但付出就要加倍。耐心和激情对每一家公司、对团队里每一个成员来说都是不可或缺的重要品质。大家想想,垂垂老矣的巴菲特和李嘉诚还在做长期投资,我们这个年龄有何理由不耐心、不充满激情?

成功投资是件艰难的工作,必须要有千倍的热情去做分析和行动。要有确定的激情、确信的勇气,还要有严格的自律。交易中的自律,怎么强调都不过分,我们都是人,都会偏离自己所知的正确方向。**自律不但是一种关键的品质,而且也是一种需要不断修炼的目标,它是交易中的绝世武功。**

还有很多重要的品格我就不一一列举了,我希望我们的团队能在合规、自律、责任、勤奋、诚实、耐心、激情、勇气方面不断加强和提升。培养我们内在的品格力量,这是我们公司成功的基础。

> 本文是作者 2011 年 12 月在东方红资管年终总结会上分享的内容。

28
新常识、新常态、新平衡

> 井底之蛙以为天只有井口那么大,因为它看不到别的地方。未来很多东西一定会超越我们过去的经验,我们要辨识未来的趋势。投资中要辨识周期与趋势、噪声与信号的异同。

我们每个人在做投资时,都会面临许许多多的不确定性,这些不确定性源于我们对世界认知的不足。庄子说:"吾生也有涯,而知也无涯。"对复杂世界的认知需要我们理解新常识、新常态和新平衡,大量阅读后的独立思考可以帮助我们构建新常识、洞悉新常态、掌握新平衡,从而在投资上能够与时俱进、有的放矢。投资离不开终身学习。

构建新常识

在投资过程中,常识非常重要,我们需要经常反思哪些常识已经不合时宜。可以说,很多常识在某些意义上存在一些误解和思维缺陷。成语"井底之蛙、夜郎自大、刻舟求剑、守株待兔"等都是用来形容人们看问题时视角的不足,这反映了我们视野的局限性。

在哈佛商学院听课时,教授讲了个例子。波士顿龙虾很有名,人们捕捞时把笼子撒到海里,笼子里放了饵料,过一阵子把龙虾捕捞上来后,再把笼子撒到海里。100多年来,大家都认为,龙虾爬到笼子里就爬不出来了,因此很容易捕捞。事实是否如此呢?有人对此进行了一番研究。他在每个笼子里都装上了摄像头,由于笼子是可以自由出入的,结果发现,龙虾始终都是吃了东西就爬了出去,被打捞上来的那些纯粹是因为它们还没来得及爬出去。这就是思维的缺陷,说明我们固有的看待问题的许多方式可能是不对的。

这时候要怎么办?我们需要通过大量的阅读和思考来发现真相,纠正我们脑海里存在的错误的、偏颇的常识。举个我自己的例子,在去伊朗之前,我认为伊朗是阿拉伯国家,这个观念在我脑子里存在了很长时间。但事实上,伊朗跟阿拉伯没有关系,你要是把伊朗人说成是阿拉伯人,他会跟你急,因为他是波斯人,只是曾经被阿拉伯打败。大多数伊朗人信奉了伊斯兰教,但他们骨子里仍认为自己是波斯人。其实这些知识书上都有,只是我自己没去读书而已。

还有一些跟投资联系密切的例子,很多人没弄明白。为什么大家兴高采烈地讨论某只股票至少会有多个涨停板的时候,有人在第一个涨停板出现时就会卖掉？为什么大家在讨论某只股票会有几个跌停板时，有人在第一个跌停板出现时就迅速买进？我们经常把价值投资挂在嘴边，但价值投资有很多前提条件，既要有复利的观念，又要对价格有一个心理预期。还有一个很重要的常识，即价格是由供给与需求决定的，而不是由价值决定的。价值是影响供给和需求的关键因素之一，学过经济学的人都应该熟悉这一点，但却在做股票投资时经常忽略它们。价格只是一个边际上的价格，不代表公司全部的估值。

股票市场上还存在很多常识，比如供需决定价格里的一个特殊定律——吉芬现象，即一种产品的价格上升，需求也随之增加，这种"吉芬商品"在股票市场上比比皆是。我们在不明白这些常识的情况下，很多资本市场的事情都没办法看明白。这些股票市场里的常识，都是需要我们在大量阅读后去思考、去感悟的。

当我们有很多的疑惑时，可以选择通过讨论得到解答，但更多时候还是需要我们自己主动在阅读中扩大视野，突破自己的局限，去寻找新的常识，寻求共性的现象。

我们讲的价值投资也有共性，巴菲特就会运用很多超越我们想象的常识。比如，他重视管理者的品质，重视对财务数据的解读，强调要寻找有护城河、有竞争力的企业，而体现在财务数据上，就是要通过毛利率、企业与上下游的关系、预收预付款的情况、库存周转速度以及管理费用占比等来辨识护城河。我们自己进行价值投资时，如何找到共性的、常识性的东西来做支撑？这就需要我们通过大量的阅读去突破以前所坚信的所谓的常识。

资本市场的常识还有很多，比如自由市场经济体制下的经济周期、消费与人口金字塔的关系等，我就不一一列举了，我们平常可以和同行、同事多讨论。总之，常识在投资决策中很重要，无论是决策时效还是工作效率，都取决于我们的常识正确与否，我们每过一段时间都要反思。

洞悉新常态

为什么要讲新常态？因为世界在变，但是，你变了吗？你若没有进行大量的阅读，你就不会去想，也不会意识到世界在变化，或者即便有这个念头也是一闪而过。我常提醒大家，过去的成功为今天的失败埋下种子，就是这个道理。物极必反的道理也普遍存在，失败乃成功之母，成功也是失败之母。

新常态这个词最先由美国的"债券大王"比尔·格罗斯（Bill Gross）提出，我觉得可以成为我们思考问题的框架。因为互联网的普及，尤其是移动互联网的快速发展，整个世界都在迅速变化中，我们需要及时洞悉工作、学习、娱乐、生活、医疗、出行等方方面面的变化。此刻，对我们而言，最重要的是去理解世界正在演变成怎样的一种新常态，未来5年、10年之后会怎样。**未来很多东西一定会超越我们过去的经验，我们要辨识未来的趋**

势。投资中要辨识周期与趋势、噪声与信号的异同。新常态就是信号和趋势。

美国著名科学哲学家托马斯·库恩（Thomas Kuhn）在1962年写的《科学革命的结构》一书中，开创性地提出了"范式"这一概念，这对于我们理解"新常态"的概念有积极意义。上高中时，在一个偶然的机会下，我买了这本书，现在还保存着，它对我后来看待世界的方式影响极大。传统观念认为，科学发展具有积累性和直线性特点，而库恩的"范式"分析则指出科学发展具有"革命模式"：

> 首先，范式要建立在重大理论成就的基础上，能为后来研究者提供一个共同的框架；其次，科学研究的转变不是研究对象的转变，这种转变根本在于范式的转变；科学的历史不是知识的连续积累，而是范式替代过程中间断性的转换过程；最后，不同范式之间不存在共同的评价标准。范式在转变过程中有显著的断裂特征，在范式转换期间知识不具备积累性。

对于投资而言，库恩的"范式"规律同样适用于此。因为随着社会、经济、市场的演变，投资策略常常会发生革命性的转变。尽管投资对象上百年以来都是股票、债券、商品、外汇，但投资框架却发生了很多次巨变，从价值到投机、从顺势到逆势、周期与主题，这种转变也具备"范式"转换的特征，即离散性、间断性、断裂性、非积累性等。**促使投资策略转换的根源就在于**

世界在变，环境在变，新常态在形成。

大家都知道，20世纪90年代之前的20年，也就是70年代，人们结婚时只要有手表、自行车、缝纫机这"三大件"就够了；而90年代的新"三大件"是冰箱、洗衣机、电视；而现在，车子、房子成了结婚的必需品。这些变化就发生在我们身边。近年来，智能手机的出现，更是改变了我们所有人与世界打交道的方式。

有很多新常态是我们要重视的，首先，世界变小了。 记得20世纪90年代我第一次出国时，国外的绿化和蓝天令我印象深刻，彼时中国和国外的差距还是挺大的。当时，国外市场的商品仅有少量的"中国制造"；短短十几年后，美国到处都能见到中国生产的商品；近些年来又变了，大量增加了来自孟加拉、墨西哥和菲律宾等国家的商品。全球化让世界变小了，我们小时候常说把脚下地球挖穿，对面就是美国，现在不需要挖了，十几个小时就可以飞过去了。这些变化正在塑造一个新的世界，如何去建立新常识、理解这一新变化，就需要通过大量的阅读去推翻已有的知识和观念。

其次，世界经济的蓝图发生了很大的变化。 这十几年以来，中国在世界上的经济地位有了极大的提升，第一次去德国、美国时，多数人都会问你是不是日本人，走到哪里外国人都会问这句话。现在，只有到了美国的小城市才会被问到是不是日本人，去中等城市，你还没开口说话，人家就主动用中文跟你搭腔了。

不仅中国在世界经济体量里发生了巨大的变化，俄罗斯、印度、巴西、巴基斯坦、土耳其、南非、印尼也都是如此。30年前，由于中国人大多经济都不宽裕，便总觉得印度、非洲等国也在受穷，但其实他们的生活从来都跟我们不同，所以那代人看世界经济蓝图的观念是错误的。我们要理解中国人现在是在和谁竞争。比如柬埔寨，劳动力就有很多优势。去柬埔寨过海关盖章时，你不得不私下给工作人员1美元，否则他就懒洋洋地拖延时间。为什么？因为他们公务员的月工资只有60美元，在这种情况下，1美元对他们而言意义很大。

我们重新认识了世界版图之后，就能清醒地认识世界当下的竞争形势。如今我们的很多东西要和印度、巴西、巴基斯坦等国家竞争，这是多么庞大的一群人在和你做着全方位的竞争！我们的人力成本已经没有优势了，全球都在进行制造业成本的竞争，没有创新我们将难以为继。这个过程中，我们要对经济的新常态有重新的理解。2003年以前，在国内做投资可以不考虑进出口、汇率等问题，但现在做投资，不考虑外汇、进出口贸易，不考虑劳工法、知识产权、社会责任、技术创新，一定会出问题。

再次，中国的经济环境也在发生变化，"劣币驱逐良币"的时代正在逆转。 过去，市场经济体制不健全，监管和惩罚不到位，企业都是野蛮生长，成王败寇、丛林法则是过去这个时代企业竞争的首要方式，弄虚作假、坑蒙拐骗、以次充好、不择手段是它们竞争的主要手段。在这种市场环境下，"劣币驱逐良币"是必然规律，乳制品全行业出现三聚氰胺等食品安全事件就是典型的案例；再比如，各种环境污染、工矿事故等事件层出不穷，因为只有无底线节约成本的企业才能战胜同样无底线的同行。但随着市场规则的完善、互联网时代信息交流成本的显著下降、社会需求和文明的进步，这些混乱时代成长起来的寡头企业正在改变过去的竞争规则，越来越注重社会责任和品牌影响，良币正在驱逐劣币。互联网行业的演变体现了这一变化，过去某些公司都是靠模仿、抄袭打败对手的，近些年则是靠创新、并购来做大做强，竞争对手变成了合作伙伴。这种企业竞争规则的新常态，对我们做投资产生的影响，同样值得深思。

我前几年说的"满目山河空念远，落花风雨更伤春。不如怜取眼前人"，要的就是大家关注已有品牌中口碑好、有社会责任感的公司，它们大有用武之地的时代正在到来，不要去关注那些概念满天飞、投机取巧的企业。

还有一些新常态，比如我国的金融产品越来越多样，金融市场越来越丰富，金融杠杆也越来越大；未来将由20世纪70、80、90年代出生的人引领思想、引领消费；未来的行业竞争格局会走向完全良性竞争后的寡头垄断等。总之，我们一定不能停止思考，世界变化不断，在哪些方面变了，哪些方面跟以往有巨大的改变，我们如何随着世界的变化而改变，这需要每个人通过大量的阅读来提升自己的认识水平。

掌握新平衡

关于新平衡,我们做任何事,最终的瞄准和决策都是面对一个平衡点进行的。我认为,不论是从客观科学上,还是从主观心理上来看,世界万物都是平衡在两个极端点中间的某个地方。认识世界也罢,处理万事万物也罢,都是在一个新平衡下的取舍决策。

世界在变化,我们每天都要面临无数的小变化和冲突,如果只存在一两个冲突,那么公司或者组织是可以找到一个框架来处理和解决的。然而,我们面对的是许多种冲突,其中涉及更多的是哲学和心理层面,需要个人和组织自身进行平衡取舍。比如,刚步入工作这个阶段,我们要平衡家庭、生活和工作的矛盾;工作一段时间后,我们要平衡健康、家庭和工作的时间分配;公司也要平衡战略和战术的矛盾,平衡短期利益和长期利益的关系,平衡股东、员工、客户、公司以及社会的责任和利益。面对这么多要处理的矛盾和冲突,一两种硬性的规定是无济于事的,这就是我们平常所说的具体问题具体分析。

做投资也是一样,如何布局,其实就是在各个冲突中寻求平衡。 顺势、逆势、时机选择、仓位高低,每种投资策略都有特定的前提条件和性格匹配。我们经常说,价值投资有致命的缺陷,因为不自负的人做不了价值投资,但自负的人常常会犯致命的错误。20年积累卓越的战绩很可能就在第21年被完全打破,这就是所谓的成功乃失败之母。

在投资策略上，有的人做长线投资，有的人做短期投机，有的人做低买高卖，有的人做高买高卖，有的人做风险分散，有的人做集中投资，没有一种策略是十分完善的，都需要在冲突中找到一种平衡。

我们要变也不要变，就像进行价值投资时既要坚持自己的理念，但同时还要倾听外界的声音。调研是一种很好的途径，但我们也要掌握好内心世界与外部环境的距离，既要与他们保持密切的联系，又不能轻易受他们的影响。

人生其实和投资非常类似，每个人每天的思路都是在几个点上拿捏。法国思想家、文学家罗曼·罗兰有一句名言："真正的英雄决不是永远没有卑下的情操，只是永远不被卑下的情操所屈服罢了。"**懒惰是人的天性，逃避风险是人与生俱来的本能，这就决定了我们要有所得，将始终都面对矛盾的状态，始终要寻找一种平衡。**

生活和工作中，我们都面临着平衡多个冲突和矛盾，不可能用一个框子框死。大投资家一定是那些在平衡中分寸拿捏得比较好的，我们要学会审时度势、伺机而动。就个人经验而言，动心起念都得善恶好坏分明，这些本领只有靠阅读和修养才能获得。

大量的阅读能够帮助我们及时认识变化、构建新常识、洞悉新常态、掌握新平衡，最终从总体上把握新世界。尤其在如今信息泛滥的年代，邮件、短信、微信占用了人们很多的时间，我更加希望我们能用大量的阅读来充实自己,挤出时间来阅读和独立思考。

阅读,是连接东方与西方文化的桥梁,是连接新与旧的桥梁,是连接世界美好与希望的桥梁。通过阅读,我们的心态将更加安静、平和,不急躁、不焦躁。新常识、新常态、新平衡是我们适应新世界、走向新时代的思维框架。

> 本文发表于 2013 年 11 月,作者在东方红资管的投研团队、东方证券研究所内部会议以及很多外部论坛会议上都分享过本文内容。

29
创新思维实现企业飞跃

> 证券业是一个永无休止的场所。世界被一个长长的供求周期串了起来，时尚总是迅速更迭，市场环境在不断变化，客户的需求也在不断提高，所以，创新性尤显珍贵。若想与众不同，就必须带着创新思维去打破条条框框。

创新，是一家企业不以价格方式竞争而将自己同其他企业区别开来的一种途径。

我之所以会强调创新，原因在于，我希望我们在创业之初就种下创新的种子。如果我们的企业在弱小的时候就丧失了创造力，那么我们将不可能壮大，即便未来有机会壮大，企业也会因丧失创造力而崩塌。

在投资上，创新和想象力很重要。金融业的创新鲜少能获得专利。大部分创新产品一旦进入市场，市场参与者都会推出类似产品。因而，金融企业最大的特点是，大多数人做事情的方式依赖于别人怎么做事。亦步亦趋，在一定程度上是我们这个行业的通病。

证券业是一个永无休止的场所。 世界被一个长长的供求周期串了起来，时尚总是迅速更迭，市场环境在不断变化，客户的需求也在不断提高，所以，创新性尤显珍贵。若想与众不同，就必须带着创新思维去打破条条框框。

不管是投资还是销售服务，我们都要强调创新和想象力。我们承认传统的办法也许仍是最恰当的选择，但还需要锲而不舍地为客户策划更有效的方案，寻求新的投资途径。

一直以来，我们保持着产品业绩稳步成长的优良传统。在此基础上，希望大家能张开想象的翅膀，少一点墨守成规，去设计更多更好的产品，运用更多更新的投资工具，不断完善产品体系，来满足不同客户、不同群体的需求。

我们可以定期讨论市场上有什么新的或者正在改变的现象，竞争对手有什么妙招值得我们学习，有什么可以开拓的机会。我们必须能够看到一个领域的商机如何走向破灭，而另一个领域如何涌现商机。

培养在不同商业环境下经营成功的管理广度对公司至关重要。**在金融业摸着石头过河的风险是很大的，要学会游泳、驾船、搭桥等多种本事，才能确保渡过这条河。** 没有哪种管理方式放之四海而皆准，努力模仿别人通常是不管用的，假如我们一味地模仿对方，通常都会成为失败者。重要的是让别人玩我们玩过的游戏，而不是步人后尘。能够比别人更快地抓住机会很重要。

在这个行业，与大多数人反向而动对获得成功有很大的帮助，与众不同是最重要的捷径之一。

逆向思维、迅速行动是应该看重的优势，我们需要努力预测行业的未来，从而领先于别人辨别出机会。"好的交易者"与"伟大的交易者"间的差别是非常微妙的，其中就包括一种不受条条框框束缚的思维方式。

在投资上，不要等到事情真的发生了才动手，别忘了我们正在交易或要去交易的是一种"未来物品"，而不是"当前物品"。如果一直等待，等到我们把所有不确定性的因素都解决了，那就太晚了。眼睛朝前看，脑筋往前转，保持思考，思考新闻、天气、地缘政治事件在几个月后都会有什么影响。经常练习提升自己对社会事件的敏感度，对投资来说至关重要。

我们通常是在人们对宏观经济的担忧达到顶点时，买到了最好的东西，而最好的获利机会往往在"黑天鹅"事件出现的时候，这些都需要我们具备快速的行动力，这个时候孤独是种力量。

我希望我们除了有创新的思维外，还要关爱公司，建立相互之间的信任。在一个"以人为本"的公司里，最大的难题莫过于平衡各种关系。人性导致我们总是在寻求最大的盈利，平衡自己的风险和收益、短期利益和长期利益、个人利益和公司利益、客户利益和公司及个人利益，因此我们在管理和个人工作中都面临重大的挑战。面对如此众多不断变化的冲突和挑战，要想维持和谐和平衡是有困难的。

有创意的天才需要突破常规，与众不同才能实现真正地创新。但是组织越壮大，它就越会坚持寻求秩序和稳定。作为新成立的公司，在"建章立制"过程中，既需要灵活，又需要原则，但是这两者又相互冲突。管理好这些冲突才是金融企业管理的真谛。

我很认同一个说法，就是管理天才最好的方法，是不管理。 每一个有想法的人，天生就是不愿意被约束的；但是从公司的角度来看，没有制度和规则，就是无序。组织管理和张扬个性，必然产生一定程度的冲突，对于众多公司来说，接下来的困惑一定会出现在这个方面。公司最大的困扰是如何面对处于各个岗位上有创意的天才，随着公司的壮大，他们会觉得被组织约束或者对组织感到失望。如果管理者太保守，就会失去优秀的员工，甚至他们根本不会加入你的行列。如果管理者不够保守，个别员工就会失控，他们可能做出对个人有利而对整个组织有害的行为，就难以让企业进入良性发展轨道。组织和业务越成长，管理者这个重要角色就越难平衡。

未来随着公司规模的扩大，成员的增加，公司会面临越来越多的平衡问题。怎么来解决呢？

我觉得最重要的一点就是要建立信任。如果一家企业没有建立互信的文化，彼此互相不认同、不沟通，在基本的了解层面出现问题，就无法让团队进一步合作。企业在弱小的时候问题还不明显，一旦规模大了，若是仍没有互信，就容易走向崩溃的边缘。我们在过去的一年中，不断完善公司的内部制度，这一过程必然需要大家的相互配合，相互磨合，如果不能做到彼此沟通和信任，问题也会越来越多。

只有建立起互信的企业文化，才能使员工发自内心地去关爱这家企业，努力学会站在不同的角度来换位思考，团队之间才能相互团结合作。只有做到互信，我们才能更加深谋远虑，更注重站在长期的角度来改善公司的点点滴滴，放眼长远利益，注重细节，努力寻找改善的方法。在很多的人际关系中，在很多的交流中，我们都在不知不觉地支付一种隐藏的"低信任税"——缺乏信任会使经营成本翻倍，经营绩效减半。如果公司存在官僚化的规章制度、搞小团体、审批慢、组织混乱，或者大家自我保护、搞办公室政治、员工离职频繁、管理层和员工经常发生冲突、客户不断流失，假如你意识到这些特征的存在，请指出来，我们会认真开展建立信任的相关活动。企业成长的过程，就是一个不断发现矛盾、解决矛盾的过程。在工作中看到矛盾，要从关心企业的角度出发，坚决地提出来。去除那种不想说、不愿说、不敢说的风气和氛围，即便是胡说也好，但我们不要那种乱猜、瞎猜、不负责任的胡言乱语。

投资管理是一项人力的经营。团队的工作依靠的是领导、程序、经验、一致的哲学和信任。良好的团队绝不是偶然形成的，与友谊一样，需要细心的培育以建立相关的信任和尊重。

从公司的角度看，要赢得员工的信任，也需要管理层和每个员工时时事事地提醒自己，任何时候都要问一问，我们做的事情，是不是有利于员工个人、有利于公司？是不是能让大家形成共性和认同？我们一贯强调团队精神，在不断鼓励个人创新的同时，我们认为团队合作往往能带来最理想的效果。而在公司层面，要员工不跟公司博弈，首先领导要做到不跟员工博弈，公司要愿意慷慨地与那些创造利润的人分享利润。我们的文化，就是尽可能地让全体员工感觉自己就是公司的合伙人和老板。

关爱企业需要每个人都有牺牲的精神、奉献的精神，需要我们倾注全部的心血，需要我们主动克制自己的一些行为。我们不能也不会容忍那些置个人利益于公司利益和客户利益之上的人。在未来的岁月里，如果每个员工都能像爱护自己一样爱护这家企业，互相关心、信任和支持，坦诚交流，团结协作，那我们一定能做到无往而不利。最后，借用我在微博上看到的一句话作为结尾："在这趟历史的动车上，没有看客，我们都是乘客！"

> 本文是作者 2012 年在东方红资管中期工作会议上分享的内容。

30
放飞想象力

> 作为投资人,你是开车人,客户是你的搭车人,你们是一个命运共同体。如果这辆车翻了,那就是你们和车同时翻了。这不仅仅是信托责任和信托关系,我们希望,我们与客户是伙伴关系,而不仅仅是开车人与搭车人的关系。

我们每个人都需要考虑两个问题。第一个问题:未来资本市场将如何变化?第二个问题:我们如何应对资本市场的巨大变化?

"改革"与"开放"

一个国家、一个社会想要持续地进步,一靠"改革",二靠"开放",对于一个组织和公司的进步来说,这两点同样重要。我们始终要改革不断僵化的组织,并依靠开放不断进步!只有这样,组织和公司才能持续地参与竞争。要让我们的公司和组织不断成长,改革和开放就缺一不可。

每个时代都有每个时代的变化主题。过去的 10 年有过去 10 年的主题，未来的 10 年有未来 10 年的主题，没有什么是一成不变的，竞争使然。年轻人更容易也更应该去把握。如何去把握，首先要进行组织变革。改革靠什么？靠开放，开放是改革的一种方法论，没有开放，任何一个人就会像盲人一样。前一阵子，俄罗斯出现了陨石，当时很多老百姓的第一反应是战争爆发了，这是因为大家没有"望远镜"，而是用"显微镜"在看自己生活的世界。**我们也犯过此类错误，所以，在这个过程中，我们需要考虑哪些是对我们最重要的事，要如何进行平衡，当我们埋头苦干的时候，还是要不断拿起"望远镜"。**

时代在不停地演变，每个时代有每个时代的主题，我们该如何应对？索罗斯做投资的方法是研究事态规则的变化，寻求转折点，而不是在既定的事态规则下下注。**我们作为投资人，总是处在两个状态中，一个是在既定规则下怎么玩，另一个则是研究规则的演变，对新形态下重注。**

我们国家过去发展的几十年，以及未来发展的几十年，与我们的现在和将来的事业密切相关。在这个过程中，特别是 2010 年前后这几年，我自己也很困惑，我们到底是成为了事业的奴隶，还是干脆脱胎换骨地去做了事业的主人？很多时候，我们会屈服于生活和工作、组织和环境，不敢冒险，不敢走向新的领域。但是，世界在变，所有新的东西都不断地在你面前走，所有的变革都悄无声息地在你面前展现。随着实体经济的转型，资本市场正在发生一个彻底的、革命性的变化，我们为此到底又做了多少准备？我们还能刻舟求剑多久？我们还要守株待兔吗？我们如何展开改革和开放这两个方面？新的证券投资基金法就要实施了，对我们既是机遇也是挑战。竞争是一切进步的前提，但它带来成功者的同时也带来失败者。我在2012年时一直说，现在是证券从业者的春天，是证券公司的冬天，垄断的打破带来的是个人创造力的迸发和国民经济的再次提升。

目前，资本市场正在发生本质的变化，最大的变化在哪里？利率和汇率悄悄自由化，资本市场不断地接地气，金融不断地向个人和民企开放。资本市场在国民经济中的作用在不断提升，开始为中小企业服务、为三农服务、为国家进一步工业化服务。中国的养老金、企业年金、各种保险、高额储蓄都将找到合适的去处。

这是一个巨大变化的开始。有多少人看到了？有多少人准备好了？

认真思考我们的事业

接下来思考，我们将以何立足？我觉得，前面的10年，我们很专注。这种专注也有无奈，因为有人捆住了我们充满活力的手脚，我们被迫在一个小领域内专注。但专注也是好事情，能够耐得住寂寞，抵挡得住诱惑，我们不断地加强了基础的核心竞争力。我觉得过去几年，我们不断在发展我们的"显微镜"，而且把"显微镜"用得很好，但是我们没有使用我们的"望远镜"，没有很好地去看待未来的变化。现在提出的这点对我们来说非常重要，也是必须提出来的。没有"望远镜"，我们未来的核心竞争力在哪里？我们有没有围绕未来经济和制度的变化去发展新的核心竞争力，去拓展每个人的工具？这是新的一年迫切需要每个人去考虑的问题。

关于如何立足，其中一个非常严肃的问题就是我们的盈利模式。我们靠什么跟别人竞争，跟风起云涌的各种各样的机构竞争？

很显然，这是这几年我们没有解决的困惑。我们靠在一个方向上做绝对收益的这个盈利模式又该如何走下去？我们要做好一个方向，又要做好短期资金市场，那我们有什么能耐比指数做得好？我们又有什么能耐比固定收益做得更高、风险更低？没有这些能力和能耐，别人为什么要把钱交给我们管理？我现在之所以提出这个问题，不是说以前不存在、不严重。以前很困惑是因为找不到解决问题的方案，没有办法。在新的制度环境下，我们有了解决问题的方案或者可能性，现在有了足够的条件来解决这些问题。

我们以前做投资只有一个维度、一个方向，既要跟指数去比，又被要求绝对收益，很矛盾，很痛苦。接下来的市场和制度，将可以立体化，可以同时有两个方向、有多个维度，整个资产图谱都美丽地展现在我们面前。所有的这些变革对我们来说都是新问题,而这在国外资本市场上实际已经很简单了,国外的机构投资者已经走了很多年,积累了很多宝贵的经验。而我们每走一步都要自己去探索,没法去别人那里学习、取经。但竞争是在同一个起跑线的,这是我们要面临的竞争环境。我们该怎么办?付出更多心血、让自己有更开阔的心胸、更开放的精神,这些就够了吗?

另一个非常严肃的问题是,我们跟客户之间是什么样的关系?我们提出"感恩、责任、梦想",其中的"责任"表现在很多方面。**作为投资人,你是开车人,客户是你的搭车人,你们是一个命运共同体。如果这辆车翻了,那就是你们和车同时翻了。这不仅仅是信托责任和信托关系,我们希望,我们与客户是伙伴关系,而不仅仅是开车人与搭车人的关系。**

2012年,我在乌镇开会时,讲到了为什么投资需要有哲学、流程、思想。实际上,这些是你对自己和客户负责的要求。你要告诉你的客户、你的伙伴,你是怎样防范风险、怎样为客户争取利润的。做企业,老板必须要有使命感,管理层必须要有事业心,而做投资这一行,投资经理一定要抱着使命来做,抱着职业心态来做肯定是做不好的。**真正的热爱就会产生使命感、责任感,投资人若是没有使命感就做不好,得过且过、没有使命感的投资人会被市场踢出去。**

张开我们的想象力

我常说，有怎样的资金策略，才有怎样的投资策略。你所有的投资策略与资金背后的客户是密切相关的。有时候，你只能管理很小的一部分资金，因为你的投资策略只能管理匹配那样需求的资金。我们以前都是在积累，积累完了以后，该向哪个方向延伸，又该怎样去改革和开放，是当下最重要的课题之一。

我们团队中很多人才30多岁，都年富力强。以前的资本市场没有壮大，但从现在开始，资本市场开始壮大，这个舞台已经逐渐摆在每个人面前了，就看你有没有能力去施展。

我们有什么优势，优势在哪里？前几年的"显微镜"工作做得不错，所以我们的腿是很粗壮的。看看舞蹈演员，他们的腿很粗、很壮，因为只有这样才能做出赏心悦目、令人惊奇的动作。我觉得我们有这样的条件，腿一定是粗壮起来了，但是没有去开发它的潜能，因为我们的视野不够，严重不够。

在这个过程中，我们有个非常重要的任务就是要张开想象的翅膀。我们很多人的分析能力很强，但想象能力不够。我们这么多人，完全有条件、有能力有更奔放的想象力。在投资领域，想象能力和分析能力是一样重要的。如果我们这么多人，每人每个月都有一个想法，一年就有几百个想法，我们就会产生很多的创造。投资上有一种很重要的策略，像索罗斯的策略，即用想象力去假设，拿钱来试验。索罗斯有很多创造性的策略，利用研究游戏规则变化的那个点，在一个趋势的转折点上做判断。我们为何不能这样来创造？

我们团队的所有人都应该去营造一种氛围，真正地把大家的想象力激发出来。我读过一本书，叫作《如果巴西下雨就买星巴克的股票》，逻辑很简单，巴西下雨——咖啡豆丰收——咖啡豆价格下跌——星巴克成本降低——星巴克利润增加——股价上扬，于是就应去买星巴克的股票。我们要去寻找别人很难看到的事物之间的联系和关系。

在我们这个领域，失败是必然的，死亡是必然的，你在这里走多了，总有一次会栽进去。但是这不重要，错误是会来临的，你要有这种精神，即允许自己犯错。我的要求很苛刻，但是我会原谅，学会原谅自己和别人。我曾经看到一条微博，云南省保山市市长去云南大学做校长，当别人问他有什么感受时，他说，在当市长的时候，自己说得再错，都是对的；但当校长以后，自己说得再对，教授们也不觉得他是对的。权力是相对的，真理是绝对的。**投资是一个探求真理的过程**。在公司行政级别上，可能我的职位比你的高，但在对观点的探讨上，我们是平等的。在我们这里，是以观点、想象力、分析来衡量对错，而不是用权力来衡量对错。我们是真的缺乏创造力，没有想法吗？还是不敢提出来，怕错、怕领导批评？如果你是一个有作为的年轻人，就不应该怕试错。

我们从小到大接受的都是服从式教育。这种教育理念在我们这个领域是格格不入的。我们这么多人如果都没有新想法、新念头，仅仅服从于领导、唯唯诺诺，那真的是我们的悲哀。比如，某位客户买进了某只股票的很多仓位，然后又跌了很多，此时，交易员为什么就不能提醒一下是不是有什么风险？很多年轻人刚进公司，摸不到门道，可能没有太多的想法，这可以理解，但工作了一阵子以后，还是做一天和尚撞一天钟，或是老和尚念经，那就不能继续待在这个群体里。不是我不让你待，而是竞争环境不让你待。

在某个意义上，投资是由一个个想法串成的，要到处跑，去倾听市场，去寻找新变化，去交流，最后形成自己的看法，再和大家共同探讨。在这个时点上，每个人都要发挥自己的主动精神，把每个毛孔都立起来，提出你的想法。

现在的投资不是一个维度，而是多个维度；不是一个方向，而是无数个方向。在资产产品图谱里，每一个资产领域都在张开着，等我们去拥抱，每个人都可以去借鉴、去观察、去实践。问题是一个人的时间和精力都是有限的，需要一个团队互相提醒、互相提点、互相切磋，否则要这么多人就没有意义了。

大视野下看变迁

投资者需要寻找一套适合自己的严格的方法。过去几年，我们加强了财务培训，让大家有了共同讨论的基础，也让大家在分析上可以不惧所谓的权威。但在策略上，我们还是提倡百花齐放。比如，做量化投资的投资经理要从大量数据中去分析相关性，不去追求其间的因果关系。虽然在另外一些投资上，投资人还是需要追求非常严格的因果关系。很多人做指数投资时，只关心市场的有效性，但索罗斯只关心1%、2%、3%的指数表现。市场无效的时候，寻找转折点，寻找趋势，验证对了，就一把进去。我们每个人都要寻找适合自己的严格的方法。

在这个过程中，倾听和适应是非常重要的。最近我看了《下一个倒下的会不会是华为》，任正非送给年轻人三个词：视野、意志、品格。其中，广阔的视野非常重要，尤其是在做投资的时候。**所谓视野，就是去研究宏大的趋势。**

在2013年这个时间点，未来10年，我们国家有很宏大的规划。我们需要用宏大的视野看很多东西的演变。你想想每年春节，中国有多少人次的人口流动？2013年是30亿人次，也就是说，地球一半的人动了一次，我当时把这个数据告诉外国人，他们都很吃惊。

未来10年，资本市场充满了危险。所以，你要有宏大的视野。乐观来说，我国将会是世界上最大的消费市场，悲观来说，我们的市场蕴含着极大的金融风险，当然那也是投资人的巨大机会。

横向来看，世界上更大的变化正在发生。美国、欧洲各国、日本、东盟各国、非洲各国的经济浪潮此起彼伏。互联网、大数据、生物基因工程、能源革命风起云涌。每一代人都有自己的主题。如日中天的微软在移动互联网时代到来后也落伍了，过不了多久，基因和生物的革命也会席卷整个世界。2012年，私募在中国投资最多的是生物医药。2003年前检测一个人的基因要花一年的时间和上亿美元的成本，当时预计再过三五年也许只需要15分钟，当成本也降到100～200美元后，这将会产生巨大的影响。

当然还有一个影响世界未来格局的更大力量，那叫中国力量。中国很快将成为第一大贸易国，进出口总额占世界第一。中国的消费仍然还处在不断壮大的过程中，并且有机会挑战最大的消费市场。**我们在用"显微镜"的同时，一定要用"望远镜"。每个人都能望远一点点，大家聚在一起也就能看得更远。**

勤于思考

总结来说：第一点，我们每个人都要有发自内心的使命感，投身到事业中来，一定要有更大的热爱，这不是一个简单的职业，若以一种简单的职业心态来对待就很容易被淘汰。

第二点，每个人要围绕自己的核心竞争力专注起来，但是这不表示对外界不闻不问，事不关己、高高挂起的态度要不得，既要能耐得住寂寞、忍得住诱惑，又要睁大眼睛看世界。

第三点，最重要的是抱着改革开放的思路，去解放思想，每个人用创业的精神去做事，大家提出想法，我们一起来分析和评判，先做试验，来验证自己的想法是否可行。

最后，回到我们前面说的要做什么样的商业模式。从我个人角度来说，我们一定是要围绕追求绝对收益的方向来发展策略、方法，以及工具。在这个前提下，需要打开每一个维度和方向。我们如果不走绝对收益这条路，是走不远的。

有一次一个朋友说，我们这个行业应该是钱找上我们，但是我们凭什么能做到这一点？如果有一天，钱可以不断地找上门来，那说明我们是真的成功了，但目前我们都是在很艰难地探索。

说了这么多，主旨就是希望每个人都要解放思想。索罗斯和巴菲特有一个共性，即只在关键的时候下出关键的赌注，更多的时候他们在思考。我们不能像农夫一样只是勤奋而不思考。

> 本文是作者 2013 年 2 月在东方红资管做的一次内部分享的内容。

对谈 5　机构投资者时代来临

主持人：关于识别一些差的公司，规避投资骗局，我觉得你还是很有一套方法的，市场一转熊，造假的公司就爆出来了。

王国斌：这个过程并非中国独有，美国历史上也是这样，美国当年的掺水股票现象也是很严重的。投资者在那边买股票的时候，这边公司还在不断地发行股票，这就叫掺水股票。我在学校读到过，早期美国有一只铁路股，你那边去买股票，我这边就不断地发行。美国的投资历史上出现的荒唐事件也有很多，安然、世通等都是例子。

主持人：所以，作为投资者最好从常识角度考虑，可以避开这些骗人的公司。

王国斌：常识是可以帮助投资者的。主要是复利这个概念很少人去想，因为复利是非直觉的，一名在 10 年内连续获得 10% 的年投资回报率的投资者与一名连续 9 年获得 20% 的年投资回报率却在第 10 年损失 50% 的投资者的财富，谁多？

虽然很少有人会愿意去认真地计算它，但其实是前者多。很多人追求短期的表现，因为追求长期很稳定的表现比较难。这就是极速跟稳健之间的关系，有人就喜欢极速。这也属于个性使然，你的个性一开始就决定了你愿意走哪条路。

请考虑以下两种情景。

情景一：一位投资者选了 5 只股票，每只投了 100 万元。其中 4 只是好的投资，一年的投资回报率是 15%，但第 5 只股票跌了一半。另一位投资者投了 5 只表现很平的股票，每只都只上涨了 5%。

情景二：2008 年，一位投资者用 100 万元开始投资，在 2009 年获得了 100% 的投资回报，但在 2010 年亏了 30%；另一位投资者在 2008 年也投了 100 万元，在 2009 年和 2010 年均获得 20% 的投资回报率。谁跑赢了？

情景一中，前者的投资收益是 10 万元，后者则为 25 万元；情景二中，前者的投资收益为 40 万元，后者则为 44 万元。很多人希望每一圈都领先，但最重要的是，冲过终点时，你还在赛道上。

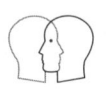

> 投资管理行业竞争激烈，只有那些擅长投资的投资者参与这场游戏才是明智的。

主持人：很多人不喜欢平凡的生活，喜欢刺激的生活。人人都想快速致富。你曾说，中国资本市场未来面临的挑战也是很大的。未来的几年时间内如果持续是这些模式，比如，一个是卖方市场转向买方市场，另一个是企业的上市标准降低了，这样的话，普通投资者受煎熬的时间还很长。

王国斌：普通投资者受煎熬的时间还会很长。**投资管理行业竞争激烈，只有那些擅长投资的投资者参与这场游戏才是明智的，任何三心二意的投资者进行积极的投资管理注定要失败。**大到投资策略的制定，小到具体证券的选择，周密的分析都是投资活动获利的唯一基础。我不赞成彼得·林奇说的那句话，即普通人也可以像专业人士那样去投资。

所以在这个过程中，资本市场要真正得恢复到一个以机构投资者为主的时代。我认为券商在全国各个省市开这么多家营业部的这种方式慢慢就要改变了。

主持人：散户可能真的就要被消灭掉了，因为散户买的股票肯定都是被炒得最高的股票。

王国斌：以前是博弈的时代，反正股票供不应求。你买进股票后，即便套住了，只要能忍住，总有一天会解套，但现在谁会去当股市的救兵呢？

主持人：以前股市都是在涨潮，现在退潮了，怎么办呢？这些人都输掉后走了又好像有点不甘心。

王国斌：第一个原因是没有救兵了，第二个更重要的原因是，很多企业没有人接管，还有很多企业已经没落。企业不转好，股价没法恢复，持有股份的那些股东一有机会就会逃离，到最后都交给散户。现在买公司必须要挑剔，要越来越谨慎。

主持人：除此之外，一家企业分红的价值也很重要。说到分红，在中国的金融环境中，你对银行股怎么看？

王国斌：这个问题都是阶段性的问题。只要利率不市场化，我认为银行股在短期内的问题和其他企业是一样的。最大的风险是没法有效地解决它的各个层面的委托代理问题，强制分红与否意义并不大。银行某种意义上可以当作消费品看，品牌、网络都极具护城河效应，而且银行是经济增长的推动者和获益者。我一直在和银行打交道，很多银行的员工的素质都很高。

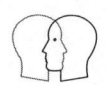

> 价值投资者获得优异业绩的唯一办法是定期远离大众。

对谈 5　机构投资者时代来临

主持人：机构投资者一定强于个人投资者吗？

王国斌：机构和个人的划分是为方便描述。严格来讲，大卫·史文森认为，投资界中的一个最重要的分水岭不是区分个人投资者和机构投资者，而是区分有能力进行高质量积极投资管理的投资者和无力为之的投资者。少数的机构投资者有能力投入大量资源对投资组合进行积极管理并创造出风险调整后的超额收益，而能做到这一点的个人投资者较少。

正如很多投资家所阐述的，拥有一套核心哲学是长期交易成功的根本要素。没有核心哲学，你就无法在真正的困难时期坚守你的立场或交易计划。你必须彻底理解、坚决信奉并完全忠实于你的交易哲学。为了达到这样的精神状态，你必须要做大量的独立研究。一种交易哲学不可能从一个人的身上传递到另一个人的身上，你只能用自己的时间和心血去得到它。

在设计一个长期成功的投资策略时，有两个因素是至关重要的。

- 第一个，要明确你的优势是什么。投资从很多角度来说和玩德州扑克一样，是个零和游戏，即你所取得的高于市场指数的收益是来自他人所犯的错误、疏忽或者反应过度，你的聪明才智超过了别人或者你的运气超过了别人。打麻将和玩德州扑克时，运气存在于大局中，但技术可以改变运气。要明确自己的优势，就要分析自己具备哪些工具包，比如真正的长期资金，深厚的行业知识，在各种市场和证券资产类别灵活跨越以寻找机会的能力，较强的资源关系开发能力和人脉网络，完整坚实的投资哲学。

- 第二个，有能力考虑竞争格局以及市场参与者的行为。了解市场交易心理学与懂得市场运行机理同等重要，要建立足够的人脉网络，这并不是要求你完全依赖他们，而是要求你能够及时地感受市场情绪，能够看到市场的参与者们正在想些什么、做些什么，这些信息有可能是无价的。你的注意力和技能在哪里最适用，这取决于其他人的关注点在哪里。田忌赛马、逆向思维是竞争优势最有效的措施之一。价值投资者获得优异业绩的唯一办法是定期远离大众，但很少有人愿意做或者能够做到。

> 本文是作者2012年1月接受资深投资人理森的采访的实录。

对谈 6　打造可复制的投资团队

主持人：业界朋友公认你是国内券商中盈利模式转型最早、业绩最优秀、投资团队最稳定的行业代表人物。"东方红"这个证券资产管理品牌能够成为优秀的共同基金，其市场影响力引领行业，成绩有目共睹。回顾过去，你是怎么样一步步走过来的？

王国斌：人在很多方面都有偶然性，但是在偶然性中可能有一些必然性。偶然性在于这个国家给了你一些机会，必然性是在机会下面，你的某种性格可能就让你往那个方向走。

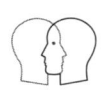

> 你只要处在竞争中，就需要去寻找优势。你需要在能力圈内行事，千万要避免"纸上谈兵"。

主持人：2001—2005年是股市从崩盘到低迷盘整的年代，那时整个证券行业都出了问题。当时你们是如何做资产管理的呢？

王国斌：真正严格规范的资产管理就是2005年证券公司可以做集合资产管理业务的时候。之前东方证券主要以自营为主，而且自营、资管分得很清楚，早先我是管理自营的，到后来才管理资管。那时我们特别重视自下而上的选股，重视基础调研，重视企业的投资价值，也开始注重扩大投资视野，开始尝试多样化的投资风格。那个阶段是我们投资风格逐渐丰满的时期。

2005年，证监会开始规范证券行业，券商开始开展集合理财业务，业内称"阳光资产管理业务"。东方证券属于证监会给予集合资产管理计划资格的第一批公司，当年我们就推出了"东方红1号集合资产管理计划"，非常积极地拥抱了"股改"，在股市大盘1 000点时的市场底部做了很积极的部署。

主持人：2005—2010年，你们以优良的业绩和规范的运作，成为能与基金公司平起平坐的证券资产管理行业内的品牌。2010年，你们进一步成立了东方证券资产管理公司，成为券商系第一家资产管理公司。这是基于什么样的背景和想法呢？

王国斌：我们想成立资产管理公司，当时主要出于三个想法。第一个想法是，能够寻找一个合理的方式建立一个独立的品牌。因为证券公司既有买方业务，又有卖方业务，想建立一个品牌不太容易了。当时我们成立东方红资管时，我觉得我们可以做

对谈 6　打造可复制的投资团队

出一个独立的做买方业务的品牌。

第二个想法是，我们想探索这个行业中投研人员的激励办法。这是在投资管理中碰到的最大问题，不管是在美国还是在中国，不管是管理者自身还是投资标的，最终最核心的问题一定是激励问题。我认为美国金融危机的发生是由于激励有余而约束不足，导致出现过度投机，造成了泡沫；我们的问题则是出在股东—代理人的另一极端，这一极端则是激励不足、干劲不够、创新匮乏。所以，我希望新公司能够有机制来很好地解决这个问题。

第三个想法是，我当时受金融危机的启发，看到了长期蕴含的更大危机。既然生于斯、长于斯，就要未雨绸缪，人无远虑，必有近忧。激励过头会造成泡沫，但激励不够更加危险。任何经济制度的活动都必然建立在一个简单的原则上：适当足够的激励作用。我们无法回避激励的重要性，因为它是人类本性的一部分。经济活动得以运行就是由于参与者可以在激励改变时改变他们的行为。如果约束机制和激励机制之间没有建立实质性的变动关联，就容易造成道德风险的积累，而过度限制也会使低效、浪费、贪污等问题不断发生。从这一层面看，系统性风险正在不断累积，而且持续下去必然会出现不可收拾的局面，金融领域将首当其冲。

总之，由于人性自身存在的缺陷，人们自己创造出的任何制度和组织必然会有缺陷，这种缺陷是风险的内在滋生源。风险就像地底下的能量一样，聚集到一定程度就会喷发。迄今为止，世界上还没有一个不曾破产过的金融市场的样板，美国都破产过好几次了。我们希望经过长期的努力，在危机出现的那一天（那一天必然会出现），我们能够有所作为，不再像上一辈那样茫然无助。

主持人：这是一个有益的探索。

王国斌：还要继续探索。其实现在对于独立的资产管理公司，从监管上来说，我们不能像美国那样"只要法律没有禁止就都可以做"，我们都是要在监管部门核准的情况下才能做。比起私募来，独立的资产管理公司可以有更好的业务选择和激励。我心目中的资产管理公司应该是全方位的，什么都可以做。我本意是想把资产管理公司打造成一个资产管理的大平台，我认为一个真正的天才是不会长期屈身于一个不是自己的机构的，为了留住他，最好的方式就是给他提供平台。作为平台，很多私募基金也都可以在这里进行运作，平台来提供品牌、研究、销售渠道、风险控制、交易能力等服务。我当初出于这个考虑才成立了这个资产管理公司，不过还有很长的路要走。

主持人：从现在来看，除了你们，其他证券公司也把资产管理做成一个重要的业务支柱，开展阳光资产管理。现在你们的竞争对手有基金，还有私募，从为客户提供价值的角度来看，你们该怎样建立自己的优势和自己的特色呢？

王国斌：我有一个原则，即没有竞争优势的事，我们是不做的。**要始终牢记，一旦参与，你就处在竞争中，你需要去寻找优势。你需要在能力圈内行事，千万要避免"纸上谈兵"**。比如，我们是业内最早拿到 QDII 资格的证券公司之一，但到现在我们并没有推出 QDII 产品。原因很简单，一是在刚拿到 QDII 资格的时候我们确实没有竞争优势；二是在目前的情况下，有各种各样的条件限制，要建立这个竞争优势不太容易。坐在家里做 QDII，这对我们来说是不可思议的。不是我们没有资源和能力，是很多的条件不具备。所以在这种情况下，有的公司推出了 QDII 产品，但我们到现在还没做。

> 我们大家都在进步，都在成长，而且不能停止。

主持人：成功投资者的特性是什么？你本身很勤奋，我觉得你比较关注的就是勤奋、诚实、耐心。你觉得在培养团队专业精神方面，你有哪些心得，看重哪些方面？

王国斌：总体上来说，过去这些年我们确确实实一直是处于摸索的状态。我们是一个学习能力很强的团队，在边摸索边学习的过程中，理解这个市场是怎么样的市场，理解这个市场上人的行为方式，学会怎么去看公司，这是一个不断摸索、总结的过程。我们大家都在进步，都在成长，而且不能停止。

主持人: 你到目前为止还留在券商行业内,而大部分像你这样的人早就离开这个行业了,不管是出于什么原因离开的。作为为数不多的、笑到现在的"老将",你有没有总结过,从投资本身来说,不管是资产管理公司、私募,还是基金,在中国这样的投资环境中,按照你的理解,投资行业应该怎么做,才能笑到最后?

王国斌: 人总是有各种各样的考虑。在中国投资市场,我考虑最多的是,怎样去做这个时代自己能做的事。早年大起大落的投资经历,让我越来越淡然。所罗门国王曾命令他的臣子们帮他想出一句放之四海而皆准的话,最后,他的臣子们献给他一句至理名言,"一切辉煌和挫折都会随风而逝"。所以面对一切,我们都要做到"不以物喜,不以己悲"。

某种意义上来讲,投资者都是个体户,不管是国内还是国外。我愿意去挑战能否带出一个团队的任务,而且这个团队是能够复制,这十几年来我始终在尝试。**这个行业最难的挑战并不是偶尔把业绩做好,而是怎么样能够培养出一批在整个投资管理行业,具有长期竞争力的人才。**国内股市浓缩了美国股市 200 多年的发展过程,我们有很多的历史经验可参考,我希望在这个过程中,能够探索出成功复制团队的方法。

主持人: 复制你的成功吗?

王国斌: 不能说我是成功者。确切地说,是找到一种方式,

对谈 6　打造可复制的投资团队

我和我们的团队通过这种方式培养出一个专业的队伍。我经常说，从某种意义上来说，我们国内还没有一个真正专业的投资人群体，因为环境始终在发生巨变，我们自身也在演变。看看美国真正杰出的投资经理们，他们大多是思想家、哲学家、经济学家、心理学家、历史学家的综合体。我们经常阅读他们的书籍，并常常深受启发，我们研究所的编译栏目《精译求精》就是对他们很好的一个推介。我们这里因为时间太短，积累不够，所以真正杰出的投资经理还需要历练。我们第一代的投资者，可能在学校连基本的经济学原理都没有学过，连什么是市场经济都不懂，甚至到现在为止，很多人还不懂。

虽然我有很多让我很尊敬的朋友，他们都很杰出，但我不认为中国已经存在真正意义上的、非常专业的投资者。其一，我们所有的人学习和经历的时间都不够，因为过去的背景不具备这些条件，所以成功只是阶段性的；其二，中国面对国际金融竞争的时代还没有来，这一批投资者真正的考验也还没有来。2005—2006年我就说过，以后真正的竞争，一定是整个金融领域的竞争。因为我们的资本市场总有一天要开放，那么中国以后最大的战争就是金融战争。如果国家没有一群非常理解资本市场的人，那一定是一场灾难。

所以，总体上来说，我们国家最需要的是培养出一批真正的金融人才。我只是尽自己的一点点义务，追求进步，在力所能及的范围内来做这件事情。

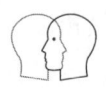

> 我不在意你开始打得有多远，我要的是你每个动作都能做对。

主持人： 东方红资管团队的主要成员相当稳定，他们在一起工作都有十几年了吧。在很多外部诱惑的情况下，从你到团队都实属不易，应该说你的理念和团队的管理方式是凝聚力的重要因素。近年来，你被各个基金公司邀请去讲课、座谈，都很受欢迎，大家不仅想听你讲投资，还想听你讲投研团队建设，期待你来分享一点经验。

王国斌： 有人说过，最好的学习方法是当老师，因为最好的投资思想是在交流中产生的。其实更多时候是我在向同行学习。在与同行交流时，最大的收获是，我可以看到同行的思维方式和自己的盲点，同时更加体会到可重复成功的重要。

主持人： 你在这方面做得很有特色。

王国斌： 在东方红资管团队这里，我们对所有加入我们的人都会强调过程管理，就是说，进来的新人基本上都是我们自己培养。**而在培养的过程中，我非常注重每一次训练，打个比方，就像学习打高尔夫球，我不在意你开始打得有多远，我在意的是你每个动作都能做对。** 你挥杆的动作对了，持之以恒地坚持训练下去，你的成绩一定会很好，但是一上来你为了要打赢，为了推荐一只牛股，可能不择手段地做一些其他事情，那你的路径就完全错误了。

对谈 6　打造可复制的投资团队

主持人：投资是不是本来也比较多元化，每个人的个性或者能力都不一样，是有些人一定会做得好，有些人一直都做得不好，还是不同的人都可以成功？

王国斌：任何投资都需要一套完整的哲学体系，基金经理或投资经理是否具备完整的哲学框架体系是最重要的考量标准。我更愿选择一个具备非常完整的投资哲学框架体系的人来做投资经理，这样他在做投资时，不会随自己的情绪变化而进行买和卖的决策。

主持人：你想闯出一条路来是很不容易的。券商的生存环境很恶劣，哪有基金公司的环境好呢？基金公司都那么不容易，从旧体制走出来的人，最后还能够活跃在行业前台，很不容易。

王国斌：其实投资反而是简单的，管理才是耗神耗力的。一方面，我没兴趣做管理，要让自己去静下心来思考人际相处的事情，对每个投资者来说都是苦差事。我们常常会被人误解为不易打交道，但其实实在是太忙了，没有时间常与人联系。公司政治很复杂，做投资的人一般没精力应付，好在我们公司的文化氛围很好，我可以去做我认为正确的事情。

另一方面，我们在投资上的最大问题是缺乏长线的资金。我常说，资金策略决定投资策略，在你的核心竞争优势里，长期的资金是你工具箱里很重要的一部分。

主持人： 你提到过，过去几年你禁止大家做套利型并购重组的策略。虽然过去你对并购重组非常了解，而且你又有丰富的社会人脉、资源，但是后来把并购重组这个策略排除在你的投资策略之外，这个决策其实是出于一种非常有战略性的考虑。

王国斌： 金融行业是个强监管行业，我们应该引导我们的员工，避免因不慎而犯错误，这个很重要，我们没有本钱犯错误。我们一直在说，我们的资本市场是一个新兴加转型的市场。既然是新兴加转型，就会有很多出现问题的可能性，但我们的原则是要保护所有的员工，所以一切从严。我们的文化是"合规第一，客户第二"。

资本市场是一个多样化的市场，一定要有多样化的基础，多样化是任何一个形态健康成长最重要的因素。你看以前的市场有效理论，即一个假设的基础就是人是理性的，但实际上，资本市场中没有谁是完全理性的。要有多样性，还要有激励机制，就能让这个市场变得有效。我们资本市场的多样性其实还不够，太多的管制不利于发展多样性，而同质性对资本市场的发展是非常不利的。讨论到这些问题的时候，舆论也是不利于我们的，我们要接受大家的严格审视。我前面提到过，作为监管者，既要保护投资者不受骗，也要保护投资者投机的权利。投机是资本市场能够存在的最重要的元素之一，没有投机也就没有了资本市场。

主持人： 在 2006 年的时候，大家都觉得全天下歌舞升平，到现在为止，我们虽然遇到了很多挫折，但是大家整个状态也都还不错，我觉得这就是投资的价值。大家可能越来越相信投资的价值，相信专业的投资方法，或者相信自己的投研流程，我觉得这就是投资的意义，而不是投机取巧。

王国斌：确实很重要，我自己也是，我能够有现在这个状态，最重要的一个因素就是我的学习能力比较强。我是个爱看书的人，什么书都看，只要是在国内能看见的所有投资类的译著，我都会去翻看。

前面说过，很多书我在早年就看了，比如对我影响很深的一本书《贼巢》，这本书是我在南方证券的时候看的《证券市场周刊》上的长篇连载，原来叫《股市大盗》，这本书在我从业一开始就给了我很大的警示。我有最早版本的彼得·林奇的译著，我还有专门写在美国20世纪80年代收购兼并时做投资的书和美国新闻界指责索罗斯、彼得·林奇等内幕交易的书，这些书都是我在20世纪90年代早期看的，现在书页都发黄了。

读书的意义就在于你自己去学习、去悟，因为我们做投资这行，师傅很重要，这是门艺术。就像画家，如果没有师傅带，成为不了好画家，即便没有师傅，至少要能找到"大家"去临摹。而我一开始是误打误做，也没有什么师傅教，但是书就是我的师傅。

《孙子兵法》我也很熟，书中说"故知胜有五：知可以战与不可以战者胜，识众寡之用者胜，上下同欲者胜，以虞待不虞者胜,将能而君不御者胜。此五者,知胜之道也",其中"知可以战与不可以战"是投资中最重要的。**我始终认为,从文化传承的精神修养上,中国人特别适合在投资上有所作为。**

主持人:你们这个团队之所以这么稳定,我觉得很重要的原因就是大家跟你这个师傅在一起都很愉快。

王国斌:我不是师傅,大家是互相学习、一起成长。团队是学习型团队,我们的口号就是一起学习、一起成长、一起战斗,大家压力都很大,但过程中有成长的快乐。

主持人:那你对你们资产管理公司的差不多20个买方研究员是怎么要求的,对基金经理们又是怎么要求的?

王国斌:我们这里的买方研究员要比卖方研究员辛苦得多,覆盖研究的公司比卖方多。卖方中好一点的,一个人只要做五六家公司的模型就可以了,而我们时不时可能就要做10个以上的模型,过程是很辛苦的。我们控制得很严,对基本面的要求很高,我们非常强调对研究员们成长过程的控制。

在第一个阶段,他们上手的时候怎么去分析公司,怎么来做模型,用哪种方式估值等,都有一系列管理上的要求。**衡量他们的时候,不是让他们给我推荐一只牛股就可以通过考核,而是要看他们能不能按我们要求的方式去思考。**在第二个阶段,我们才会慢慢再去寻找他们对问题判断的胜算概率,这有一个过程。

对谈 6 打造可复制的投资团队

对基金经理的要求就简单多了,因为我们已经做完整个培养过程了,看结果就行,要让他们充分发挥创造性。到基金经理这个层面,我们赋予他们非常大的选择权利,不过分干涉,只要他们能按照我们所需要的方式去思考就可以了。

> 本文是作者 2012 年 1 月接受资深投资人理森的采访的实录。

附录一

高山仰止——奥马哈游感

> 做投资的人需要养自己的浩然之气。人很复杂,投资也是极热闹的,但作为一个投资者,你的内心需要很安静。

李白当年有"生不用封万户侯,但愿一识韩荆州"之叹,而今有人一掷千金,但愿一睹巴菲特的真容,更有一年一度的与巴菲特共进午餐拍卖,让世人有"一登龙门,便身价十倍"之感,真是"何令人之景慕,一至于此耶"!

2009年,我来到了美国,同学说巴菲特的伯克希尔-哈撒韦公司的股东大会是在5月2日。那天刚好是星期六,我们不上课,而且有朋友可以拿到入场证,机会难得,不妨去凑凑热闹,所以当即不假思索就答应前往。

赶往 Quest Center

三四月,正是"猪瘟"暴发之初,国内的舆论很紧张,也影响到在美国的我们的情绪。

一查机票,从费城到奥马哈的途中要在休斯敦转机,回程要在明尼阿波利斯转机,而单程就要在路上花近 6 个小时。在路上花的时间也太长了,更何况,2003 年春季暴发的 SARS 病毒至今还让人心有余悸,心里不禁打起了退堂鼓。

无奈机票已定了,也没听说股神有意取消股东大会,于是大家相互鼓气硬着头皮上路!

5 月 1 日下了课,我们就直奔机场。刚上飞机,邻座就不停地大声咳嗽,是那种感觉要窒息的揪心的咳嗽,让身处"猪瘟"暴发地的我们只觉浑身发毛,一路不安,直至中途转机。不过,当我们再次登上飞机,气氛已为之一变。飞机上座无虚席,隐隐中充满了兴奋和憧憬,因为乘客绝大多数都是去参加股东大会的。

晚上 11 点 30 分,下了飞机,我们立刻就能够感觉到巴菲特对这座城市的影响。一出航站楼坐上出租车,司机就猜到了我们此行的目的,还得意地抱怨说:"今天生意太好了,忙不过来了。"好有意思,小镇的居民都把股东大会当成了节日。

到酒店已是晚上 12 点，我们从先行到达的人那里拿到股东大会的入场证明，朋友提醒我们，想要有个好位子就务必在第二天清晨 6 点就出门去排队占座。这大出我的意料，有这个必要吗？我们在国内参加过很多股东大会，需要这么赶早的还真是第一回。

5 月 2 日早晨，天刚亮我们就来到酒店大堂，准备坐酒店的班车。此时大堂已经挤满了人，人们交头接耳，秩序井然地在排队。等了快 20 分钟，迟迟等不到班车，心急之下，我们就出门去打车。会场周边已经是车水马龙、人流如织，车辆出入都得费半天的时间。

络绎不绝的人群从四面八方涌入 Quest Center。在那张高悬着的牛仔年会海报前，照相机的咔嗒声响不断，人人脸上都洋溢着喜悦和虔诚。此刻的奥马哈，空气中都充满了因巴菲特而涌动的激情。

投资者圣殿

进入 Quest Center，大厅已是人满为患，看着熙熙攘攘的人群，我们更是把"猪瘟"抛诸九霄云外了。股东大会期间，主办方设置了展卖，书、珠宝、糖果等不一而足，琳琅满目的商品让人感觉置身于商品博览会之中，最吸引我们的是来自中国的比亚迪生产的汽车。

你如果没有参加过这个股东大会的话，根本无法想象那个场面的热闹程度，最让人吃惊的是，有那么多年逾花甲的老者，已经早早地坐在大屏幕前。据说，有的是专程赶来听听自己"篮子里的鸡蛋"是否安全；有的是专门买了一只股票只为聆听巴菲特演说的投资家；有的是即便处在金融危机时刻，一家人也要专程来听两个老头富有哲理的笑话和幽默，同时度过一个愉快的周末；也有人在这个动荡的时刻想听听他们对当前经济形势的见解，解答一年来积累的疑问，求个心安。而像我们，则是慕名而至，看个热闹。

参加者的与会资格并非轻易可得。股东们通过在3月底收到伯克希尔－哈撒韦寄回的年度报告中夹着的明信片来获得与会资格，伯克希尔－哈撒韦公司的股票价格高得惊人，近乎"声名狼藉"地盘踞在纽约证券交易所的行情榜上，占据好几行空间。其他人要么跟着股东（一个股东最多可获得4个人的与会资格），要么在eBay上竞买而取得与会资格，有些公司自己也会以较低的价格提供与会资格，希望尽量减少"投机倒把"的行为。参会者都可以获得"游客指南"，其中包括报告会议议程、周末计划、交通指南、旅馆餐馆清单及几处景点等，简直就是一个完整的节日安排。

真正让我们感到震撼的是座无虚席的会场。从事了20多年的投资，自己一向都认为投资是雕虫小技，难登大雅之堂。在国内，一直以来在嘈杂、浮躁、不平的情绪氛围下，每个投资者最好都要夹着尾巴见人。来到这里，宛如进入投资者的圣堂，即便是在金融危机笼罩的 2009 年，很多人都减少了旅游，却仍然有 35 000 人像朝圣般涌入 Quest Center，打破了去年 31 000 人的纪录。会场在早晨 7 点开门，但很多狂热者、仰慕者为了找到一个好座位，早早就来排队。

我曾读过《巴菲特致股东的信》《滚雪球》等大多数与巴菲特有关的书籍，从中接受了在课堂中没有接受过的教育。巴菲特从 1956 年开始每年都坚持撰写致股东的信，用诙谐的言语谈论、汇报公司一年的表现。无数的投资者遵从他的教导，视他为导师！此时身临此情此景，不得不让人肃然动容，我对一个投资者能获得如此的尊重惊讶不已。对真正的投资者来说，要的就是这种，而这里是可以净心和静心的情景和心境，人与景都能让人安心，有如回到故乡一般。

巴菲特式调侃

5 月 2 日上午 8 点 30 分，巴菲特开始在会场内悬挂的大屏幕上露面，微笑着欢迎大家参加股东大会。以自制电影开始每年的伯克希尔－哈撒韦的股东大会已经成了惯例，股东们可以在影片中看到公司最新的情况，了解公司为股东们都做了什么，而且结合时势，将公司信奉的投资原则融入电影节目中，轻松幽默。2008 年的伯克希尔－哈撒韦股东大会是以题为《查理选总统》的漫画片开始的。影片讲的是巴菲特和比尔·盖茨说服查理·芒格去竞选总统，因为美国需要一个知道怎样挣钱而不是花钱的领导人，巴菲特将身兼商业部部长、财政部部长和美联储主席数职，而比尔·盖茨将担任科技部部长。

正当我暗自揣测巴菲特将如何应付2009年的尴尬局势时，一个个公司及子公司管理层的卡通形象在屏幕上逐一登场。在自制电影中，巴菲特与乐队合唱美国乡村歌曲，有意把测试话筒音效时的数"1、2、3"说成"100万、200万、300万"，唱完见众人鼓掌，就立马开心地宣布要参加选秀节目《美国偶像》；或是与高尔夫球手泰格·伍兹（Tiger Woods）"切磋球技"，不过他基本只有当球童的份儿，只能看着泰格·伍兹拿高尔夫球杆颠球。

最出人意料的是，巴菲特居然在这段电影中客串了一回床垫推销员。由于伯克希尔－哈撒韦公司的业绩下降，失去 AAA 评级，巴菲特被董事会建议另谋出路，被降职到旗下的家具店做推销员，到内布拉斯加家具城卖床垫。一名看起来谨慎、挑剔的中年妇女来选床垫，对品质的要求是"持久、安全有保障"（这是巴菲特挑选股票的要求）。巴菲特欣然地推荐以自己的名字命名的"沃伦"床垫，顾客试躺之后断然拒绝，理由是"起伏太多，反弹太慢"（喻指巴菲特所投股票的特点）。于是，巴菲特推荐了另一款名为"Nervous Nelly"的床垫，他神秘兮兮地告诉顾客，这款床垫有一项独特的设计——床垫里可以藏贵重物品。巴菲特掀开自己躺过的样品床垫，顾客赫然看见一叠现金、股票，以及巧克力等其他物品，不禁眼前一亮，立马就决定要买这个样品，巴菲特就趁着顾客付钱的时候偷偷从床垫中拿出了他的"私人藏品"——除了钱和他爱吃的巧克力，还有几本《花花公子》杂志。

这样的自我调侃让在现场的人忍俊不禁。接下来有关公司旗下各种品牌、产品的创新广告片，2008年股东大会回顾，热门脱口秀节目中对金融业的辛辣点评集锦以及创意幽默的短片，也让会场内不时爆发出阵阵笑声，更为精彩的股东大会将正式开始。

5小时问答

接下来是精彩的问答时间。据说，一半的问题由从媒体收集到的75 000个问题中选出，另一半由现场中签的参加者发问。

自经济危机发生以来，伯克希尔－哈撒韦公司的利润已经连续5个季度下滑。评级机构将该公司评级从最高的AAA级别下调，但会场丝毫没有老先生自己说的"退潮了才知道谁在裸泳"的紧张，倒有举世混浊，清士乃见的"岁寒，然后知松柏之后凋"的轻快！两个老头仿佛在说相声，整个会场欢声笑语不断，巴菲特的娓娓道来和耐心，加上查理·芒格的简练和幽默，我不得不对两个古稀之年的老头的超人精力感到钦佩。

巴菲特和芒格用了差不多5个小时，回答了很多问题，每次都是一样的思路清晰、诚实而幽默。比如"投资并不只是一个关于智商的游戏，如果你的智商超过了150分，那么你可以把其中的30分卖给别人，因为你并不需要过高的智商，过高的智商在某些时候会对你造成伤害。但是你同时需要足够的情商和判断力，因为你会听到各种不同的建议，你需要从中筛选，最终做出自己的决定。""一鸟在手，胜过二鸟在林"，解决问题的原则就是这么纯粹。真正的成功与其说来自智力，还不如说来自个性。

这里是每年一度的最著名的价值投资者聚会，是巴菲特精心所为，很多人"就像基督徒去教堂一样，虽然知道他要说什么，还是需要一次又一次去听他说"。

他在20世纪时曾说过："我们想看到的是，当你买一家公司的股票，你会乐于永久地持有。同样的道理，当人们买伯克希尔－哈撒韦的股票的时候，我希望他们打算一辈子持有它……我不希望总是看到一群不同的股东……举个例子，如果有一个教堂，我是行祷告之人，看到做礼拜的人每个星期都换掉一半，我不会说，'这真是太好了，看看我的成员流动性有多强呀'。我宁愿在每个星期天看到教堂里坐满了同样那么一批人。"也许，这就是来参会的人一年比一年多的原因。任何做过投资管理的人都知道，在历经各种经济周期还能够持续获得投资者的信任是多么地难能可贵。

与其共进午餐，不如择邻而居

5月3日，天朗气清，惠风和畅，我们决定去探访一下巴菲特的家。

附录一 高山仰止——奥马哈游感

我们坐上出租车，说要去巴菲特的住所，司机就带领我们前往了，看来巴菲特家的地点在这里是路人皆知的。在一片普通得再也不能普通的居民区中，司机停了下来。我们看到中央电视台的记者正在摄像，抱着好奇的心理，我们试图找寻这座房子和其他房子的不同之处，除了院子（停车场）稍微大一点，这栋房子根本没有与众不同的地方！司机说房子地下有两层。我们根本看不出来这里就是巴菲特的家，它与周围普通的住宅相比并没有什么特别不同之处，没有高墙大院，也没有戒备森严。这样的住宅，跟我在美国的同学的家几乎没什么区别，但是这所房子的主人——巴菲特，却是一个屡次登上世界首富宝座的亿万富翁。

我曾在华盛顿参观过美国国父华盛顿的故居，在迈阿密参观过号称美国最大的私人住宅，也在法国尼斯远眺过所谓世界最贵的豪宅，但这个普通住宅真正让我再次感到震撼，对它的普通、对它的毫不设防感到惊叹！这就是巴菲特在1958年花了3万多美元买的房子，他居然一直住到今天。

如果不是每年一度的股东大会，根本不会有人注意到这是世界首富的家。据了解，他邻居的房子现在也就二三十万美元。我们开玩笑说："有人花200万美元与巴菲特吃一顿饭，还不如把四周的房子全买下来，做他的邻居呢！"

何以要住在这个远离华尔街的地方，巴菲特有过自己的解释："最好的能对投资进行深思熟虑的方法就是去一间没有任何人的屋子，只是静静地想。如果那样都不能让你静静想的话，就没有什么方法可以了。(身处华尔街的)缺点就是,在任何一个市场环境下,华尔街的情况都太极端了,你会被过度刺激,好像被逼着每天都要去做点什么。""结庐在人境,而无车马喧。问君何能尔?心远地自偏"也许就是他的心境。令人感慨的是,人们找到自我实现的唯一地方是他们的内心,但那里往往是他们寻找的最后一个地方。

巴菲特谈到成功的标志是:家庭幸福、身体健康、拥有友情。唯独没有提到的是,拥有巨资和事业成就。"我做一些我一生都喜欢做的事情,并和那些我欣赏的人交朋友。我只同那些我欣赏的人做生意。如果同一个令我反胃的人合作能让我赚一个亿,那么我宁愿不做。这就如同为了金钱而结成的婚姻一般,无论在何种条件下,都很荒唐,更何况我已经很富有了。我是不会为了金钱而成婚的。"这种"我只做我喜欢的事情,我只和我喜欢的人一起做事"的心态,不啻为做事做人的一种境界。然而,世界上又有多少人能做到这一点、享受这一点呢?质朴的道理,只有身临其境才有透彻的感悟。

亚当·斯密曾这样描述那些通过商业和金融活动而获取回报的人:他们的动机是美好的、伟大的、高尚的,值得大家为之艰苦奋斗,值得我们为之热切盼望。在美国,我们仍然可见苹果、伯克希尔－哈撒韦这样的机构和乔布斯、巴菲特这样的个人,我们很难想象今天可以用这样的词语来描述资本市场中更多的机构和个人。亚当·斯密在《道德情操论》一书中提到:最高级别的谨慎是最好的头脑与最好的心灵的结合。巴菲特正是这样一个

附录一　高山仰止——奥马哈游感

前无古人、有最好头脑和心灵的资本家,可以说,巴菲特是"一个高尚的人,纯粹的人,没有低级趣味的人"。

"高山仰止,景行行止。"任何一个伯克希尔-哈撒韦股东大会的参会者,不管是职业的投资者还是家庭主妇,都能从巴菲特身上学到一些东西。作为一个专业的投资管理者,我与其说从巴菲特身上学到了如何做更好的投资,不如说是学会了如何做一个更好、更健康的人!"唯其好之也,以异于彼。"真诚的热爱是幸福工作和生活的源泉。

孟子曰:"'我善养吾浩然之气。'是气也,寓于寻常之中,而塞乎天地之间。"这是我奥马哈之行对巴菲特的感悟,也许此为投资之至理吧。

附录二

我的私人图书馆

每个人在处理信息的时候都是采用不同的方法。在投资的过程中,每个人的感情因素也不一样,但大部分人都会感情用事。一件事情或者一家公司,有几十种甚至成千上万种因素相互影响。例如,我们讲得最多的护城河,就是很多因素相互累积的结果,这些因素相互作用、相互促进。**如果我们不断地把自己的注意力集中在一个学科,不管这个学科多么有趣,都会把人的思想禁锢在一个非常狭窄的领域之内,无法一窥全貌。**

正如芒格所说:手里拿着锤子的时候,看什么都是钉子。如果只有一种思维方式,那看什么事情都只有一种结果。多元思维模型借用了许多来自各传统学科的分析工具、方法和公式,这些学科包括历史、地理、数学、工程学、生物学、物理学、化学、统计学、经济学、文学等等。在某个意义上来说,这些都是可以应用在投资中的。

无论是培养多元思维，还是做投资，最重要一点都是热爱阅读。**在投资领域，热爱阅读绝对能让你从普通水准的专业人士中脱颖而出。**每天比其他专业人士多阅读10分钟或半小时，都可以让你脱颖而出。如果你想要管理自己的无知领域，也需要通过阅读不断地拓展能力圈，把非舒适区变成舒适区。

人物传记

◎ **李庆植. 三星内幕. 金香兰, 译. 北京: 中国铁道出版社, 2012.**

2020年，我在和企业家交流时，经常会推荐他们读《三星内幕》。20世纪七八十年代，著名企业家、三星集团会长李健熙完成了很大的跨越，现在三星的产值占韩国GDP的20%。李健熙的父亲李秉喆自己信奉《论语》，传给儿子的大多是传统的中国精神。首先，他要儿子讲究"智、仁、勇"，实践"恭、宽、信、敏、惠"，推崇"言必行、行必果"。所有的企业家都要检视思考，尤其是很多做消费品的企业，要思考自己是否做到了。其次，他要儿子掌握三星的"木鸡哲学"，这里的"木鸡"来自《庄子》中呆若木鸡的故事。李秉喆推崇"木鸡哲学"，告诫他儿子：一是不要傲慢；二是一定要专心，不受任何外界环境的影响；三是保持平常心。最后，"唯在技术上求生存"是"铁壁禁忌"，只有技术才能让三星生存。

◎ **萨提亚·纳德拉. 刷新. 陈召强，杨洋，译. 北京：中信出版社，2018.**

《刷新》里有这样一句话:"每一个人,每一个组织乃至每一个社会,在到达某一个点时,都应点击刷新——重新注入活力、重新激发生命力、重新组织并重新思考自己存在的意义。"一个人、一家企业是这样的,一个国家也是这样的,应该刷新,让刷新重新启动国家未来。

◎　**埃德温·利非弗,杰西·利弗莫尔. 股票作手回忆录. 屠建峰,马晓佳,译. 长沙: 湖南文艺出版社, 2015.**

　　这本书我看了好多遍,它的开篇就介绍故事的主人公在看盘,在投资成长中,每个人都给了他一些小窍门,但他并没有对大盘数字的随机波动做分析,因为另一个朋友告诉他:"傻瓜,这时候是牛市!"这句话其实才是真正重要的窍门!意思是说你在做投资的时候,一定要从价格随机波动的变化中脱出身来,要用更宏观的视野来看待整个行情,要顺势而为。

◎　**傅高义. 邓小平时代. 冯克利,译. 上海: 生活·读书·新知三联书店, 2013.**

◎　**艾丽斯·施罗德. 滚雪球. 覃扬眉,等译. 北京: 中信出版社, 2018.**

投资方法

◎ 大卫·史文森. 机构投资的创新之路. 张磊, 等译. 北京: 中国人民大学出版社, 2010.

传统资产配置的盈利产生于市场本身，也就是来自资产自身带来的收益，不是来自积极的投资管理，跟你的投资技巧、投资天赋、投资能力没有任何关系。

◎ 杰里米·西格尔. 投资者的未来. 李月平, 等译. 北京: 机械工业出版社, 2018.

西格尔在其著作《投资者的未来》一书中，汇总出 1957—2003 年表现最佳的 20 个标普 500 "幸存者"。这 20 个 "幸存者" 主要出自两个产业——高知名度的消费品牌企业和大型制药企业，共有 17 个，占比高达 85%。其中凭借复利的力量，菲利普·莫里斯国际公司在 46 年的时间里，上涨了 4 600 倍！排名第一。

◎ 霍华德·马克斯. 投资最重要的事. 李莉, 石继志, 译. 北京: 中信出版社, 2019.

《投资最重要的事》的作者霍华德·马克斯曾经说过，他有一个朋友是飞行员，马克斯曾问他："当飞行员是什么感受？"这个朋友说："我大部分时间都无所事事，偶尔会胆战心惊。"马克斯说："我做投资的时候也是大部分时间无所事事，偶尔胆战心惊。"

◎ 安东尼·波顿. 安东尼·波顿的成功投资. 寇彻, 译. 北京: 机械工业出版社, 2010.

安东尼·波顿的书写得特别好, 作为富达公司著名基金经理, 波顿在28年的欧洲投资经历中, 创下了146倍的增长奇迹, 被封为"欧洲股神"。他将自己的投资理念和经验集结成《安东尼·波顿的成功投资》一书。

◎ 彼得·林奇, 约翰·罗瑟查尔德. 彼得·林奇的成功投资: 典藏版. 刘建位, 徐晓杰, 译. 北京: 机械工业出版社, 2018.

巴菲特告诉林奇, 他喜欢林奇的新书《彼得·林奇的成功投资》。巴菲特说: "我想在年报中使用书中的一句话, 我认为自己有必要这样做。可以吗?" 林奇问: "当然可以, 是哪句话?" 巴菲特想用的这句话就是: "抛掉赚钱的好股票, 抱着亏钱的差股票, 无异于拔掉鲜花、浇灌杂草。"

◎ 本杰明·格雷厄姆. 聪明的投资者: 原本第4版. 王中华, 黄一义, 译. 刘建位, 审校. 北京: 人民邮电出版社, 2016.

从历史上来看, 新技术、新经济这两个过去一再被反复使用的词语, 不仅在20世纪四五十年代被用来形容当时的经济状况, 到了90年代我们也一再反复使用。本杰明·格雷厄姆的《聪明的投资者》一书出版于40年代，书中提到，在那个年代，航空运输股也曾令投资者兴奋不已。当时最热门的共同基金，当属航空证券基金与飞行器和自动化基金，与其拥有的股票一样，这些基金最终演变为一种投资灾难。

◎ 约翰·博格. 共同基金常识: 10周年纪念版. 巴曙松, 等译. 北京: 北京联合出版公司, 2017.

《共同基金常识》一书的开篇引用了一个故事。园丁对总统说:"在花园里，草木生长顺应季节，有春夏，也有秋冬，然后又是春夏，只要草木的根基未受损伤，它们将顺利生长。"总统感慨道:"这是很长时间以来，我听过最令人振奋和乐观的看法。我们中的很多人忘记了自然界与人类社会的相通之处。正如自然界一样，从长期看，我们的经济体系保持着稳定和理性，这就是我们不必害怕自然规律的原因……我们坦然接受不可避免的季节更替，却为经济的周期变动而烦恼。"面对周期，我们不要用情感，而要用理智来判断。

◎ 彼得·纳瓦罗. 如果巴西下雨就买星巴克的股票. 牛红军, 译. 北京: 中国人民大学出版社, 2014.

逻辑很简单，巴西下雨——咖啡豆丰收——咖啡豆价格下跌——星巴克成本降低——星巴克利润增加——股价上扬，于是就应去买星巴克的股票。我们要去寻找别人很难看到的事物之间的联系和关系。

◎ 维克托·斯波朗迪. 专业投机原理: 典藏版. 俞济群, 真如, 译. 北京: 机械工业出版社, 2018.

此书提到, 要想让自己成为专业投资人, 就是看完市场上能找到的与投资相关的 1 200 多本书。我们的专业本领无非来自演绎和归纳, 这两条都离不开学习和思考, 离不开从书本上获取知识, 这对每个人的成长、提高都有用。

◎ 阿瑟·莱维特, 葆拉·德怀尔. 散户至上. 陈剑萍, 严莉, 译. 北京: 中信出版社, 2005.

◎ 肖风. 投资革命. 北京: 中信出版社, 2014.

◎ 杰里米·西格尔. 股市长线法宝. 马海涌, 王凡一, 魏光蕊, 译. 北京: 机械工业出版社, 2018.

◎ 本杰明·格雷厄姆, 戴维·多德. 证券分析: 原书第6版. 巴曙松, 陈剑, 等译. 成都: 四川人民出版社, 2019.

◎ 伯顿·G.马尔基尔. 漫步华尔街: 原书第11版. 张伟, 译. 北京: 机械工业出版社, 2018.

◎ 沃伦·巴菲特. 巴菲特致股东的信: 原书第4版. 杨天南, 译. 北京: 机械工业出版社, 2018.

◎ 查尔斯·埃利斯. 长线. 吴文忠, 吴陈亮, 常长海, 王元元, 译. 北京: 中信出版社, 2016.

历史人文

◎ 池田信夫. 失去的二十年. 胡文静, 译. 北京: 机械工业出版社, 2012.

这本书非常有借鉴性, 书中所有话题跟中国 2016 年前后讨论的话题并没有什么区别, 比如, 经济陷入长期停滞、出口立国模式的猝死、经济政策的局限、财政政策的缺陷、创新经济增长的战略、创新是什么等, 这些问题跟中国当时面临的问题是非常相似的。

◎ 乔治·阿克洛夫, 罗伯特·席勒. 动物精神. 黄志强, 译. 北京: 中信出版社, 2016.

投资人在投资过程中往往会表现出很多与动物类似的特征, 贪婪、恐惧、羊群效应, 等等, 这本书从信心、公平、欺诈、货币幻觉和听信故事等五个方面来描述动物精神是如何影响经济决策的。

◎ 爱德华·格莱泽. 城市的胜利. 刘润泉, 译. 上海: 上海社会科学院出版社, 2012.

《城市的胜利》一书提到，城市是人类最伟大的发明与最美好的希望。城市让我们变得更加富有、智慧、绿色健康和幸福。城市的功能主要体现在经济学、社会学和政治学三个方面，无论从哪个方面来说，我们的城市都需要不断发展。

◎ **罗伯特·福琼. 两访中国茶乡. 敖雪岗，译. 南京：江苏人民出版社，2016.**

这本书描述了1843年和1848年中国部分地区的人文风情。1842年《南京条约》签订后，英国人罗伯特·福琼受英国皇家园艺学会派遣，来到中国从事植物采集工作，并将大量的中国植物资源送至英国。1848年，他又接受东印度公司派遣，深入中国内陆茶乡，将中国的茶树品种与制茶工艺引入东印度公司开设在喜马拉雅山麓的茶园，结束了中国茶对世界茶叶市场的垄断。这对中国的经济造成了巨大的影响。

◎ **黄仁宇. 万历十五年. 北京：中华书局，2018.**

这本书英文原版的书名翻译过来是"1587，无关紧要的一年"，所谓无关紧要的一年，其实酝酿着中国在1587年之后的几百年整体的衰败。类似的例子非常多，去看看古巴、伊朗、缅甸、底特律、曼彻斯特、里昂，你可以看到昔日繁华的地方，现在痛苦不堪。这些地方为什么会衰败？一是技术因素，二是它们走错了发展道路。

◎ 亨利·戴维·梭罗. 瓦尔登湖. 仲泽, 译. 南京: 译林出版社, 2018.

我想引用梭罗在其著作《瓦尔登湖》中的话，这是100多年前他对我们所处这个时代的精神最好的预言，"智慧不是知识，不是经验，不是思辨，而是超越以自我为中心的态度"。"知道自己知道什么，也知道自己不知道什么，这才是真正的知识"。我认为这是互联网思维的核心逻辑，前者告诉我们要以用户为中心，后者要求我们分享和合作。

◎ 尤瓦尔·赫拉利. 人类简史. 林俊宏, 译. 北京: 中信出版社, 2017.

这本书中有这样一段话，智人是通过语言这种八卦工具来互动的动物。人类语言最独特的功能，并不在于它能说出真实的东西，而在于其能创造一些根本不存在的事物和信息。

◎ 詹姆斯·B.斯图尔特. 贼巢. 张万伟, 译. 北京: 北京联合出版公司, 2016.

◎ 贺拉斯. 诗艺. 王厚平, 王洁, 导读, 注释. 上海: 上海译文出版社, 2021.

商业趋势

◎ 萨利姆·伊斯梅尔, 迈克尔·马隆, 尤里·范吉斯特. 指数型组织. 苏健, 译. 杭州: 浙江人民出版社, 2015.

什么是指数型组织？我们过去是销售稀缺的东西，现在恰恰改变了，比如说爱彼迎、优步这样一些公司，技术可以将某种稀缺的东西变得富足。信息通信、定位系统、传感器、支付系统、算法、声望和社交网络的汇聚将那些非常传统的产业迅速信息化，许多产业比如图书、音像、音乐，从稀缺转变为富足，有时候甚至是过剩，我们把这些挖掘富足性的组织称为指数型组织。

◎ 迈克尔·塞勒. 移动浪潮. 邹韬, 译. 北京: 中信出版社, 2013.

这是一本值得读的书，书中说，如果你了解这个浪潮，你就知道如何驾驭它；如果你冥顽不化，就将被它吞噬。

◎ 阿莱克斯·彭特兰. 智慧社会. 汪小帆, 汪容, 译. 杭州: 浙江人民出版社, 2015.

这本书写得非常好，我看得很激动，这本书让我想起20多年前在学校看过的那些18世纪、19世纪著名思想家的著作，我的很多知识都是在那时学到的。这本书把所有18世纪以来的社会学家、经济学家的一些关于人的论述和假设都向前推进了一大步，对大数据和智能穿戴有很好的论述。

◎ 杰夫·斯蒂贝尔. 断点. 师蓉, 译. 北京:中国人民大学出版社, 2015.

这本书告诉我们任何网络的承载能力都是有限的，它的不断演变和增长终将超越其承载能力，终将达到断点，然后崩溃；要避免崩溃，就要在断点前转移到有更大承载力的环境中。书中有一段话："在非生物的世界中，庞氏骗局是网络化的。因此，每个成功的骗局都会提高其承载能力来避免达到其断点。"

◎ 彼得·蒂尔, 布莱克·马斯特斯. 从0到1. 高玉芳, 译. 北京:中信出版社, 2015.

《从0到1》这本书对中国企业界的影响很大，但是我这么多年得出的结论是，我觉得在中国可能是要反过来看问题，尤其对于我们做权益投资的。从0到1在中国其实并不难，但由于政治、历史、文化、制度、社会心理等各种各样的因素，所以从1做到N比较困难。

◎ 凯文·凯利. 技术元素. 张行舟, 余倩, 等译. 北京: 电子工业出版社, 2012.

这本书中提到："技术元素的巨大力量并非来自其规模，而是来自其自我增强的天性。"

◎ 布莱恩·阿瑟. 技术的本质:经典版. 曹东溟, 王健, 译. 杭州:

浙江人民出版社，2018.

　　这本书对《技术元素》中提到的内容做了更多的论证。现在我们看到的很多经济现象都与这点有关，换句话说，我们现在遇到的很多困惑，我认为都跟我们对技术自我增强的天性没有足够的认识有关。

◎　丽莎·甘斯基. 聚联网. 马睿, 译. 北京: 中信出版社, 2012.

　　这本书上说到，很多企业将不需要任何资产。所以我们再去理解很多企业的护城河时，确实要改变很多观念。

◎　田涛, 吴春波. 下一个倒下的会不会是华为. 北京: 中信出版社, 2017.

　　任正非送给年轻人三个词：视野、意志、品格。其中，广阔的视野非常重要，尤其是在做投资的时候。所谓视野，就是去研究宏大的趋势。

◎　凯文·凯利. 必然. 周峰, 董理, 金阳, 译. 北京: 电子工业出版社, 2016.

◎　瓦茨拉夫·斯米尔. 材料简史及材料未来. 潘爱华, 李丽, 译. 北京: 电子工业出版社, 2015.

◎　涂子沛. 大数据. 桂林: 广西师范大学出版社, 2012.

经济金融

◎　约翰·梅纳德·凯恩斯. 就业、利息和货币通论. 郭武军, 译. 上海: 上海文化出版社, 2021.

"生命的期间是不够长的，人类的本性需要快速的成果；人类在快速赚钱方面，有着特殊的热情。"这种"特殊的热情"，就是动物精神，是一种非理性的情感现象。

◎　拉古拉迈·拉詹, 路易吉·津加莱斯. 从资本家手中拯救资本主义. 余江, 译. 北京: 中信出版社, 2015.

因为资本家一定是追求垄断的，但是整个社会是不希望有垄断的。在这样一个斗争中，如果一家企业构筑不出垄断优势，那么从整个市场角度看，它一定会被摧毁。

◎　路德维希·艾哈德. 来自竞争的繁荣. 祝世康, 穆家骥, 译. 北京: 商务印书馆, 1983.

这本书的德文版本原书 *Wohlstand für alle* 出版于1952年。

记得我当年在图书馆看到联邦德国前总理路德维希·艾哈德的书《来自竞争的繁荣》，非常激动。第二次世界大战后，他废除了价格管制，让价值规律发挥作用，取得了良好的效果。这本书描述了战后联邦德国由计划统制经济向市场经济转变的整个过程，其中有一个观点就是：只要这个社会有竞争存在，就一定会一天比一天好。

◎ 查尔斯·麦基. 大癫狂. 崔晖，郭晓霞，译. 北京: 企业管理出版社，2019.

这本书讲述了人类历史上规模最大的几次泡沫，比如南海泡沫、荷兰郁金香泡沫，而我的担忧是，中国现在的资本市场是否正在为这本书提供新的素材。

◎ 泰勒·考恩. 大停滞. 王颖，译. 上海: 上海人民出版社，2015.

作者探讨了美国30年的科技进步给社会带来了多大的变化。

◎ 弗里德里希·冯·哈耶克. 货币的非国家化. 姚中秋，译. 海口: 海南出版社，2019.

我就碰到过一个不到20岁的后辈研究比特币，他对《货币的非国家化》一书的内容烂熟于胸。

货币领域引入竞争机制，这背后有很多的理论基础。我相信数字货币按照这种方式走下去，一定会出现更好的技术，届时所有的支付方式一定会发生改变。因为那时的体系，不仅能规避汇率风险，还能提高支付效率。这些展望无论是基于理论探讨还是今天的实践，都是可以通过分析看得见的。

◎ 罗伯特·希勒. 叙事经济学. 陆殷莉, 译. 北京: 中信出版社, 2020.

叙事就是通过口述、新闻媒体或社交媒体传播开的大众故事。

◎ 托马斯·索维尔. 经济学的思维方式. 吴建新, 译. 成都: 四川人民出版社, 2018.

这本书的开篇就讲了秩序是怎么有机产生的，我看过之后感觉眼前一亮。

◎ 格雷厄姆·艾利森. 注定一战. 陈定定, 傅强, 译. 上海: 上海人民出版社, 2019.

这本书诠释了中国与美国之间能不能逃离修昔底德陷阱。

◎ 亚当·斯密. 国富论. 郭大力, 王亚南, 译. 北京: 商务印书馆, 2015.

◎ 彼得·戴曼迪斯, 史蒂芬·科特勒. 创业无畏. 贾拥民, 译.

杭州: 浙江人民出版社, 2015.

◎ 唐·泰普斯科特, 安东尼·威廉姆斯. 宏观维基经济学. 胡泳, 李小玉, 译. 北京: 中国青年出版社, 2012.

◎ 唐·泰普斯科特. 维基经济学. 何帆, 林季红, 译. 北京: 中国青年出版社, 2012.

◎ 杰夫·贾维斯. Google将带来什么?. 陈庆新, 赵艳峰, 胡延平, 译. 北京: 中华工商联合出版社, 2009.

◎ 史蒂芬·列维特, 史蒂芬·都伯纳. 魔鬼经济学. 王晓鹂, 汤珑, 曾贤明, 译. 北京: 中信出版社, 2016.

◎ 杰里米·里夫金. 第三次工业革命. 张体伟, 译. 北京: 中信出版社, 2012.

跨界融合

◎ 乔治·伽莫夫. 从一到无穷大. 阳曦, 译. 天津: 天津人民出版社, 2019.

一部经典科普名著, 一开始讲了一个"大数"的故事。

我们这些从事投资的人, 如果不能看见未来, 预测到未来将出现的结果,那我们的投资事业就会像故事中的宰相一样,要么被别人"杀掉",要么"自杀"。

◎ 沃尔特·米歇尔.棉花糖实验.任俊,闫欢,译.北京:北京联合出版公司,2016.

丹尼尔·卡尼曼对《棉花糖实验》一书的评价是,读过之后"你对人性的看法会深深地改变"。

所以一个人的成功不仅仅是靠智力,很大程度上还取决于对未来的耐心。企业家们应该经常问问自己:那些额外的利润经得起时间的考验吗?你的生意是时间的朋友吗?

◎ 契诃夫.生活是美好的.童道明,译.北京:中国盲文出版社,2019.

这本书有两句名言,"事情本来可以更糟糕的""假如妻子背叛了你,你该感到庆幸,因为她背叛的是你,不是你的祖国"。我们看到很多事情时,可能会感到失望,但不要沮丧,对所有的事情都要抱这种心态去看。

◎ 罗曼·罗兰.约翰·克利斯朵夫.傅雷,译.天津:天津人民出版社,2017.

人与人之间的区别是,你是真正地生活了1万多天,还是只生活了1天，却重复了1万多次？《约翰·克利斯朵夫》里说："大部分人在20～30岁时已经死去，因为过了这个年龄，他们只是自己的影子，此后的余生只是在模仿自己中度过，日复一日，更机械、更装腔作势地重复他们有生之年的所作所为、所爱所恨。"

◎ 托马斯·库恩，伊安·哈金. 科学革命的结构：第四版. 金吾伦，胡新和，译. 北京：北京大学出版社，2012.

美国著名科学哲学家托马斯·库恩在1962年写的《科学革命的结构》一书中，开创性地提出了"范式"这一概念，这对于我们理解"新常态"的概念有积极意义。上高中时，在一个偶然的机会下，我买了这本书，现在还保存着，它对我后来看待世界的方式影响极大。传统观念认为，科学发展具有积累性和直线性特点，而库恩的"范式"分析则指出科学发展具有"革命模式"。

◎ 亚当·斯密. 道德情操论. 蒋自强，钦北愚，朱钟棣，沈凯璋，译. 北京：商务印书馆，2020.

"最高级别的谨慎是最好的头脑与最好的心灵结合。"亚当·斯密在《道德情操论》中已经指明了方向。如何未雨绸缪，在提高效率的同时，又把风险降至最低，从现在起将时时考验着管理者的能力和品格。

◎ 丹尼尔·卡尼曼. 思考，快与慢. 胡晓姣，李爱民，何梦莹，译.

北京: 中信出版社，2012.

◎ 马克斯·韦伯. 伦理之业. 王容芬, 译. 北京: 中央编译出版社, 2012.

◎ 马克斯·韦伯. 天降之任. 王容芬, 译. 北京: 中央编译出版社, 2018.

◎ 陆铭. 大国大城. 上海: 上海人民出版社, 2016.

◎ 刘慈欣. 三体. 重庆: 重庆出版社, 2008.

◎ 托马斯·赫胥黎. 天演论. 严复, 译. 重庆: 重庆出版社, 2018.

◎ 迈克尔·于戈斯, 德瑞克·哈里斯基. 赢在云端. 王鹏, 谢千河, 石广海, 译. 北京: 人民邮电出版社, 2012.

未来，属于终身学习者

我这辈子遇到的聪明人（来自各行各业的聪明人）没有不每天阅读的——没有，一个都没有。巴菲特读书之多，我读书之多，可能会让你感到吃惊。孩子们都笑话我。他们觉得我是一本长了两条腿的书。

——查理·芒格

互联网改变了信息连接的方式；指数型技术在迅速颠覆着现有的商业世界；人工智能已经开始抢占人类的工作岗位……

未来，到底需要什么样的人才？

改变命运唯一的策略是你要变成终身学习者。未来世界将不再需要单一的技能型人才，而是需要具备完善的知识结构、极强逻辑思考力和高感知力的复合型人才。优秀的人往往通过阅读建立足够强大的抽象思维能力，获得异于众人的思考和整合能力。未来，将属于终身学习者！而阅读必定和终身学习形影不离。

很多人读书，追求的是干货，寻求的是立刻行之有效的解决方案。其实这是一种留在舒适区的阅读方法。在这个充满不确定性的年代，答案不会简单地出现在书里，因为生活根本就没有标准确切的答案，你也不能期望过去的经验能解决未来的问题。

而真正的阅读，应该在书中与智者同行思考，借他们的视角看到世界的多元性，提出比答案更重要的好问题，在不确定的时代中领先起跑。

湛庐阅读App：与最聪明的人共同进化

有人常把成本支出的焦点放在书价上，把读完一本书当作阅读的终结。其实不然。

时间是读者付出的最大阅读成本
怎么读是读者面临的最大阅读障碍
"读书破万卷"不仅仅在"万"，更重要的是在"破"！

现在，我们构建了全新的"湛庐阅读"App。它将成为你"破万卷"的新居所。在这里：

● 不用考虑读什么，你可以便捷找到纸书、电子书、有声书和各种音频产品；
● 你可以学会怎么读，你将发现集泛读、通读、精读于一体的阅读解决方案；
● 你会与作者、译者、专家、推荐人和阅读教练相遇，他们是优质思想的发源地；
● 你会与优秀的读者和终身学习者为伍，他们对阅读和学习有着持久的热情和源源不绝的内驱力。

从单一到复合，从知道到精通，从理解到创造，湛庐希望建立一个"与最聪明的人共同进化"的社区，成为人类先进思想交汇的聚集地，与你共同迎接未来。

与此同时，我们希望能够重新定义你的学习场景，让你随时随地收获有内容、有价值的思想，通过阅读实现终身学习。这是我们的使命和价值。

本书阅读资料包
给你便捷、高效、全面的阅读体验

本书参考资料　　　　　　　　　　　　　　　湛庐独家策划

- ☑ **参考文献**
  为了环保、节约纸张，部分图书的参考文献以电子版方式提供

- ☑ **主题书单**
  编辑精心推荐的延伸阅读书单，助你开启主题式阅读

- ☑ **图片资料**
  提供部分图片的高清彩色原版大图，方便保存和分享

相关阅读服务　　　　　　　　　　　　　　　　终身学习者必备

- ☑ **电子书**
  便捷、高效，方便检索，易于携带，随时更新

- ☑ **有声书**
  保护视力，随时随地，有温度、有情感地听本书

- ☑ **精读班**
  2~4周，最懂这本书的人带你读完、读懂、读透这本好书

- ☑ **课　程**
  课程权威专家给你开书单，带你快速浏览一个领域的知识概貌

- ☑ **讲　书**
  30分钟，大咖给你讲本书，让你挑书不费劲

湛庐编辑为你独家呈现
助你更好获得书里和书外的思想和智慧，请扫码查收！

（阅读资料包的内容因书而异，最终以湛庐阅读App页面为准）

图书在版编目（CIP）数据

投资中国 / 王国斌著 . —北京：北京联合出版公司，2022.1
ISBN 978-7-5596-5735-0

Ⅰ.①投… Ⅱ.①王… Ⅲ.①金融投资—研究—中国 Ⅳ.①F832.48

中国版本图书馆CIP数据核字（2021）第230188号

上架指导：投资 / 管理

版权所有，侵权必究
本书法律顾问　北京市盈科律师事务所　崔爽律师

投资中国

作　　者：王国斌
出 品 人：赵红仕
责任编辑：孙志文
封面设计：湛庐CHEERS 张志浩
版式设计：湛庐CHEERS 张永辉

北京联合出版公司出版
（北京市西城区德外大街83号楼9层　100088）
唐山富达印务有限公司印刷　新华书店经销
字数308千字　880毫米×1230毫米　1/32　13.75印张
2022年1月第1版　2022年1月第1次印刷
ISBN 978-7-5596-5735-0
定价：119.90元

版权所有，侵权必究
未经许可，不得以任何方式复制或抄袭本书部分或全部内容
本书若有质量问题，请与本公司图书销售中心联系调换。电话：010-56676359